Mara im Kokon

Barbara Kohout

MARA IM KOKON
Ein Leben unter Wachtturm-Regeln

Engelsdorfer Verlag
2010

Bibliografische Information durch die Deutsche Nationalbibliothek: Die Deutsche Nationalbibliothek verzeichnet diese Publikation in der Deutschen Nationalbibliografie; detaillierte bibliografische Daten sind im Internet über http://www.d-nb.de abrufbar.

ISBN 978-3-86268-003-0
Foto der Autorin (Buchrückseite © Eva-Katrin Herrmann
Copyright (2010) Engelsdorfer Verlag
Alle Rechte bei der Autorin
Hergestellt in Leipzig, Germany (EU)
www.engelsdorfer-verlag.de

14,95 Euro (D)

Ein herzliches Dankeschön

Dieses Buch wäre ohne die selbstlose Hilfe einer Gruppe ganz wunderbarer Menschen nicht vollendet worden.
Diesen möchte ich meinen besonderen Dank aussprechen.
Allen voran meinen Kindern Renate, Jörg-Alexander und Thomas Manuel. Sie haben mir viele Dokumente und Informationen verschafft. Sie haben mich ermutigt und standen in der Zeit meiner persönlichen Krise zu mir.
Ein ganz großes Dankeschön an Thomas Mang für seinen unermüdlichen Einsatz bei der Korrektur und Gestaltung und seine unglaubliche Geduld für immer neue Änderungen.
Vielen Dank an alle Testleser, die Zeit und Ideen eingebracht haben: Hildegard Mang, Annette Satzger, Robert Krings, Sascha Nauen, Dr. phil. Joachim Domnick, Nina Domnick, Gisela Lanzinger Ullmer.
Jeder Hinweis von ihnen führte zu einer Verbesserung des Ganzen.
Meiner Lektorin Bettine Reichelt ein ganz herzliches Dankeschön. Ihre gute Arbeit ist eine echte Bereicherung.
Doch nicht zuletzt danke ich meinem geliebten Mann Karl. Er stand an meiner Seite gleichgültig was passierte. Er hat mir vor allem seine Liebe gegeben.

Inhalt

Vorwort 9

Freiheit 13

Der Ernst des Lebens 65

Die Aufgabe Uslar 117

Beruf und Berufung – ein schwieriger Spagat 152

Kraftstation Camberg 195

Weilheim – durch das Tal der Tränen 206

Abbruch, Ausbruch, Aufbruch 242

Epilog 280

Anhang Checkliste 282

Buchempfehlungen 286

Glossar 288

Vorwort

Religion gilt dem gemeinen Mann als wahr
Dem Weisen als falsch
Und dem Herrscher als nützlich
Seneca

Lied 162
Predigt das Wort! (2. Timotheus 4,2)

1. ‚Predigt Gottes Wort!' ist heute
von Jehova ein Gebot.
Soll'n erkennen alle Leute
die Gefahr, die jedem droht.
‚Predigt Gottes Wort' und lehret,
helft den Sanften zu verstehn.
Eure Tätigkeit vermehret;
laßt uns furchtlos vorwärts gehn.

2. ‚Predigt Gottes Wort' beständig;
seid zum Zeugnis stets bereit.
Eure Hoffnung bleib' lebendig;
macht bekannt sie weit und breit.
Predigt weiter, selbst wenn's schwierig,
wenn Verfolgung setzt dann ein.
Hofft auf Gott; seid stets begierig,
eurem Auftrag treu zu sein.

3. Predigt Wahrheit unablässig.
O wie wichtig, daß man hört!
Satans Welt, voll Leid, gehässig,
geht zu Ende, wird zerstört.
‚Predigt Gottes Wort', streut Samen;

euch und andern Rettung bringt.
Bis Gott heiligt seinen Namen,
predigt treu; ihm Lobpreis singt.

Die persönlichen Anweisungen des Apostel Paulus im zweiten uns erhaltenen Brief an seinen treuen Freund und Mitstreiter Timotheus (2. Timotheus 4,2) kann man mit Fug und Recht als den Hauptauftrag an alle getauften Zeugen Jehovas bezeichnen. Viele Jahrzehnte meines Lebens stand auch ich in diesem Dienst. Jedoch galt mir und gilt den „normalen" Zeugen bis heute aus unerfindlichen Gründen nur der erste Teil von Vers 2: „Predige das Wort, halte dringend darauf in günstiger Zeit, in unruhevoller Zeit" (NWÜ). Die Fortsetzung des Textes ist dann, aus Sicht der Zeugen Jehovas, nur noch ernannten Ältesten gesagt: „Weise zurecht, erteile Verweise, ermahne, mit aller Langmut und Kunst des Lehrens." Das erste halbe Bibelzitat reicht aus um

- zu erklären, dass das Predigen ein Gebot Jehovas an jeden Zeugen Jehovas sei,
- zu erklären, dass alle Menschen in Gefahr sind,
- zu erklären, dass diese Tätigkeit vermehrt werden und unablässig zu jeder Gelegenheit getan werden müsse. Denn:
- Widerstand und Verfolgung wären zu erwarten. Sie kämen von Satan, weshalb die Zeugen begierig sein müssten, treu den Auftrag Gottes zu erfüllen.
- Satans Welt, die voll Leid und Gehässigkeit ist, würde *bald* zu Ende gehen und *zerstört*.

Wie oft habe ich diese Anweisung mit „Predigt das Wort!", dem Lied 162, verinnerlicht. Es war in unserem Liederbuch *Singt Jehova Loblieder* (erschienen 1986) enthalten. Man könnte es die Lebenshymne eines Zeugen Jehovas nennen. Es enthält alle Anweisungen, die er vonseiten der „Leitenden Körperschaft" erhält und die er beachten soll.

Das Predigen bringt demnach *Rettung* für die Zeugen und für solche, die sich bekehren lassen. Das Predigen, wird behauptet, gäbe Gott Gelegenheit, seinen Namen zu heiligen. Deshalb *benutzt* er seine Zeugen für diesen Dienst.

Aber wem nutzt dieser Dienst wirklich? Mara, die Heldin des Buches, möchte anhand ihres Lebens herausfinden, wem sie wirklich 60 Jahre ihres Lebens gedient hat.

Wie ermittelt man aber, ob eine Tätigkeit für Gott oder für eine menschliche Organisation nützlich ist? Im Gespräch mit ihrer Freundin Helena erfahren wir mehr über Maras Leben. Gemeinsam mit ihr und unterstützt von Noah und Franz analysiert sie typische, von der Wachtturm-Organisation genutzte Bibelzitate und zeigt ihre manipulative Verwendung. Sie übersetzt die Aussagen der „Wachtturm-Sprache" in die Umgangssprache und hilft, ihre Auswirkung auf das Leben der Menschen innerhalb des Wachtturm-Kokons zu verstehen.

Die speziellen Techniken der Manipulation sind nicht allein Merkmale der Wachtturm-Organisation. Sie werden allgemein von Psychogruppen und totalitären Organisationen oder Kulten angewendet und sind somit auch auf andere Gruppen übertragbar, die sich als Heilsbringer darstellen und damit Anhänger werben.

Es ist die Geschichte meines Lebens, mein Lebensbericht. Ich verbinde mit der Veröffentlichung dieses Buches eine Hoffnung. Die Hoffnung und den aufrichtigen Wunsch, betroffenen und interessierten Lesern Zusammenhänge zu erklären und solche mit ähnlichen Erfahrungen zu trösten und ihnen Mut zu machen. Die Bestrafung mit sozialem Tod, der Gemeinschaftsentzug, ist eine unmenschliche und menschenverachtende Maßnahme und ein Verstoß gegen die Menschenrechte und Menschenwürde. Wer das begreift, kann seinen Blick nach vorn richten und verstehen, wie kostbar die Freiheit ist, die letztlich daraus erwächst.

In diesem Sinne fühle ich mich mit meinen Lesern verbunden.

Barbara Kohout
Augsburg im Sommer 2010

Freiheit

Mara war in eine fremde Welt geraten. In ein fremdes Leben. So vieles erlebte sie das erste Mal: Sie flog zum ersten Mal in einem Flugzeug, wohnte zum ersten Mal in einem 5-Sterne-Hotel in einem fremden Land. Als habe sie zum ersten Mal Urlaub. Beinahe fühlte sie sich frei – zum ersten Mal. Wie konnte ihr das widerfahren? Fast immer war ihr Leben von Regeln und Vorschriften umgeben gewesen. Was sie tat, dachte, fühlte, hoffte bestimmte die Wachtturm-Organisation. Nach 60-jähriger, kritikloser Zugehörigkeit begann sie vor etwa zwei Jahren, Fragen zu stellen. Die Antworten brachten sie dazu, sich schockiert von den Ordensregeln abzuwenden.
Und jetzt war sie hier. Mitten im Taurusgebirge. Es war unfassbar. Sie hatte von den überwältigenden Gefühlen nichts ahnen können, als ihnen die Kinder zur Goldenen Hochzeit diesen Urlaub schenkten. Etwas verloren stand sie in der Gruppe von Touristen, die die Teppichmanufaktur besichtigten. Sie versuchte sich ganz klein zu machen: Sie drückte die Arme eng an den Körper, klammerte sich mit beiden Händen an ihre schwarze Umhängetasche. Und zugleich faszinierte sie alles, was sie sah und hörte: die wunderbaren Muster der handgeknüpften Teppiche, die geschickten, flinken Hände der Knüpferinnen, die Herstellung der Seidenfäden.
Alle Besucher durften aus einem Korb einen Kokon entnehmen. Es fühlte sich an wie ein kleines, unscheinbares Behältnis. Die Seidenraupe spinnt sich darin ein, um sich entwickeln zu können. Der Seidenweber aber verhindert diese Entwicklung. Staunend sah sie zu, wie aus einem solchen Kokon kaum sichtbare Fäden gezogen werden. Sie sind so reißfest, dass sie sprichwörtlich wurden: „Das Leben hängt an einem seidenen Faden", fiel ihr ein.
„Genau so war mein Leben." Mara bemerkte nicht, dass sie laut dachte. Erst als eine Frau neben ihr sie fragte: „Wie meinen Sie das?", wurde es ihr bewusst. „Ach", antwortete sie verlegen, „das ist eine sehr lange Geschichte." „Ich liebe lange Geschichten", antwortete die Dame neben ihr. „Ist der Urlaub nicht die beste Gelegenheit, sie zu erzählen?" Die Frage klang nicht

neugierig, sondern herzlich. Die Fremde sah sie mit einem entwaffnenden Lächeln an. Mara fasste beinahe augenblicklich Vertrauen zu ihr und erwiderte schüchtern: „Ja, vielleicht ... Wir sehen uns ja sicher im Restaurant beim Abendessen." Im Grunde aber war sie davon überzeugt, dass die Fremde sie vergessen würde. Wäre ihr das nicht lieber?
Mara dachte an ihr langes Leben zurück, ein Leben in einem Kokon. Und ein selbst ernannter Seidenweber hatte verhindert, dass sie sich aus dieser Hülle heraus entwickelte: 60 Jahre lang war sie der ehrlichen Meinung gewesen, „in der Wahrheit" zu sein. Sie glaubte stets allem, was die Wachtturm-Gesellschaft in ihren Schriften als Erkenntnis, die unter der Leitung des Heiligen Geistes geschrieben wurde, veröffentlichte. Weil die leitende Körperschaft der Zeugen Jehovas für sich in Anspruch nahm, direkt von Gott autorisiert zu sein, wagte sie nie, ihren Anordnungen und Regeln zu widersprechen. Augenblicklich verspürte Mara wieder dieses bittere *Warum*. Warum hatte sie niemals eine Ordensregel hinterfragt?
Gut, dass sie durch den Reiseleiter in die Gegenwart zurückgeholt wurde. Die Reisegruppe bestieg den Bus, der sie zum Mittagsstützpunkt brachte. Mara gelang es nicht, die bitteren Gedanken abzuschütteln, die sie immer überfielen, wenn sie an die vergangenen Jahrzehnte ihres Lebens dachte. Alles war Regeln unterworfen. Ihr Zeitplan, ihre Lebensplanung, wie sie sich kleiden sollte, was in ihrer Ehe schicklich war oder als „widernatürliche sexuelle Begierde" abgelehnt werden musste, und immer der Hinweis darauf, dass die „verbleibende Zeit" verkürzt ist und man nur durch eifriges Predigen beweisen könne, dass man Jehova und den Nächsten liebt. Mara seufzte tief und versuchte, sich wieder der Gegenwart zuzuwenden. Das Mittagessen nahmen sie in einem landestypischen Kebabhaus ein. Nach dem Hauptgang fragte Mara ihren Mann Noah scheinbar beiläufig: „Du Schatz, wie findest du die beiden, die vor uns im Bus saßen?" - „Sie sind sehr sympathisch, finde ich. Sie scheinen sich gut zu verstehen. Warum fragst du?" „Die Frau hat mich eingeladen, heute Abend bei einem Glas Wein von mir zu erzählen. Ich habe gesagt – vielleicht. Aber ich bin mir nicht sicher. Du kennst mich ja. Ich rede nicht gern über mich. Und gerade jetzt ..." - „Andererseits", unterbrach sie Noah, „wir leben gerade

in einem großen Aufbruch. Vielleicht tut es dir gut. Du musst ja nichts sagen, was du nicht sagen willst. Lass es doch darauf ankommen." Innerlich war Mara erleichtert, dass ihr Mann keine Bedenken hatte. „Du hast recht. Ich lasse es einfach auf mich zukommen. Vielleicht hat sie es ja auch nicht so ernst gemeint. Vielleicht treffen wir uns in der Menge gar nicht."
Der Nachmittag verging wie im Flug: Sie besichtigten eine Tropfsteinhöhle und eine Festung, probierten den frisch gepressten Saft aus Granatapfel und Orangen und fanden ihn köstlich. Mara konnte nicht aufhören zu fotografieren. Alles war toll: das Meer, der Strand, die Palmen, die Bauten, große Schiffsanker. Alles war einfach unglaublich schön.
Am Abend gingen Mara und Noah, nachdem sie sich etwas ausgeruht und erfrischt hatten, ins Restaurant. Sie wurden bereits erwartet: Als sie die Lobby betraten, sahen sie ihre neuen Bekannten in der Nähe des Eingangs. Lächelnd kamen sie auf Noah und Mara zu und sagten: „Wir haben bereits einen schönen Tisch für uns reserviert, wenn es Ihnen recht ist. Er steht etwas abseits. Wir würden gern den Abend mit Ihnen verbringen." Es klang so natürlich und aufrichtig, dass Mara und Noah fast gleichzeitig „Ja, sehr gerne", antworteten.
Sie nahmen in einer ruhigen Nische Platz. Jeder vertiefte sich in seine Speisekarte. So überwanden sie die ersten schwierigen Minuten. Der Kellner kam und schenkte Wein ein. Die nette Unbekannte hob ihr Glas und sagte: „Es ist wohl Zeit, dass wir uns vorstellen. Ich bin Helena und das ist mein Mann Franz. Ich trinke auf einen angenehmen Urlaub." Mara und Noah erhoben ebenfalls ihre Gläser. „Sehr angenehm", sagte Mara. „Ich bin Mara und mein Mann heißt Noah. Ich fände es toll, wenn wir keine Förmlichkeiten brauchen." „Das sehen wir genau so", antwortete Helena lächelnd und sie prosteten sich zu.
Helena war dreißig Jahre als Hausärztin in einem Kurort im Allgäu tätig gewesen. Vor Kurzem hatte sie ihre Praxis an einen jungen Kollegen übergeben. Zur Feier ihrer neuen Freiheit buchte sie diesen Urlaub mit ihrem Mann, einem Forstwirt.
Mara berichtete von ihrer Goldenen Hochzeit. Ihr Sohn fuhr extra 400 Kilometer, um sie zum Flughafen zu bringen. „Er wusste, dass wir wegen

dieser Flugreise sehr aufgeregt waren", sagte sie sichtlich stolz und dankbar. Der Abend schritt voran. Die beiden Frauen entdeckten mehr und mehr gemeinsame Interessen. Mara taute auf, sie gestikulierte beim Erzählen und lachte gern und oft.

Helena spürte, dass sie nun bereit war, ihre Fragen zu beantworten. Den ganzen Tag hatte sie diese nicht losgelassen: „Was meintest du mit ‚dein Leben hing am seidenen Faden'?" Mara schwieg überrascht und verlegen. Dann gab sie sich einen Ruck: „Ich war jahrelang mit einem unsichtbaren seidenen Faden umsponnen und lebte wie in einem Kokon."

„Willst du mir erzählen, wie es dazu kam?" Helena sah Mara offen an und es war ein ehrliches Interesse in ihrer Geste. Plötzlich hatte Mara das Gefühl, in ihrem Innersten würde eine eiserne Schleuse geöffnet. Sie konnte den Strom von Worten, der sich aufgestaut hatte, nicht mehr aufhalten. Sie wehrte sich dagegen und begann, zögernd und etwas stockend, zu reden.

„Ich habe die letzten sechzig Jahre meines Lebens in dem Kokon einer religiösen Glaubensgemeinschaft gelebt. Sie schirmte mich von dem normalen Leben der Außenwelt völlig ab. Mein Mann und ich stellten unsere Zeit, unsere Kraft und unsere finanziellen Mittel in den Dienst dieser Gemeinschaft. Wir enthielten unseren Kindern vieles von dem, was für andere vollkommen selbstverständlich ist. Vor allem erzogen wir sie im Sinne der Religionsgemeinschaft dazu, auf Beruf und Ausbildung weniger Wert zu legen als auf Predigen und Missionieren. Als wir allmählich begriffen, wie weltfremd wir alle waren, sagte mein Sohn einmal – er ist jetzt vierzig Jahre alt: Wenn ich vor einer Diskothek stehe, fühle ich mich wie ein 12-jähriger Junge, der zum ersten Mal heimlich von zu Haus weggegangen ist und etwas Verbotenes tun will."

„Ihr Jugendlichen, widersteht weltlichen Einflüssen."[1] Unter der Überschrift „Discomusik und Discotheken" heißt es im *Wachtturm* vom 1. August 1979, Abs. 18: „Sind das passende Vergnügungsstätten für Christen?" Die Antwort wird wenig später in Abschnitt 20 angefügt. Sie lautet:

---

[1] *Wachtturm* vom 01.08.1979

„Es schickt sich für Christen offensichtlich nicht, ein Lokal aufzusuchen, in dem der Sex betont wird und dessen Gäste im Großen und Ganzen wenig Achtung vor dem Sittenmaßstab des Wortes Gottes haben. Dabei spielt es keine Rolle, ob das Lokal als ‚Diskothek' bezeichnet wird oder einen anderen Namen trägt. Vergessen wir nicht, daß die Welt Satans alles mögliche unternimmt, um uns so weit zu bringen, daß wir uns ihren Regeln und Sitten angleichen. Sollten wir daher nicht damit rechnen, daß Satan verlockende Vergnügungen als Köder benutzt, um uns zu fangen?"

Mara wurde von Erinnerungen überwältigt und schwieg. Gedankenverloren sah sie in ihr Glas. Sie wollte reden. Aber es formte sich in ihr eher eine Art Beichte. Sie hätte gern die Last, die sie niederdrückte, geteilt und abgelegt. Noch immer fühlte sie sich schuldig.

Helena spürte das. Durch ihre langjährige Berufserfahrung hatte sie dafür einen beinahe untrüglichen Instinkt. Vorsichtig fragte sie daher: „Zu welcher Religionsgemeinschaft habt ihr gehört? Willst du mir erzählen, wie du da hineingeraten bist?"

„1947 kam ich gemeinsam mit meiner Mutter und meinen beiden jüngeren Schwestern im katholischen Bayern an. Ich war damals ein Kind von acht Jahren. Endlich, nach einer lebensgefährlichen Odyssee durch drei Länder, waren wir in Sicherheit. Unsere Flucht dauerte acht Monate. Einen Teil davon verbrachten wir im Lager. Sooft wir an einer Kirche vorbeikamen, ging meine Mutter hinein und bat Gott um seinen Schutz. Wir erlebten wirklich mehrere Male Situationen, in denen wir spürten, wir waren bewahrt worden. Wir waren der festen Überzeugung, ein Schutzengel habe uns gerettet. Ich denke, dass das viele gläubige Menschen nachempfinden können. Wir waren also durch Gottes Hilfe gerettet worden.

Trotzdem fühlte ich mich sehr schlecht. Es waren ja bei weitem noch nicht alle Probleme gelöst. Heute weiß ich, dass das ein ausschlaggebender Grund dafür war, dass wir für die Werbung dieser Psychogruppe empfänglich waren.

Keiner wollte uns in der neuen Heimat haben. Wir waren völlig mittellos und verstört. Wir besaßen buchstäblich nichts mehr, was uns an unsere Heimat erinnerte. Auch keine Familie von Seiten der Mama und keinen unserer Freunde. In der Schule betete meine Lehrerin – eine Schwester vom Orden der Englischen Fräulein – jeden Morgen ein gesondertes Gebet mit der Klasse für das ‚arme Heidenkind'. Sie meinte es bestimmt gut, denn sie betete ja für mich. Aber meine Mitschüler verstanden etwas ganz anderes: Für sie war ich arm, ein Heidenkind und allein.

Wenn meine Mutter die von mir verabscheute Sauerampfersuppe kochen wollte – wir hatten einfach fast nichts zu essen –, schickte sie mich auf die Wiese, um Sauerampfer zu pflücken. Ich musste aber auf der Hut sein. Sobald ich den Bauernjungen von Weitem kommen sah, gab ich Fersengeld, denn er bedrohte mich mit seinem Knüppel. Ich sollte von seiner Wiese verschwinden. Arme Heiden waren nicht erwünscht.

Mein Vater war ein guter Schreiner. Er bastelte aus Abfallholz Spielzeuglastautos. Damit ging er in einige Nachbardörfer. Er wollte sie bei den Bauern gegen ein paar Kartoffeln für uns eintauschen. Als er am Abend nach Hause kam, hatte er nicht eine Kartoffel bekommen.

Wer sich in eine solche Situation hineinversetzen kann, wundert sich nicht darüber, dass wir aufmerksam zuhörten, als ein freundlicher Herr an unsere Tür kam, der mit uns über Gott und die Bibel sprechen wollte. Er behandelte uns nicht verächtlich oder herablassend, sondern menschlich. Mutti interessierte sich für die Bibel. Sie war aber verunsichert durch Vaters verbitterte Äußerungen. Er wollte nichts mehr mit Religion zu tun haben, weil er gesehen hatte, wie Geistliche die Vernichtungswaffen segneten. Wenn seine Mutter ihn manchmal aufforderte, zur Kirche zu gehen, antwortete er oft zornig: ‚Da kriegen mich keine zehn Pferde mehr rein. Mit einem Gott, der Waffen segnen lässt, will ich nichts mehr zu tun haben. Da gehe ich lieber zum Fußballplatz.' Der freundliche Herr lud uns ein, Zusammenkünfte zu besuchen. Die Leute dort waren alle ebenso freundlich, ja sogar herzlich.

Uns wurde erklärt, dass die Katholiken etwas glaubten, was gar nicht in der Bibel stehe. Die Worte Dreieinigkeit oder Fegefeuer wären kein einziges Mal in der Bibel niedergeschrieben. Die Katholiken könnten das aber nicht wissen, weil für sie die Bibel auf dem Index der verbotenen Bücher stehe. 1947 war das tatsächlich noch der Fall. Meine Mutter trug ihre Bibel, die sie zur Hochzeit vom Pfarrer bekommen hatte, immer bei sich. Sie las oft darin. Auch ihre Schwiegermutter war evangelisch-lutherisch und strenggläubig. Viele Texte der Bibel verstand meine Mutter nicht, aber sie glaubte doch ehrlich daran. Wie leicht war es, den Schluss zu ziehen: Die Katholiken lügen, die Bibelforscher sagen die Wahrheit.

Der gleiche Mechanismus funktionierte auch mit der Lehre der Evangelischen. Sie glauben an eine unsterbliche Seele. Uns wurde ein Bibeltext vorgelesen: Die Seele, die sündigt, die soll sterben. Und da kein Mensch ohne Sünde ist, wird auch jede Seele sterben. Die Schlussfolgerung war einfach: Die anderen Religionen haben nicht die Wahrheit. Man kann sie nur bei den Bibelforschern oder Zeugen Jehovas finden."

„Wenn ich bedenke, in welchem seelischen Konflikt deine Eltern waren! Sie waren so enttäuscht von dem Erlebten im Krieg und auf der Flucht. Dein Vater wollte doch die Religion eher verdammen. Und zugleich hattet ihr das Gefühl, ihr seid beschützt worden", warf Helena ein.

„Ja, das war sicher unglaublich schwer für meine Eltern. Auf mich wirkte diese Erkenntnis aber wie eine Droge. Ich hatte etwas, was mich meinen Mitschülern überlegen machte. Ich hatte ‚die Wahrheit'.

Unter „wahren Christen" verstehen die Zeugen Jehovas ausschließlich sich selbst. In dem Buch *Komm Jehova doch näher* heißt es:[2]

> „Wahre Christen leben heute somit in einem geistigen Paradies. [...] Er hat uns mit einer Form der Anbetung gesegnet, die von Lügen und Entstellungen frei ist."

Wir hinterfragten nichts. Ich bemerkte nicht, dass meine Kindheit zu dem Zeitpunkt zu Ende war, als wir uns auf die Versammlungsregeln eingelassen hatten. Die Versammlung assimilierte uns wie Treibsand – langsam, aber unwiederbringlich. Zeit, Kraft, materielle Mittel und Lebensplanung wurden von der Wachtturm-Gesellschaft geprägt. Ich stellte ihren Anspruch, dass sie *die* von Gott geleitete Organisation sei, nie auf den Prüfstand. Im 1. Brief des Paulus an die Christenversammlung in Korinth heißt

---

[2] Zitat aus: Wachtturm Bibel und Traktat Gesellschaft (Hg.): *Komm Jehova doch näher*, Selters/Taunus, S. 80, Kap. 8, Abs. 10.

es im 10. Kapitel, Vers 31: ‚Ob ihr esst oder trinkt oder sonst etwas tut, arbeitet daran mit ganzer Seele als für Jehova getan und nicht für Menschen.' Sie vermittelten den Eindruck, dass dieser Bibelspruch für alles galt, was man für die Wachtturm-Gesellschaft tat. Die Arbeit für diese Organisation war gleichbedeutend mit der Arbeit für Gott."

Der Studienartikel „Diese sind es; die dem Lamm beständig folgen"[3] soll den Zeugen unverrückbar im Sinn verankern, dass die Wachtturm-Organisation der von Christus gebrauchte „treue und verständige Sklave" ist. Die Überschrift bezieht sich in ihrer Aussage auf diese Gruppe. Das Wort „Sklave" kommt dann in den folgenden Absätzen 2–12 insgesamt 24 Mal vor.

Im Absatz 2 wird behauptet, eine Prophezeiung Jesu über das Zeichen seiner „Gegenwart und des Abschlusses des Systems der Dinge" beziehe sich genau auf die heutige Zeit und auf die Mitglieder dieser „Sklavenklasse" in New York. Als „Beweis" wird die folgende Behauptung angeführt:

„In ihrem Mund wurde keine Unwahrheit gefunden, denn sie haben keine Irrlehren verbreitet."

Im Absatz 3 wird deshalb gefolgert: Jesus hat den „treuen und verständigen Sklaven" „über seine Hausknechte" eingesetzt – die einzelnen Mitglieder der Sklavenklasse –, „um ihnen ihre Speise zur rechten Zeit zu geben". Auch hat er den „Sklaven über seine ganze Habe gesetzt. (Mat. 24:45–47)"

Auffällig ist: Es wird eine Aussage der Bibel mit der Auslegung der Wachtturm-Gesellschaft verwoben. Dies ist eines von ungezählten Beispielen, wie die Botschaft der Bibel den Interessen der Wachtturm-Gesellschaft untergeordnet wird.

Weitere Begriffe, die gern von der Wachtturm-Gesellschaft missbraucht werden, sind unter anderem die „große Volksmenge" „anderer Schafe". Häufig wird in den Veröffentlichungen mit dem Stellen von Gewissensfragen gearbeitet:

---

[3] *Wachtturm*, 15. 02.2009, S. 24–28. Kursivsetzungen jeweils durch die Verfasserin (Vfn.).

> „Wäre nicht von den *einzelnen* gesalbten Christen und den ‚anderen Schafen' zu erwarten, dass sie dem vertrauen, der über sie eingesetzt worden ist?"

Vertrauen wird also erwartet. Die Begründung ist lediglich eine Behauptung. Die eigene Autorität beruht angeblich auf der Autorität Jehovas und des Christus. Da es sich bei dem „treuen und verständigen Sklaven" angeblich um ein Kollektiv handelt, wird der Einzelne aus diesem Kollektiv zusätzlich ermahnt zu vertrauen:

> „Es gibt viele Gründe, weshalb die Sklavenklasse unser Vertrauen verdient. […] 1. Jehova vertraut der Sklavenklasse. 2. Jesus vertraut ebenfalls dem „Sklaven".

Die nachfolgenden Schrifttexte enthalten Aussagen über das Vertrauen Gottes und Christi zu seinen Dienern. Dem kann ein Zeuge Jehovas nicht widersprechen. Er übernimmt aber kritiklos die Behauptung, dieses Vertrauen wird ihrer „leitenden Körperschaft" deshalb gegeben, weil eben auch den Dienern Gottes früher vertraut wurde. Warum Jesus oder Jehova dem „Sklaven" vertrauen, wird nicht gesagt.

In dem 1995 freigegebenen Buch *Erkenntnis, die zu ewigem Leben führt* werden Lehrpunkte, die man als Hinderungsgrund für die Anerkennung als Religionsgemeinschaft auslegen könnte, neu formuliert. Die Sprache ist juristisch völlig korrekt und unangreifbar. Die Argumente können vor Gericht als Beleg dafür verwendet werden, dass Jehovas Zeugen loyale Staatsbürger seien. Die Bedeutung in der „reinen Sprache" der Organisation lässt jedoch keinen Zweifel daran, wer die oberste Autorität ist.

Im letzten Satz des Kapitels 14 wird gesagt, dass die „Unterordnung" 1. gottgefällig sei und 2. dadurch Jehova als die höchste Autorität anerkannt werde, der diese Unterordnung angeblich fordere. Unter Unterordnung versteht ein Zeuge Jehovas aber nicht den Respekt vor dem Gesetz des Staates. Er hört bzw. liest: Ganz gleichgültig wie die weltlichen Gesetze sind, wenn im Wachtturm etwas anderes steht, hat diese Lehre oberste Priorität.

Um zu zeigen, mit welchen Bibelzitaten die Leitende Körperschaft ihren Machtanspruch einfordert, will ich einige Argumente anführen und erläutern:

Kapitel 14 steht unter der Überschrift „Wessen Autorität sollten wir anerkennen?": „Die grundsätzliche Erklärung, dass Autorität sowohl positiv – wie im Falle der Autorität unseres Körpers, der uns befiehlt zu essen und zu schlafen – als auch negativ – ‚Der Mensch hat über den Menschen zu seinem Schaden geherrscht (Prediger 8: 9)' – sein kann", erscheint schlüssig und kann geeignet sein, den Leser in eine positive Grundhaltung gegenüber den nachfolgenden Ausführungen zu versetzen. Auch den Erklärungen, dass Jehova die höchste Autorität im Universum ist, weil er in der Bibel mehr als 300 Mal als „Souveräner Herr" bezeichnet wird, möchte kein Zeuge widersprechen.

Auf dieser Grundlage der Zustimmung werden die „Obrigkeitlichen Gewalten" – die menschlichen Regierungen besprochen (Absatz 7): „Jehova hat diese Regierungsgewalten zwar nicht ins Dasein gebracht, aber sie bestehen mit seiner Zulassung. Daher konnte Paulus schreiben: ‚Die bestehenden Gewalten stehen in ihren relativen Stellungen als von Gott angeordnet.' Was zeigt das in Bezug auf diese irdische Autorität an? Dass sie Gottes Autorität untergeordnet ist oder geringer ist als diese (Johannes 19:10, 11)."

Der angeführte Bibeltext gibt ein Gespräch zwischen Pilatus und Jesus wieder: „Pilatus sagte daher zu ihm: ‚Redest du nicht mit mir? Weißt du nicht, daß ich Gewalt habe, dich freizulassen, und Gewalt habe, dich an den Pfahl zu bringen?' Jesus antwortete ihm: ‚Du hättest gar keine Gewalt über mich, wenn sie dir nicht von oben her gewährt worden wäre. Deshalb hat der, welcher mich dir ausgeliefert hat, größere Sünde'" (NWÜ[4]).

Im zitierten Absatz wird weiter gesagt: „Wenn daher ein Konflikt zwischen menschlichen Gesetzen und Gottes Gesetzen besteht, müssen sich

---

[4] NWÜ bedeutet Neue Welt Übersetzung. Es ist eine eigene Übersetzung der biblischen Bücher durch die Wachtturm-Gesellschaft. Daneben werden aber auch andere Übersetzungen, wie beispielsweise die Luthers genutzt.

Christen von ihrem biblisch geschulten Gewissen leiten lassen. Sie müssen „Gott, dem Herrscher, mehr gehorchen als den Menschen (Apostelgeschichte 5:29)" (NWÜ).

Im Selbstverständnis der Zeugen Jehovas sind allein sie Christen. Unter dem „biblisch geschulten Gewissen" verstehen sie einzig die Handlung gemäß den Anweisungen, beziehungsweise dem „Rat", der in den Wachtturm-Schriften veröffentlicht wird.

In den Absätzen 8 und 9 wird zugegeben, dass die obrigkeitlichen Regierungsgewalten meistens als „Gottes Dienerin zum Guten" handeln. Als Beispiele werden die Post, Polizei, Feuerwehr, das Gesundheitswesen und die Bildung angeführt. Dafür muss ein Christ gewissenhaft Steuern bezahlen – selbst wenn diese Obrigkeit ihre Macht missbraucht. Sich ihr zu widersetzen würde bedeuten, sich der Anordnung Gottes zu widersetzen.

Jehovas Zeugen beteiligen sich folglich nicht an Kundgebungen gegen staatliche Anordnungen. Bürgerproteste, in welcher Form auch immer, werden von ihnen nicht unterstützt.

Der Grundsatz der Leitung durch ein Haupt oder Obrigkeit gilt auch in der Familie (Absätze 11–18). Der Mann ist das Haupt der Familie, die Frau soll sich unterordnen, die Kinder sollen gehorchen. Das ist gilt grundsätzlich, auch wenn es mit vielen liebevoll klingenden Worten umschrieben wird.

Das Gleiche trifft auf die Autorität in der Versammlung zu (Absätze 19–23). Hier werden die Ältesten „unter der Leitung des Heiligen Geistes ernannt" folglich muss ihnen die Versammlung gehorchen. Damit sie aber trotzdem eine demütige Haltung gegenüber der „leitenden Körperschaft" einnehmen, werden sie mit folgenden Worten ermahnt: „Die Ältesten bilden keine Geistlichenklasse.[5] Sie sind Diener und Sklaven Gottes, die

---

[5] Vgl. dazu die Bestimmungen in den Statuten der Zeugen Jehovas in der Neufassung vom 27. Mai 2009 (Amtsblatt von Jehovas Zeugen in Deutschland, Nr. 2, Jahrgang 2009, S. 1 ff.): „(3) Jehovas Zeugen üben ihre Religion unter der geistlichen Leitung der Leitenden Körperschaft aus (Matthäus 24:45–47). Auf diese Weise bilden Jehovas Zeugen mit ihren Gliederungen und Einrichtungen eine weltweite Religionsgemeinschaft, eine durch das Band der Liebe vereinte ‚Bruderschaft' (Johannes 13:34, 35; 1. Petrus 2:17; Kolosser 2:14) nach biblischem Muster (1. Korinther 12:12, 13). Jehovas

sich der Bedürfnisse ihrer Glaubensbrüder annehmen, genauso wie es unser Herr, Jesus Christus, getan hat (Johannes 10: 14, 15)."
In diesem Text sagt Jesus unter anderem „Ich gebe meine Seele zugunsten meiner Schafe hin." Das impliziert den Anspruch der Leitenden Körperschaft gegenüber den ernannten Ältesten, sich bis zum Äußersten für die Interessen der Organisation oder Versammlung zu verausgaben. Allerdings wird den ernannten Ältesten die Verantwortung übertragen, in der Versammlung die Rechtsgewalt auszuüben.
Die Anweisung lautet gemäß dem Absatz 22 wie folgt: „Diese durch heiligen Geist ernannten *Männer* haben auch die Autorität, Personen, die den Weg der Sünde eingeschlagen haben oder die eine Gefahr für die geistige und sittliche Reinheit der Versammlung darstellen, in Zucht zu nehmen und zurechtzuweisen. […] Damit die Versammlung rein bleibt, mag es notwendig sein, schwere Verfehlungen zu berichten, von denen man weiß (3. Mose 5:1)."
Durch den angeführten Bibeltext wird verdeutlicht, was man unter einer „schweren Verfehlung" versteht, die gemeldet werden muss, weil sie eine Gefahr für die Versammlung darstellt: „Falls nun eine Seele sündigt, indem sie eine *öffentliche Verfluchung* gehört hat, und der Betreffende ist Zeu-

---

Zeugen und ihre Gliederungen und Einrichtungen im Wirkungsbereich dieses Status bilden den Deutschen Zweig von Jehovas Zeugen (im Folgenden „Religionsgemeinschaft" genannt) unter der Aufsicht des Zweigkomitees (§ 3)."
„*§ 13 Grundsätze des Wirkens, geistliche Ämter* (1) Freiwilligkeit und Eigenverantwortlichkeit eines jeden Zeugen Jehovas sind grundlegende Prinzipien der Religionsgemeinschaft. Alle Dienste werden aus religiös motivierter Freiwilligkeit geleistet, in dem Bewusstsein, dass es sich dabei um heiligen Dienst zur Ehre und Verherrlichung Gottes handelt. Von Gott in den verschiedenen Diensten gebraucht zu werden, wird von jedem Zeugen Jehovas als Auszeichnung betrachtet. Dies gilt insbesondere für den Predigtdienst, den jeder Zeuge Jehovas als persönliche mit seinem Hingabegelübde gegenüber Jehova Gott übernommene Verpflichtung (1. Korinther 9:16; 2. Korinther 4:13; Galater 6:5) durchführt.
(3) Die in Abs. 1 beschriebene Einstellung ist Grundlage für die Ausübung aller geistlichen Ämter, die von der Religionsgemeinschaft nach den religionsgemeinschaftlichen Regeln verliehen werden. Arbeitgeber-Arbeitnehmer-Verhältnisse sind der Religionsgemeinschaft für alle Dienste und geistlichen Ämter wesensfremd und ausgeschlossen. Aus diesen Ämtern können keine Ansprüche auf Vergütungen, Unterhalt und Versorgung gegen die Religionsgemeinschaft hergeleitet werden, abgesehen von Mitgliedern des Ordens, denen die in den Regeln des Ordens vorgesehene Versorgung gewährleistet wird (§ 9 Abs. 1 S. 2).
(4) In diese geistlichen Ämter wird mit Ausnahme der Mitglieder des Ordens nur berufen, wer bereit und in der Lage ist, sein Amt ohne wirtschaftlichen Unterhalt oder materiellen Vorteil durch die Religionsgemeinschaft wahrzunehmen."

ge, oder er hat es gesehen oder hat es erfahren, dann soll er sich, wenn er es nicht berichtet, für sein Vergehen verantworten."
Zweifel oder Kritik an der „Leitenden Körperschaft" oder an ihren Lehren zu äußern, gilt als schwere Sünde, die mit dem Gemeinschaftsentzug bestraft wird.
In den letzten beiden Absätzen wird abschließend mit Nachdruck darauf verwiesen, dass man von Jehova autorisiert sei. Absatz 24 könnte man als ein Drohszenario empfinden, dass der Teufel persönlich die Zeugen zu unabhängigem Denken verführen möchte: „[...] Satan, der Teufel, fördert den Geist der Rebellion unter der Menschheit (Epheser 2:2). Der Weg der Unabhängigkeit wird als verlockender und besser hingestellt als der Weg der Unterordnung."
Der Bibeltext lautet: „[...] gemäß dem System der Dinge dieser Welt, gemäß dem Herrscher der Gewalt, der Luft, dem Geist, der jetzt in den Söhnen des Ungehorsams wirksam ist." (NWÜ) Auf der Grundlage dieses Textes werden solche, die die Organisation verlassen, als Kinder des Teufels betrachtet.
Auch die Belehrung über die Bedeutung der Taufe zielt darauf ab, die Zeugen unzweifelhaft auf die Organisation einzuschwören: „[...] Die Taufe ‚im Namen des heiligen Geistes' bedeutet, daß der Täufling Jehovas heiligen Geist, seine wirksame Kraft, als das Werkzeug betrachtet, dessen sich Gott bedient, um seine Vorsätze auszuführen und um seine Diener zu befähigen, seinen gerechten Willen in Gemeinschaft mit seiner *vom Geist geleiteten Organisation* zu tun."[6]
Der Leitung der Wachtturm-Organisation ist es bewusst, dass theologisch frei denkende Menschen vielen ihrer Lehren widersprechen. Wenn daher ein Zeuge Jehovas in seinem Predigtdienst so viel Interesse findet, dass er ein Studium mit dem Erkenntnisbuch beginnen kann, wird er dem Wohnungsinhaber bereits auf Seite 21 mit Absatz 21 erklären, dass er mit Widerstand zu rechnen hat:

---

[6] Wachtturm Bibel und Traktat Gesellschaft (Hg.): *Erkenntnis die zu ewigem Leben führt*, Selters/Taunus (1995), Kap. 14: Wessen Autorität sollen wir anerkennen?

„[…] Allerdings ist damit zu rechnen, dass der Rat der Bibel Änderungen im Denken und Handeln verlangt. (22) Freunde und Verwandte, die es gut meinen, mögen gegen das Bibelstudium sein, […] Manche befürchten vielleicht, man würde sich einer Sekte anschließen oder zu einem Fanatiker werden. In Wirklichkeit bemüht man sich lediglich, eine genaue Erkenntnis über Gott und seine Wahrheit zu erlangen."[7]

„Die Gespräche, die uns mehr und mehr in die Organisation führten, folgten in gewisser Weise einer Methode, bei der der Dieb ruft: ‚Haltet den Dieb.' Egal, welche Argumente wohlmeinende Freunde vorgebracht hätten: Man war bereits darauf vorbereitet, dass Widerstand zu erwarten war. Es wurde bereits ‚prophezeit'. Auch hier kommt man zu dem Zirkelschluss: Die Zeugen sagen die Wahrheit. Der Teufel bedient sich der anderen, der Freunde, Verwandten oder Nachbarn. Er erscheint wie ein ‚Engel des Lichts', um uns davon abzuhalten, ‚die Wahrheit, die zu ewigem Leben führt', kennenzulernen. Ich nenne das Manipulation."

„Es war der Strohhalm, an den ihr euch in dem Treibsand geklammert habt, weil er die scheinbar einzig mögliche, vernünftige Erklärung war", bemerkte Helena verständnisvoll.

„Ich beklage heute nicht, dass ich mein Leben auf einer Täuschung aufgebaut habe und es jetzt unwiederbringlich vergangen ist", fuhr Mara fort. „Ich beklage, dass sich dieses Leben auf meine Kinder und Enkelkinder ausgewirkt hat. Es hat sie in ihrer Entwicklung eingeschränkt und behindert. Sie wurden in dieses System von Regeln und Kontrollen hineingeboren und haben emotionalen Schaden gelitten. Wir haben zwar gesehen, dass dieses System von außen angegriffen wurde, aber für uns war das System unangreifbar."

Die Frage, ob man Kinder davor beschützen kann, durch ihre Begeisterungsfähigkeit Opfer von Manipulation und Ausbeutung zu werden, ist nicht nur ein spezifisches Problem der Wachtturm-Gesellschaft.

Im Auftrag des deutschen Bundestages sammelte eine Enquete-Kommission Informationen zum Thema Sekten und Psychogruppen.

---

[7] *Erkenntnis die zu ewigem Leben führt.* S. 21 f., Kap. 2: Das Buch, das die Erkenntnis Gottes offenbart

Aufgrund ihrer Empfehlungen wurden empirische Untersuchungen bei einigen Sachverständigen in Auftrag gegeben. Sie ermittelten die Mechanismen, Voraussetzungen und Zusammenhänge, die Personen anfällig machen, in die Abhängigkeit von fundamentalistischen religiösen und ideologischen Gemeinschaften oder totalitären Systeme zu geraten. Die Forschungsergebnisse brachten Erkenntnisse darüber wie solche Gruppen Macht über Menschen bekommen und wie sie dadurch zu Opfern von Manipulation und Ausbeutung werden.

Wissenschaftler, die sich mit dieser Problematik befassten, wie zum Beispiel Leon Festinger, kamen zu übereinstimmenden Ergebnissen: Um eine zufriedenstellende Antwort zu erhalten, muss man die sozialpsychologischen Aspekte berücksichtigen. Folgende Fragen werden für wesentlich gehalten: Warum schließen sich Menschen Psychogruppen, totalitär geführten Vereinigungen oder neureligiösen Gruppen an? Welche Merkmale kennzeichnen das Gefährdungspotenzial einer Gruppe? Gibt es besonders anfällige Personen? Welchen Einfluss haben Bildung oder Intelligenzquotient? Welche Techniken der Manipulation führen zur Abhängigkeit innerhalb der Gruppe?

Zu den wesentlichen Erkenntnissen in der Sozialpsychologie gehört es, dass sich der Mensch nicht in der Hauptsache mit dem Verstand für eine neue Gruppe entscheidet. Die Entscheidung folgt in erster Linie dem Gefühl. Es muss sich gut anfühlen. Dabei spielen die kognitiven Fähigkeiten der geistigen Wahrnehmung eine entscheidende Rolle".

Helena hatte sehr aufmerksam zu gehört. Sie wirkte betroffen. „Ich habe mich noch nie intensiver mit Jehovas Zeugen unterhalten. Ich hatte auch sehr wenig Zeit dafür. Deshalb kann ich mir jetzt nichts unter dem vorstellen, was du Regeln und Kontrollen nennst."

Nachdenklich schaute Mara ihr Gegenüber an. Zögernd sprach sie weiter: „Es ist nicht leicht zu erklären und es wird nicht leicht für dich sein, es zu verstehen. Man bekommt keinen Verhaltenskodex in die Hand, nach dem man sich zu richten hat. Das hätte mein Vater sicher nicht akzeptiert. Er war vom Verhalten der Geistlichen im Krieg zutiefst enttäuscht. Er wollte nichts mehr mit einer Kirche zu tun haben, deren Führer die Waffen segnen, die Tod, Verwundung, Verlust und Elend über Menschen bringen. Aber unser Besucher – er hieß Poletti – versicherte ihm: Gerade das sei ein Beweis dafür, dass die Kirche sich nicht an Gottes Gesetz gehalten habe. Der Krieg war die Erfüllung einer Verheißung Jesu. Das Zeichen der Zeit des Endes und der Beweis, dass der Teufel auf die Erde geschleudert wurde. Bald wird auch auf der Erde der große Krieg Gottes, Harmagedon genannt, alles Böse beseitigen und Frieden und ein Paradies für die gerechten Überlebenden bringen.

Das reich illustrierte Buch *Vom verlorenen Paradies zum wiedererlangten Paradies* zeigt in einer endlosen Reihe von Abbildungen die schreckliche Vernichtung in Harmagedon:

> „Panischer Schrecken wird sich der Menschenmassen bemächtigen, so daß sie nicht mehr wissen, was sie tun, und daher beginnen, sich gegenseitig umzubringen. ‚An jenem Tage, da wird eine große Verwirrung [Panik, RS] von Jehova unter ihnen entstehen; und sie werden einer des anderen Hand ergreifen, und eines jeden Hand wird sich gegen die Hand seines Nächsten erheben' (Sacharja 14:13). ‚Dann richtet sich jedes Mannes Schwert gegen den eigenen Bruder' (Hesekiel 38:21, AB). Aber ihr selbstsüchtiger Kampf um das Leben wird umsonst sein. Wer nicht von seinem Nächsten getötet wird, der wird von Gottes himmlischen Streitkräften umgebracht.
>
> 26 Die Vernichtung, die die Engel Christi über alle Gegner des Reiches Gottes und seiner Königreichszeugen bringen werden, wird schrecklich sein [...]"[8]

Poletti behauptete, Jehovas Zeugen hätten sich nie an Kriegen beteiligt und wären deswegen sogar in Konzentrationslagern gewesen.

Das war für meinen Vater ein sehr starkes Argument. Einerseits gab es einen Schuldigen für all das Unglück, Satan, den Teufel, und andererseits gab es Menschen, die sich gegen ihn und für Gott entschieden haben und dafür sogar ihr Leben riskierten. Das beeindruckte ihn sehr."

---

[8] Wachtturm Bibel und Traktat Gesellschaft (Hg.): *Vom verlorenen Paradies zum wiedererlangten Paradies*, Wiesbaden (1959), S. 208, Abs. 25.

Gunther Klosinski, ein bekannter Erforscher der Psychokulte, bezeichnete einmal die Suche nach neuer religiöser Bindung als „Zeichen einer Erkrankung an weltanschaulich-religiöser Heimatlosigkeit".[9]
„Das kann ich mir gut vorstellen", pflichtete Helena bei. „Die komplizierte Welt wird einfacher, wenn man sie schlicht in gut und böse einteilen kann. Wenn dann auch noch ein Schuldiger für das Böse gefunden ist, lässt sich womöglich auch noch das eigene, unterbewusste Schuldgefühl verlagern. Dein Vater hat das ja bereits durch seine Abwendung von dem Glauben seiner Mutter zum Ausdruck gebracht. Aber stimmt die Erklärung denn? Haben sich Jehovas Zeugen nie an Kriegen beteiligt?"
„Es stimmt nicht ganz", seufzte Mara. „Leider hat man uns damals verschwiegen, dass die Kriegsdienstverweigerung nur den zweiten Weltkrieg betraf. Im ersten Weltkrieg sind die deutschen Bibelforscher – wie die Zeugen Jehovas damals noch hießen – mit Enthusiasmus und religiöser Überzeugung dem Kaiser ins Feld gefolgt, weil ihnen im Wachtturm gesagt wurde, dass sie damit helfen, Jerusalem aus den Händen der Türken zu befreien.
Während der Zeit des 1. Weltkriegs verteidigte die Wachtturm-Gesellschaft den Krieg: Jesus würde seinen Thron aufrichten und das Paradies auf Erden wieder herstellen. In den Wachttürmen der Jahrgänge 1914 und 1915 in deutscher Sprache, erschienen die Namen der „Treuen", die der Einberufung gefolgt waren. Man veröffentlichte Feldpostbriefe und Erfahrungen, wie die Bibelforscher in den Schützengräben „Zeugnis" gaben. Es wurden Berichte veröffentlicht, wie man das Abendmahl inmitten von Kriegswirren feierte. Ebenfalls enthielten die Ausgaben dann die Todesanzeigen der Gefallenen. Alle damaligen Erwartungen in Verbindung mit diesem Krieg erfüllten sich nicht. Die Gesellschaft war gezwungen, neue Theorien zu erfinden. In Gesprächen und neueren Veröffentlichungen wurden diese – nach heutiger Lehre – falschen Wege nicht erwähnt.
Im *Februar 1915* hieß es: „Wenn wir eine rechte Auffassung von dem Vorsatze und den Verheißungen Gottes haben, so sehen wir, das jetzt die

---

[9] Gunther Klosinski: *Psychokulte. Was Sekten für Jugendliche so attraktiv macht*, C. H. Beck (1996), S. 74.

Zeit vorhanden ist, in der die Juden Palästina von den Türken erhalten können. […] In den Worten unseres Herrn: ‚Jerusalem wird zertreten werden von den Nationen, bis daß die Zeiten der Nationen erfüllt sein werden', ist nichts enthalten, das diesem Gedanken widerspricht. Im Gegenteil, die Worte des Herrn stehen mit dem Gedanken in völliger Übereinstimmung; denn das Zertreten der Juden hat aufgehört. Es ist jetzt lediglich an den Juden, hinaufzuziehen und von dem Lande Besitz zu nehmen."[10]

Solche Erklärungen machen den Enthusiasmus verständlich, mit dem etliche Bibelforscher der Einberufung folgten. Auch zu ihrer Zeit galten die Veröffentlichungen im Wachtturm als die „geistige Speise", die der Herr seinem Volk durch seinen „treuen Knecht" übermittelt. Sie waren ebenso von der absoluten Wahrheit überzeugt.

Wachtturm, Juni 1915: Nach Artikeln wie „Geduldiges Ausharren stellt die abschließende Erprobung dar", Seite 83, und „Erwählt euch heute wem ihr dienen wollt", Seite 87, werden „Briefe unserer Brüder aus dem Feld", Seite 95, veröffentlicht – zum Beispiel von Walter Huhle.

Wachtturm, August 1915: „Von unserer Bruderschaft im Felde": „Es grüßen folgende liebe Brüder: […]" (S. 114). Es werden 68 Namen als Auswahl angeführt, da der Platz für alle Grüße nicht ausreichen würde.

Wachtturm Februar 1916: „Elisas Werk vor seiner Hinwegnahme" (S. 24). Der Krieg wird mit der Schlacht des Syrers Ben Hadad gegen König Ahab von Samaria verglichen. Als prophetische Erfüllung erklärt der 4. Absatz: „Wahre Christen, Geheiligte, sind ohne Zweifel in allen Armeen jener Länder zu finden, die eine gesetzliche Wehrpflicht haben. Wir hören von Zeit zu Zeit von solchen Bibelforschern in den verschiedenen Armeen, über ihr Wohlergehen und ihr Bemühen, selbst unter solch schrecklichen Umständen das Licht hochzuhalten und den Herrn zu verherrlichen. […]"

Absatz 5: „Viele fragen jetzt, warum läßt Gott den Krieg zu, ja warum deutet die Schrift an, daß Gott den Krieg veranlaßt? Wir antworten, daß

---

[10] *Wachtturm* vom 15.02.1915, S. 27.

es für den Sterbenden im Grunde genommen einerlei sein kann, ob er infolge eines Bajonettstiches, einer Schwertwunde oder einer Kugel stirbt, oder infolge von Auszehrung, Lungenentzündung, Blattern, oder einem allgemeinen Zusammenbruch der Kräfte. Und wenn es dem einzelnen einerlei sein kann, so können wir auch sagen, daß es Gott einerlei ist [...] "
Immer wieder werden Leserbriefe und Kriegsberichte von Brüdern veröffentlicht:
Wachtturm vom 1. Januar 1916 – ein Kriegsbericht, der erzählt, wie Österreicher als lebende Schutzschilde benutzt werden.
Wachtturm vom Februar 1916 – Henny und Hero von Ahlften: „NB. Seither ist unser lieber Bruder zum Militärdienst eingezogen worden."
Wachtturm vom Mai 1916 – Albert und Milda Uhlig „[...] Morgen muß ich zur Musterung, und da denke ich wieder so, vertrauend auf eines Höheren Beistand und Macht ..."
Außerdem wird über die *„Die Feier des Gedächtnismahles"* berichtet: Man nennt die Zahl der Anwesenden der einzelnen Gruppen. Am Schluss heißt es: „[...] außerdem zehn andere Orte mit 25, und etwa 30 Brüder im Krieg und beim Militär; zusammen 1.368."
Daneben gab es weitere Voraussagen und Erwartungen, die sich als falsch herausstellten. Zum Beispiel erhoffte man die Auferstehung der „treuen Überwinder der alten Zeit". 1920 erschien die Broschüre *Millionen jetzt Lebender werden nie sterben*. Dort heißt es: „Daher können wir vertrauensvoll erwarten, daß mit 1925 die Rückkehr Abrahams, Isaaks, Jakobs und der glaubenstreuen Propheten des alten Bundes von den Toten eintreten wird [...] zu dem Zustande menschlicher Vollkommenheit."
Das galt in den 20er Jahren des 20. Jh. als Voraussetzung für den Beginn der Herrschaft Christi auf Erden. Zugleich wurde gesagt: Wer zu dieser Zeit am Leben ist, soll nie mehr sterben.
Man erwartete 1925 nicht nur die Auferstehung treuer Männer aus alter Zeit, sondern manch einer hoffte, dass gesalbte Christen in jenem Jahr in den Himmel aufgenommen würden. Die Zeiten der Nationen seien abgelaufen. Es wurde behauptet, die Zeit der Wiederherstellung sei sehr nahe. Auf dieser Grundlage verkündigte die Gesellschaft von 1918 bis 1925:

„Millionen jetzt Lebender werden nie sterben." Auch diese Lehre war bereits eine Korrektur nicht erfüllter Erwartung: Christus sollte bereits 1914 auf der Erde das Paradies wiederherstellen und alle anderen Königreiche vernichten.

„Aber es war doch irgendwann klar, dass die Toten nicht wiedergekommen sind. Hat das die Gläubigen nicht stutzig gemacht?", warf Helena fragend ein.

„Ja, einige begannen zu zweifeln", erklärte Mara. „Eine ganze Anzahl Gläubiger trennte sich damals von der Wachtturm-Organisation. Aber man erklärte solche nicht erfüllten Erwartungen, die durch neue Voraussagen der sogenannten Sklavenklasse ersetzt wurden, mit dem ‚helleren Licht', das Jehova seinem ‚treuen Knecht' geschenkt habe. Diese Art der Argumentationsweise wurde auch in den folgenden Jahrzehnten genutzt, wenn Vorhersagen nicht eintrafen.

1972 heißt es im *Wachtturm* unter der Überschrift „Fragen, die dich beunruhigen – Was solltest du tun?": „CHRISTEN sind sich der Tatsache bewußt, daß Jehova Gott und Jesus Christus ihre Lehrer sind. Sie wissen, daß Gott gemäß dem Grundsatz, der in Sprüche 4:18 angegeben ist, sein Volk schrittweise leitet, ebenso wie er es mit dem ehemaligen Israel tat: ‚Der Pfad der Gerechten ist wie das glänzende Licht, das heller und heller wird, bis es voller Tag ist.'

Beim Beschreiten dieses Pfades bilden Grundwahrheiten die Grundlage, und zu diesen Wahrheiten gehören die Souveränität Jehovas, sein messianisches Königreich, das Loskaufsopfer Jesu Christi, daß die Erde zu einem Paradies gemacht werden wird und das ewige Leben für alle gläubigen, gehorsamen Menschen. Auf diese großen Wahrheiten leuchtet ständig ein immer *helleres Licht*, so daß verschiedene damit verbundene Gesichtspunkte geklärt werden. *Dadurch werden auch das Verständnis und die Anwendung gewisser Bibeltexte und Änderungen in der Verfahrensweise und im organisatorischen Aufbau der Christenversammlung schärfer in den Brennpunkt gerückt.* All dies vermehrt die Freude der Glieder des Volkes Gottes und hilft ihnen, sich in ihrem Leben und während sie die gute Botschaft predigen und lehren, freier zu bewegen und noch geistiger gesinnt zu sein.

Manchmal kommen einigen Zweifel über etwas, was gesagt wird. Irgendeine Erklärung in den Veröffentlichungen der Watch Tower Society mag nicht klar verstanden oder völlig erfaßt werden. Für einige mag es den Anschein haben, als widerspreche sie dem, was früher gesagt worden ist. Was kannst du tun, wenn dir solche Zweifel kommen? Vergewissere dich zunächst, daß du das, was erklärt worden ist, nicht mißverstehst und daß du nicht etwas hineinliest, was nicht da steht. Denke dann etwas über die Sache nach."[11]

Im Folgenden ist der zitierte Text aus der NWÜ im Zusammenhang wiedergegeben. Daraus geht klar hervor, dass es sich nicht um ein fortschreitend besseres Verständnis handelt, sondern um die Gegenüberstellung von Gut und Böse. Die Guten wandeln im Licht, die Bösen in der Finsternis:

„[14]Den Pfad der Bösen betritt nicht, und wandle nicht geradewegs auf dem Weg der Schlechten. [15]Meide ihn, zieh nicht darauf einher; wende dich davon ab, und zieh weiter. [16] Denn sie schlafen nicht, es sei denn, sie verüben Schlechtes, und ihr Schlaf ist [ihnen] genommen, es sei denn, sie veranlassen jemand zu straucheln. [17]Denn sie haben sich mit dem Brot der Bosheit genährt, und den Wein der Gewalttaten trinken sie. [18]Aber der Pfad der Gerechten ist wie das glänzende Licht, das heller und heller wird, bis es voller Tag ist. [19]Der Weg der Bösen ist wie das Dunkel; sie haben nicht erkannt, worüber sie fortwährend straucheln."

Dieser Text wird nach meiner Auffassung eklatant manipulativ verwendet um die fehlerhaften Aussagen der Wachtturm-Organisation zu rechtfertigen.

Damit ließ sich der größte Teil der Anhänger beruhigen, und sie machten weiter mit.

Doch zurück zu meiner ersten Zeit in der Organisation: Allmählich vermittelte man uns ein ganz neues Vokabular. Ich nenne es die Hülle des Kokons. Es stellte eine unsichtbare Grenze dar. Im Zeugenjargon hieß das,

---

[11] *Wachtturm* vom 15.11.1972.

wir müssen die ‚reine Sprache' lernen. Ganz normale Begriffe bekamen eine neue, zeugenspezifische Bedeutung."

„Wie soll ich das verstehen?", möchte Helena wissen.

„Wir hatten beispielsweise keine ‚autoritäre Führung' sondern eine ‚theokratische Leitung durch ein Haupt'. Wir wurden nicht ‚indoktriniert' sondern ‚belehrt'. Wir wurden nicht von der Religionsgemeinschaft ‚abhängig' gemacht, sondern ‚vor weltlichem Einfluss bewahrt'. Anschuldigungen von außen klangen für uns häufig einfach nur absurd.

Im August 1994 führte der deutsche Zweig der Wachtturm-Gesellschaft eine Sozialstudie durch. Die Gesellschaft kämpfte zu dieser Zeit um die Anerkennung als Körperschaft des öffentlichen Rechts (KdöR). Von den Behörden wurden eine Reihe von Anschuldigungen vorgebracht, die einer Anerkennung entgegenstanden. Die Wachtturm-Gesellschaft versuchte, die Anschuldigungen zu entkräften. Sie erarbeitete für die Sozialstudie einen Fragebogen in der „Sprache der Welt". In einem Rundschreiben vom 22. August 1994 an alle Zeugen Jehovas, erläuterte die „Religionsgemeinschaft der Zeugen Jehovas in Deutschland", um welche Anschuldigungen es sich handele. Geschickt benutzte sie für die Erklärung der Anschuldigungen Vokabeln, die wir der „alten Welt" zuordneten. Sie wurden in der Sprache „der Welt" vorgebracht: Im Text hieß es zum Beispiel: „Sie beanspruche durch autoritäre Führung und Indoktrination den einzelnen total und mache ihn von der Religionsgemeinschaft abhängig, indem sie ihn von seiner Umwelt isoliere." Die zitierte Argumentation enthielt nur Vokabular, das in der Sprache der Religionsgemeinschaft nicht vorkam. Sie war deshalb für den Einzelnen nicht nachvollziehbar.

Mara fuhr fort: „Wir wurden nicht von ‚der Umwelt isoliert', sondern wir vermieden ‚schlechte Gesellschaft, die nützliche Gewohnheiten verdirbt'. Der Satz: ‚Seine Freizeit sei ausschließlich für Bibelstudien, kirchliche Zusammenkünfte und Laienpredigertum zu verwenden', klang völlig fremd in unseren Ohren. Da wir als ‚Freizeit' nur das bezeichneten, was wir neben den ‚Versammlungsaktivitäten' tun konnten – mal in den Zoo gehen, zum Baden, zum Fußball oder Ähnliches – war diese Behauptung scheinbar nicht wahr.

Außerdem hatten wir keine ‚kirchlichen' Zusammenkünfte: ‚Kirche' war eine Bezeichnung für die ‚falsche Religion – Babylon die Große', das betraf uns also nicht. ‚Laienpredigertum'? Ganz und gar falsch! Wir waren doch keine ‚Laienprediger', wir waren ‚Verkündiger des Wortes Gottes'.
Die andere Wortwahl war eine geschickte Taktik. Wir füllten den Fragebogen zur Sozialstudie arglos aus und votierten in voller Überzeugung pro Religion, wenn auch mit dem Hinweis, dass wir den Eindruck hätten, die Ältesten übten unangemessen viel Druck aus. Das bezogen wir aber auf unsere Versammlung und nicht auf die Organisation als Ganzes."
„Das ist ja unglaublich!", rief Helena aus. „Es kommt doch niemand auf die Idee, dass man mit so simplen Mitteln manipulieren kann."
„Wie recht du hast", antwortet Mara. „Wir sind damals aber nicht misstrauisch geworden. Inzwischen ist mir ein weiterer geschickter Schachzug der Zeugen Jehovas aufgefallen: Uns wurde der Eindruck vermittelt, es handele sich bei dem Anerkennungsverfahren um die Anerkennung als Religionsgemeinschaft. Ihre Rundschreiben trugen nicht mehr den Absender ‚Wachtturm-Gesellschaft Deutscher Zweig', sondern ‚Religionsgemeinschaft der Zeugen Jehovas'. Aber wir haben in unserem Land Religionsfreiheit. Es bedarf keiner staatlichen Anerkennung als Religionsgemeinschaft. Es ging nur um die Anerkennung als Körperschaft des öffentlichen Rechtes. Diese Anerkennung ist mit Privilegien verbunden, die der Staat den anerkannten Körperschaften gewährt.
Allmählich lernten wir allein durch einen anderen Gebrauch der Worte quasi eine neue Muttersprache: Die Kriegsmächte zum Beispiel gehörten zu dem ‚politischen System der Dinge' über das Satan, der Teufel, herrscht. Schriftstellen wie ‚die ganze Welt liegt in der Macht dessen, der böse ist' sollten das beweisen. Das Wort ‚die alte Welt' wurde ein Synonym für alles, was schlecht ist und unter der Macht des Teufels und der Dämonen steht. Aber es war nicht das landläufige Synonym für Europa.
Alles, was zur ‚alten Welt' gehört, ist für die Vernichtung in Harmagedon ‚gekennzeichnet'. Die Auserwählten müssen sich davon getrennt halten. Wir mussten politisch neutral sein. Mein Mann konnte es z. B. aus diesem Grund nicht mit seinem Gewissen vereinbaren, eine Festanstellung als

Gewerbelehrer anzunehmen. Die Regierungen sind ja Teil des Systems der Dinge, des ‚zur Vernichtung geweihten Systems Satans des Teufels'."
Einige Regeln, an die sich die Mitglieder der Gemeinschaft bis zur Mitte der 90er Jahre des 20. Jahrhunderts halten mussten: Sie gehen nicht zur Wahl. Die Zeugen Jehovas haben bereits eine himmlische Regierung. Christus ist ihr König, sie leben in einer Theokratie. Alle Wahlen sind weltlich, sprich teuflisch. Unter dieses Verdikt fallen auch die Wahl zum Schülersprecher oder Gemeindewahlen.
Mitglieder nehmen keine Arbeit an, bei der sie einen Treueeid auf die Verfassung schwören müssen. Dazu heißt es in *Erwachet* 1975 unter der Überschrift

> „Das Schwören"[12]: „Ein gottesfürchtiger Christ tut auch gut daran, die Sachlage unter dem Gesichtspunkt der Worte Jesu zu betrachten: Zahlt [...] Cäsars Dinge Cäsar zurück, Gottes Dinge aber Gott (Luk. 20:25). Ein Christ kann sich nicht durch einen Eid zu etwas verpflichten, was mit Gottes Gesetz im Widerspruch steht."

Zeugen Jehovas verweigern den Wehrdienst und den Ersatzdienst oder Zivildienst, weil man auch dafür einen Wehrpass bekommt. Damit verletzen sie ihre Neutralität in politischen Angelegenheiten.
„Heißt das, Jehovas Zeugen dürfen keinen Zivildienst leisten? Auch nicht im Krankenhaus?", wundert sich Helena.
„Ganz so einfach ist es nicht", versuchte Mara zu erklären. „Als die Wehrpflicht in Deutschland eingeführt wurde, gab es viele Urteile, die den jungen Zeugen Jehovas Gefängnisstrafen eintrugen. Dann schuf der Gesetzgeber die Möglichkeit des Ersatzdienstes. Auch diesen lehnten die Zeugen zunächst ab, weil sie durch den Wehrpass Teil der Truppen wurden. Erst als es die Möglichkeit gab, 27 Monate Sozialdienst zu leisten, der als Ersatzdienst anerkannt wurde, arbeiteten die Zeugen Jehovas in den sozialen Einrichtungen. Sie dienten damit aber eben sehr viel länger als die übrigen Wehrpflichtigen."

---

[12] *Erwachet* vom 08.11.1975, S. 28.

„Das muss man ihnen lassen. Damit opferten sie sehr viel an Zeit und Geld für ihren Glauben", räumte Helena ein.

„Mein Neffe wollte unbedingt Medizin studieren. Er leistete seinen regulären Ersatzdienst in einer Klinik ab. Er wollte die Zeit seiner Berufsausbildung so kurz wie möglich halten, da es seinem Vater als Frührentner schwer fiel, das Studium zu finanzieren. Meinem Neffen wurde daraufhin die Gemeinschaft entzogen. Die Strafe traf einen sehr intelligenten, verantwortungsbewussten, jungen Mann. Er schloss sein Studium mit summa cum laude ab. Sein einziges Verbrechen bestand darin, auf die Bedürfnisse seiner Eltern Rücksicht zu nehmen.

Der Entzug der Gemeinschaft ist ein disziplinarischer Akt, wie es in der Wachtturm-Sprache heißt. Er bedeutet, dass niemand mit dieser Person Kontakt haben darf. Ziel ist die völlige soziale Isolation.

Es war uns untersagt, zu seiner Hochzeit zu gehen. Wir durften ihn nicht zur Hochzeit unserer Kinder einladen, obwohl sie vorher ein sehr gutes Verhältnis zueinander hatten. Wenn meine Schwester Gäste von den Zeugen einlud, durfte ihr Sohn nicht dabei sein. Er war praktisch Luft für alle seine früheren Freunde, geistig tot. Einen rigoroseren Einschnitt in die privaten und persönlichen Angelegenheiten der Familien kann ich mir nicht vorstellen. Wohl gemerkt, in Familien, die liebevoll und rücksichtsvoll miteinander umgehen.

> „Fragen von Lesern": „Wie sollte sich ein gewissenhafter Christ einem Verwandten gegenüber verhalten, der nicht zu seinem Haushalt gehört und dem die Gemeinschaft entzogen ist?"[13]
>
> „[...] Im nächsten Vers wird der Ernst dieser Maßnahme betont. Er lautet: ‚Denn wer ihm einen Gruß entbietet, hat an seinen bösen Werken teil.' (2. Joh. 11) Das bedeutet nicht unbedingt, daß ein Christ, der mit jemandem spricht, dem zum Beispiel wegen Diebstahls die Gemeinschaft entzogen wurde, selbst ein Dieb wird – obwohl dies leicht geschehen könnte. Doch dadurch, daß er den Rat Gottes mißachtet und mit dem

---

[13] *Wachtturm* vom 01.05.1971, S. 287.

Betreffenden spricht, heißt er dessen Handlungsweise sozusagen gut, er tut so, als ob sie nicht von Belang wäre.
Wir haben also nun aus der Bibel selbst gesehen, wie sich ein treuer Christ einem Ausgeschlossenen gegenüber grundsätzlich verhalten sollte: Er sollte keinen Umgang mit ihm haben, ja nicht einmal mit ihm sprechen. […]"

„Das kann ich mir gar nicht vorstellen!", sagte Helena ungläubig. „Ich kann deine Reaktion gut verstehen", gab Mara zur Antwort. „Heute frage ich mich auch, wie das möglich war."

Weitere Regeln, an die sich Zeugen Jehovas noch im 21. Jahrhundert halten sollten: „Sie können nicht" Mitglied einer politischen Partei werden. Sie sollen sich so absolut neutral verhalten, als wären sie Gesandte in einem fremden Land. Dies gilt ebenso für die Mitgliedschaft in Organisationen, die politische Ziele verfolgen. Junge Männer können ihren Ersatzdienst nicht beim Roten Kreuz leisten. Dies gilt als bezahlte Arbeit für eine Organisation, die das biblische Gebot, sich des Blutes zu enthalten, nicht beachteten. Allerdings ist es möglich, ehrenamtlich für das Rote Kreuz tätig zu sein.

Sie stehen nicht auf, wenn die Nationalhymne gespielt wird. Sie lernen die Hymne nicht singen. Sie grüßen die Landesfahnen nicht. Schüler haben unter diesen Verhaltensregeln besonders zu leiden. Die Liste könnte endlos fortgesetzt werden.

„Das ist ja wie ein eigener Staat im Staat", konstatierte Helena.
„Das hast du ziemlich treffend formuliert", erwiderte Mara. „Die Ansichten zu den einzelnen Punkten haben sich allerdings in den 90er Jahren des 20. Jahrhunderts teilweise gewandelt. Als man nach der Vereinigung der beiden Teile Deutschlands die Anerkennung als Körperschaft des öffentlichen Rechts erreichen wollte – wohl auch als Ergebnis der Sozialstudie – wurden viele Verhaltensanweisungen relativiert. Man wandelte alles, was der staatlichen Anerkennung abträglich sein konnte, in ‚Rat' um.

Ein sehr gutes Beispiel dafür ist ein Vortrag eines Gliedes der leitenden Körperschaft, der bei einem Bezirkskongress gehalten wurde. Einerseits sagt er: ‚Wir sagen dir nicht, was du tun sollst, wir sind nicht Wächter deines Glaubens', getreu der offiziellen Linie. Andererseits vergleicht er ein Hochschulstudium mit der Gefährlichkeit eines Selbstmordversuchs mit einem Kopfschuss:

> „Eine Hochschule besuchen oder nicht kann ein Ausdruck deines Glaubens sein oder ein Mangel deines Vertrauens und kann, wie gezeigt, großen Kummer im Herzen hervorbringen. Es ist zweifellos so, dass die verbleibende Zeit verkürzt ist. Wie Paulus in 1. Kor. 7: 29 sagt […]
>
> Wenn du gegenwärtig zur Hochschule gehst, warum sinnst du nicht im Gebet nach, eventuell aufzugeben und etwas Besseres zu machen? Denn für uns, die wir genau die Bedeutung von Weltereignissen im Lichte der Prophezeiungen der Bibel prüfen, gibt es wichtige Gründe, keine weltliche Karriere in unserem Leben an die erste Stelle zu setzen. Wir könnten uns mit jemandem vergleichen, der ein Gebäude sieht, auf dem zu lesen ist: ‚Diese Firma sperrt zu.' Würdest du dich dort um einen Job bewerben? Sicher nicht. Und wenn wir für solch eine Firma arbeiteten, würden wir vernünftiger Weise einen anderen Job suchen.
>
> Nun ja, alle Einrichtungen dieser Welt werden in Kürze liquidiert. Das Ende ist nahe. Ja, die Bibel versichert, dass die Welt vergeht. Seien wir daher weise und ahmen wir nicht jenen Teil nach, die ein wesentlicher Teil davon sind.
>
> Du hast nun dem Rat zugehört. Was wirst du nun tun? Fürsprecher der Hochschulausbildung zitieren einige Kinder von Ältesten, die in der Vergangenheit eine Hochschule besuchten.
>
> Wir können und wollen dir nicht sagen, was du tun sollst. Deine Eltern und du müssen die Entscheidung treffen. Wir sind nicht die Herren über deinen Glauben. Jedoch hat der treue und verständige Sklave die Verantwortung, vor den geistigen Gefahren zu warnen und zu ermutigen, die Königreichsinteressen an die erste Stelle zu setzen. Darum rät der Sklave davon ab, für einen langen Zeitraum zur Hochschule zu gehen. Ich hörte oft von Erfahrungen von Personen, die im Begriff waren ihre Hochschulausbildung zu beenden, als sie die Wahrheit kennenlernten. Einige andere getaufte Personen haben ein Stipendium abgelehnt. Was wirst du tun?

Welche Entscheidung wirst du treffen? Ablehnen oder nicht? Willst du eine akademische Bildung oder nicht? Du wirst Jehova für deinen Glauben Rechenschaft geben müssen. Wir möchten jene im Publikum gerne loben, die ihr Studium abbrachen, als sie die Wahrheit kennenlernten und jene, die das gleiche tun, nachdem sie diesen Vortrag gehört haben. Triff dieselbe Entscheidung.

Vielleicht befürwortest du immer noch eine Hochschulbildung. Du könntest sagen: Schau, Bruder X ging zur Hochschule und jetzt dient er in der Versammlung und ist auch ein Pionier. Gut, man könnte sagen, er habe die Hochschule überlebt. Aber was nun folgt ist eine wahre Erfahrung von einem jungen Mann der an einem Zwang litt, sich immer wieder seine Hände zu waschen. Sogar 100 Mal am Tag. Dieser Zwang hat ihn so sehr entmutigt, dass er beschloss, Selbstmord zu begehen. Er kaufte ein Gewehr, zielte in seinen Mund und drückte den Abzug. Aber die Kugel hat ihn nicht getötet. Sie durchlöcherte stattdessen den Teil seines Gehirn, der für den Zwang verantwortlich war. Er überlebte und konnte fortan ein normales Leben führen. Ja, es ist wahr, er überlebte. Aber würdest du anderen das Beispiel des jungen Mannes empfehlen? Ähnlich haben einige die Hochschule überlebt. Aber würdest du sie anderen empfehlen? Statt in eine höhere Bildung zu investieren, wäre es ratsam, im Wissen über Jehova zu wachsen und zu beginnen, die Bibel besser zu verstehen. Wir müssen die Bibel jeden Tag lesen. Jeden Tag! Tun wir das?"[14]

Die Sanktionen sind heute nicht mehr so offensichtlich. Es hieß immer öfter, die Entscheidung sei dem Gewissen des Einzelnen überlassen. Doch die grundsätzlichen Erklärungen wurden nicht zurückgenommen. Es war eine ‚Erlaubnis', bei der ich immer das Gefühl hatte, sie wird mit erhobenem Zeigefinger erteilt. Du kannst zwar machen, was du willst, **aber pass auf: Jehova sieht dich.**"

---

[14] Vortrag von Gerrit Lösch zur Haltung der Zeugen Jehovas in der Frage der Hochschulbildung, gehalten während eines Kongresses in Italien 2005.

„Das sind doch alles Dinge, die für einen Bürger in unserem Land ganz selbstverständliche Rechte sind", rief Helena jetzt aufgebracht dazwischen. „Wie war es denn möglich, dass das alle so ohne Weiteres immer nach der neuesten Regel eingehalten haben?"
„Dazu erhielten wir 1995 ein neues, offiziell für Heimbibelstudien bestimmtes Buch mit dem Titel *Erkenntnis, die zu ewigem Leben führt*. Nachdem der *Wachtturm* vom 1. Januar 1989 schrieb, dass das Predigtwerk ‚noch in diesem Jahrhundert' abgeschlossen sein sollte, war wieder einmal Druck und vermehrter Dienst angesagt. Es wurde in unseren Zusammenkünften besprochen und wir hatten die Anweisung, dieses Buch bei den Heimbibelstudien zu verwenden und es in einem Zeitraum von sechs Monaten mit den Wohnungsinhabern zu studieren. Wenn sie dann nicht zur Taufe bereit waren, sollten wir die Besuche einstellen, um Zeit für neue Interessierte, die die Rettungsvorkehrung schätzen, zu finden. Es war – wie ein leitendes Glied der Bethelfamilie in Selters uns gegenüber äußerte – die Vogel-friss-oder-stirb-Methode.

Unter diesem fast erpresserischen Druck ließen sich eine ganze Anzahl der Neuen taufen. Für die Zeugen Jehovas hatte das den Nachteil, dass ihr Gewissen, wegen der Kürze der Zeit, nicht so gründlich ‚geschult' war. Es stellte sich bald heraus, dass man sich damit in vielerlei Hinsicht keinen Gefallen tat. Die Probleme innerhalb der Versammlungen und auch die unangenehmen Fragen nahmen zu. Deshalb wurde die Vogel-friss-oder-stirb-Methode bald sang- und klanglos wieder eingestellt."

Um die Tragweite der speziellen Anweisungen zu verstehen, ist es wichtig, die eigene Sprache der Zeugen Jehovas und die Sprache der „Welt" nebeneinander zu sehen. Im Hinblick auf die erwartete Anerkennung als Körperschaft des öffentlichen Rechts waren die Antworten zu Fragen des Gehorsams gegenüber der Obrigkeit im Kapitel 14 des Buches *Erkenntnis, die zu ewigem Leben führt* vernünftig und gesetzestreu formuliert. Ein Zeuge Jehovas dagegen, der die ‚reine Sprache' verstand, wusste, wer die wirkliche Autorität war. Nach einigen Abschnitten, in denen genau erklärt wird, dass unter Obrigkeit die Leitung innerhalb der Versammlung zu verstehen ist, schließt das Kapitel: „Doch vor allem wird uns unsere gottgefällige Unterordnung ein gutes Verhältnis zu Jehova, der höchsten Autorität, eintragen." Der „treue und verständige Sklave" reklamiert unmissverständlich die Autorität für sich – aufgrund seiner angeblichen Leitung durch den Geist. Wer sich dieser Leitung nicht unterwirft, muss sich verschiedenen Vorwürfen auseinandersetzen: Man unterstellt ihm zum Beispiel „schwach im Glauben" zu sein oder dass er durch sein mangelndes „Geistig-gesinntsein" kein Vorbild für die Versammlung ist. Das wirkt sich auf die Übertragung von „Vorrechten" aus. Er darf keine Führungsaufgaben mehr übernehmen und kann sich höchstens noch an Hilfsarbeiten wie Saalreinigung, Gartenpflege oder Ähnlichem beteiligen. Unausgesprochen werden die Betroffenen in eine unsichtbare Ecke gedrängt oder im Abseits stehen gelassen.

„Wenn ich dir so zuhöre, empfinde ich das eher als Bedrohung, denn als liebevolle christliche Gemeinschaft", sagte Helena bedrückt. „Kennst du die Geschichten von Herrn Keuner, die Berthold Brecht in seiner Abhandlung über die Maßnahmen gegen die Gewalt erzählte?" „Oh, die interessiert mich", sagte Mara gespannt. „Worum geht es da?"

„Ja", sagte Helena etwas gedehnt, „lass mich mal überlegen, ob ich mich noch an den Inhalt genau erinnern kann. Er ging etwa so:
Als Herr Keuner, der Denkende, sich in einem Saale vor vielen gegen die Gewalt aussprach, merkte er, wie die Leute vor ihm zurückwichen und weggingen. Er blickte sich um und sah hinter sich stehen – die Gewalt. „Was sagtest du?", fragte ihn die Gewalt. „Ich sprach mich für die Gewalt aus", antwortete Herr Keuner. Als die Gewalt weggegangen war, fragten ihn seine Schüler nach seinem Rückgrat. Herr Keuner antwortet: „Ich habe kein Rückgrat zum Zerschlagen. Gerade ich muss länger leben als die Gewalt." Und Herr Keuner erzählte folgende Geschichte: In die Wohnung des Herrn Egge, der gelernt hatte, Nein zu sagen, kam eines Tages in der Zeit der Illegalität ein Agent, der zeigte einen Schein vor, welcher ausgestellt war im Namen derer, die die Stadt beherrschten, und auf dem stand, dass ihm gehören soll jede Wohnung, in die er seinen Fuß setzte, ebenso sollte ihm auch jedes Essen gehören, das er verlange; ebenso sollte ihm auch jeder Mann dienen, den er sähe.

Der Agent setzte sich auf einen Stuhl, verlangte Essen, wusch sich, legte sich nieder und fragte mit dem Gesicht zur Wand vor dem Einschlafen: „Wirst du mir dienen?"
Herr Egge deckte ihn mit einer Decke zu, vertrieb die Fliegen, bewachte seinen Schlaf, und wie an diesem Tage gehorchte er ihm sieben Jahre lang. Aber was immer er für ihn tat, eines zu tun hütete er sich wohl: Das war, ein Wort zu sagen.
Als nun die sieben Jahre herum waren und der Agent dick geworden war vom vielen Essen, Schlafen und Befehlen, starb der Agent.
Da wickelte ihn Herr Egge in die verdorbene Decke, schleifte ihn aus dem Haus, wusch das Lager, tünchte die Wände, atmete auf und antwortete: „Nein."

Mara hing fast atemlos an Helenas Lippen. Sehr betroffen sagte sie: „Ich habe das Gefühl, dass ich auch all die Jahre wortlos jemandem gedient habe, der Gewalt über uns ausübte und dabei fett wurde. Wir haben allen Befehlen gehorcht, egal, wie oft sie genau das Gegenteil von dem verlangten, was sie zuvor wollten."

„Das ist wohl eine sehr treffende Veranschaulichung dessen, was da mit euch passiert ist, sogar was den Punkt des Inbegriffes der Gegenwehr, den Brecht beschrieb betrifft. Du hast dich ganz offensichtlich auch nicht selbst aufgegeben", antwortete Helena schmunzelnd. Man konnte Mara deutlich anmerken, dass sie sehr aufgewühlt war. Als sie ihre Fassung einigermaßen wieder erlangt hatte, ereiferte sie sich bei dem Gedanken, welche verzerrte Vorstellung Gottes ihnen vermittelt wurde. Sie fuhr mit ihrer Erzählung fort:

„Besonders prekär ist in meinen Augen die Darstellung der Person, die in der Bibel mit dem Namen JHWH gekennzeichnet wird. Christus erzählte von ihm als einen liebenden Vater. Seine Botschaft war die Liebe. Er demonstrierte in unzähligen Situationen durch sein Handeln, wie man Liebe lebt. In früheren Zeiten hatten Menschen kein Problem, diesem Namen zu vertrauen.

In der hebräischen Bibel findet sich für den Namen Gottes, der nicht ausgesprochen wurde, das Tetragramm der hebräischen Konsonanten JHWH. Im Sprachgebrauch der Wachtturm-Gesellschaft wird es meistens mit Jehova wiedergegeben, seltener auch mit Jave. Das Tetragramm findet sich an vielen Orten: Die Stadtväter der Stadt Nürnberg beispielsweise prägten Münzen, die es im Strahlenkranz zeigte. Darunter war die Silhouette der Stadt zu sehen. Man stellte die Stadt unter den Schutz Gottes. Auf dem Thronsessel der Königin von Dänemark ist das Tetragramm. Viele Grabsteine, Eingänge von Gebäuden, Altäre, Deckengemälde und Lieder, nicht nur im jüdischen Kontext, enthielten das Tetragramm. Aber auch in verschiedenen christlichen Liedern findet sich die vermutete Aussprache „Jehova", wie beispielsweise in der älteren Form des Liedes „Dir, dir oh Höchster will ich singen": Dir, dir Jehova will ich singen.

Die Zeugen glauben nur an Jehova als Gott, den Allmächtigen und Schöpfer, der seinen Bund mit den Juden auf sie übertragen hat, weil die Juden Christus als Messias und Sohn Gottes Jehovas abgelehnt haben. Alle anderen Menschen, egal ob Christen oder Heiden, beten nach Zeugenmeinung den Teufel an. Dementsprechend stellten die Bibelforscher Jehova als den Rächer und Zerstörer der Welt und aller ‚bösen Menschen' dar. Wohl auch die abstrusen Vorhersagen und die Drohungen mit Harmagedon und Gericht führten dazu, dass sich viele intelligente Menschen nicht mehr mit einem solchen Zerrbild Gottes identifizieren wollten. Das waren meine Erfahrungen in vielen Gesprächen während meines obligatorischen Predigtdienstes."

„Wenn ich so überlege", sagte Helena „hast du da völlig Recht. Der Name Jehova wird sofort mit Jehovas Zeugen in Verbindung gebracht und zwar eher in negativem Sinn."

„Nicht nur der Name Gottes bekam eine sehr negative Bedeutung in der Öffentlichkeit. Auch an und für sich positive Veranschaulichungen und Beispiele aus der Bibel bekommen durch die Uminterpretation einen negativen Sinn – wenigstens habe ich das so empfunden."

Als Beispiel für eine problematische Auslegung sei hier die des Gleichnisses im Matthäusevangelium, Kapitel 25, angeführt: Christus setzt sich auf einen Thron und versammelt als Richter alle Menschen vor sich. Er stellt die „Schafe" zu seiner Rechten und die „Böcke" zu seiner Linken. Aus der Erklärung Jesu geht hervor, dass er Menschen, die Mitgefühl und Menschlichkeit zeigen und sich um den Nächsten kümmern, als Schafe bezeichnet.

In der Wachtturm-Auslegung sind alle diejenigen Schafe, die eifrig predigen und den „treuen und verständigen Sklaven" bei seinem Auftrag unterstützen. Diese Auslegung wird mit einer Stelle aus dem Jesajabuch verbunden: Der Gottesknecht, der für Gott und in seinem Sinn leidet, tut seinen Mund nicht auf und lässt sich ohne Gegenwehr zur Schlachtbank führen. Im Jesajabuch ist der Gottesknecht ein stiller und mutiger Zeuge der göttlichen Liebe. Er erträgt alles stellvertretend für andere. In der Interpretation der Zeugen Jehova wird dieser Ansatz missbraucht. Ein Zeuge soll sich wie ein (dummes) Schaf, ohne Widerspruch zur Schlachtbank führen lassen. Übertragen heißt es: Allen Anweisungen des „treuen und verständigen Sklaven" ist ohne Murren zu folgen, wohin er auch geht. Das bedeutet im Sinne der Zeugen Jehovas dem Hirten Christus nachzufolgen und ist „wahre Demut". Für einen Zeugen Jehovas heißt das im Klartext: Man kann mit ihm machen, was man will – der Zeuge gehorcht willenlos. Die Paulinische Auslegung des liebenden Einsatzes Gottes für den Menschen, damit dem Menschen das Leiden erspart bleibt, spielt in diesem Zusammenhang keine Rolle.

Die übrige Menschheit zählt zu den „Böcken". Darunter versteht man *alle* Nicht-Zeugen, auch „Weltmenschen" genannt. Sie gehen in die ewige Vernichtung.

„Na, jetzt bekomme ich es aber gleich mit der Angst", sagte Helena theatralisch. „Ich bin also ein Bock und werde vernichtet", über diese Vorstellung mussten nun alle herzlich lachen.

Mara kam so richtig in Fahrt. Sie fuhr fort: „Worte wie ‚Einheit' werden in ihrer Bedeutung in ‚Einförmigkeit' verwandelt, wenn man wie ich, sehr gewissenhaft die Schriften der Wachtturm-Gesellschaft studiert und für die reine Wahrheit hält. ‚Rat' ersetzt die Begriffe Regel oder Vorschrift und nur wer den ‚Rat' befolgt, kann sicher sein, dass er ein ‚gut geschultes Gewissen' hat.

Aus ‚jemanden respektieren' wird die unterschwellige Botschaft ‚ihn zu fürchten'. Das wurde auf die organisatorischen Anweisungen der ernannten ‚Diener' bezogen, denn sie können alles, was man tut, bewerten, und wenn sie es nicht für gut befinden, droht Strafe. Ich habe alles, was ich

getan habe, immer auf den Prüfstand gestellt, ob es ‚wachtturmkonform'
ist. Meine Sprache war die Sprache der Wachtturm-Literatur.
Ein Programmpunkt in der Dienstzusammenkunft für den Monat August
2009 behandelte Anweisungen für den Predigtdienst.[15]

Abschnitt 8 in der vorgesehenen Abhandlung trug die Überschrift: „Die Zusammenkunft besuchen".

Damit ist die „Zusammenkunft für den Predigtdienst" gemeint. Normalerweise würde man wahrscheinlich sagen: „Ich besuche einen Treffpunkt." In der „reinen Sprache" ist dies nicht korrekt. Treffpunkt kommt in der Bibel nicht vor. Wohl aber „Zusammenkommen" – in der Neue Welt Übersetzung der Zeugen Jehovas. Bei Verwendung dieses Wortes kann man sich auf Bibeltexte stützen, die lauten: „[…] indem wir unser Zusammenkommen nicht aufgeben, […] " (Hebr. 10,25)

Diese „Zusammenkunft" soll laut Anweisung circa 10 Minuten dauern. Sie ist zu besuchen – auch wenn es für manche bedeutet, dafür bis zu einer Stunde zusätzlich an Zeit zu opfern. Als Nachdruck für die Bedeutung wird Hebräer 13,17 angeführt: „Gehorcht denen, die unter euch die Führung übernehmen, und seid unterwürfig, denn sie wachen beständig über eure Seelen als solche, die Rechenschaft ablegen werden, damit sie dies mit Freude und nicht mit Seufzen tun mögen, denn das wäre Euch zum Schaden."

Solche, die Unterstützung brauchen, sollen mit „Erfahrenen" eingeteilt werden, wer „bereit ist, sich einteilen zu lassen […] kann viel Gutes bewirken". Als Vers aus der Bibel wird auf Sprüche 27,17 verwiesen: „Eisen wird durch Eisen geschärft. So schärft ein Mann das Angesicht eines anderen."

Ein Zeuge Jehovas erkennt in diesem „Mann" den Predigtdienstpartner. Das ist ein Zirkelschluss, denn weder im Quelltext noch im Kontext wird das Thema Predigen erwähnt.

Ein weiterer Text soll die Argumentation stützen. In Römer 15,1,2 heißt es: „Wir aber, die Starken, sind verpflichtet, die Schwachheiten derer zu

---

[15] *Königreichsdienst* für August 2009.

tragen, die nicht stark sind, und nicht uns selbst zu gefallen. Ein jeder von uns gefalle [seinem] Nächsten in dem, was zu [seiner] Erbauung gut ist."

Dieser Text, für sich gelesen, scheint ein vernünftiger Grundsatz zu sein. Doch auch an dieser Stelle wird im Kontext nicht auf den Predigtdienst Bezug genommen. Paulus äußert sich hier zu Streitigkeiten in der damaligen Versammlung. Man setzte sich damit auseinander, ob man Fleisch, das Götzen geopfert und später auf dem Markt verkauft wurde, essen darf oder nicht. Paulus wollte daraus keine Streitfrage machen und sagte: Im Prinzip ist alles rein, aber wenn sich jemand daran stößt, dann provoziert ihn nicht mit eurem Verhalten. Aus dem Zusammenhang gerissen werden viele Bibeltexte missbraucht, um Anweisungen und Ordensregeln zu stützen.

Im 10. Abschnitt der oben genannten Abhandlung wird behauptet: „So wie *Jesus* und seine Jünger verbringen wir beim Predigen die meiste Zeit im Haus zu Haus Dienst." Aber in der Bibel wird nicht gesagt, dass Jesus von Haus zu Haus ging, um zu predigen. Er hielt seine Predigten an öffentlichen Orten, in der Synagoge, im Tempel oder in den Privathäusern, in die er eingeladen wurde.

Die Bibelzitate Apostelgeschichte 5,42 und 20,20 beziehen sich auf Äußerungen des Apostel Paulus. In diesem Zusammenhang ist die Wiedergabe in der Neuen Welt Übersetzung strittig. Statt von Haus zu Haus, wie es Jehovas Zeugen tun, muss es nach Meinung vieler Bibelgelehrter dem Sinne nach heißen: ‚sowohl öffentlich als auch in den Häusern'. Tatsächlich wird des Öfteren berichtet, dass Paulus in Privathäuser eingeladen wurde, damit er dort seine Botschaft näher erklärte.

Als Abschluss folgt der übliche Hinweis der Wachtturm-Gesellschaft, dass man entweder belohnt oder bestraft wird, je nachdem ob man gehorcht oder nicht. Als Beweis dient wiederum der bereits erwähnte Schrifttext aus Matthäus 25,34-40. Die Werke, für die die Guten belohnt werden sind: ‚Ihr gabt mir etwas zu essen, ihr gabt mir etwas zu trinken, ihr nahmt mich gastfreundlich auf, ihr bekleidetet mich, ich wurde krank und ihr saht nach mir, ich war im Gefängnis und ihr kamt zu mir. ... In dem Maße, wie ihr es einem der geringsten dieser meiner Brüder getan habt, habt ihr es mir getan." Nicht ein einziges Mal wird in diesem Zusammenhang das Predigen gewürdigt. Erwähnung finden ausschließlich die Werke der Nächstenliebe. Dennoch wird mit diesem Bibeltext unmissverständlich zum Predigen aufgefordert: Matthäus 28,19,20: „Geht daher hin und macht Jünger […]"

Häufig wird gefragt, wie man als intelligenter Mensch diesem Lehren-Klamauk glauben kann. Es gibt in den Reihen der Zeugen Jehovas auch Akademiker, Künstler und Wissenschaftler. Schützt ein Hochschulstudium nicht vor Fanatismus oder religiöser „Blindheit"?

Die Erfahrung und wissenschaftliche Studien belegen, dass die Entscheidung für eine (neue) Glaubenslehre vor allem aus dem Gefühl heraus fällt. Das bedeutet für eine Organisation wie die Wachtturm-Gesellschaft: Zuerst muss der Verstand in seiner Funktion so manipuliert werden, dass er die Funktion der Prüfung und Überwachung von Entscheidungen verliert. Mit anderen Worten, das Ziel der Werber ist es, eigene Gedanken des „Opfers" zu verhindern, damit die fremden, neuen Gedanken übernommen werden können.

Wie dieses Ziel durch die Organisation der Zeugen Jehovas erreicht werden soll, wird aus einem „Rat" im *Wachtturm* vom 15. Juli 1967 deutlich: „Unter Studium mögen wir harte Arbeit, vor allem Sucharbeit, verstehen. In Jehovas Organisation braucht man jedoch nicht eine Menge Zeit und Kraft für Sucharbeit zu verwenden, denn es gibt in ihr Brüder, die mit dieser Arbeit betraut worden sind, um dir, der du hierfür nicht soviel Zeit hast, zu helfen. Diese Brüder bereiten den guten Stoff vor, der in der Zeitschrift ‚Der Wachtturm' und in anderen Publikationen der Gesellschaft erscheint."

Durch die scheinbar liebevolle Begründung und die gewonnene Überzeugung, dass es sich um die reine Wahrheit handele, entwickelt man das Vertrauen und die Gewohnheit, auf eigenes Denken und Forschen zu verzichten.

In der Sozialpsychologie wird ein abweichendes individuelles Verhalten, das durch die abweichende begriffliche Füllung verschiedener Worte erreicht wird, Idiosynkrasie bezeichnet. Einige Idiosynkrasien entwickeln sich aus einer emotionalen Miteinbeziehung heraus.

Die Glaubenslehre spricht das Gefühl an. Sie schaltet damit den Verstand weitestgehend aus. In diesem Zustand ist der Mensch gegenüber Idiosynkrasien relativ wehrlos, denn sie fordern das „Wir-Gefühl". Diese Mechanismen wurden schon immer von Demagogen und Diktatoren angewandt. Man denke an die Verwendung von Worten wie „arische Rasse", „Endsieg", „tausendjähriges Reich" und viele andere. In der blitzartigen, fast reflexhaften Gemeinsamkeit entsteht das größte Triumphgefühl: Das ist Wahrheit, die einzige Wahrheit.

Die Basis für neue Gedanken sind Emotionen: Angst, Furcht, Freude, Hoffnung. Wenn jemand einem Bibelstudium zustimmt, durchlebt er womöglich gerade ein Stimmungstief. Er reagiert emotional dankbar auf freundliche Zuwendung. Unsere Erfahrungen sind ein gutes Beispiel dafür. Die positive kognitive Wahrnehmung verhinderte, dass neue ‚Erkenntnisse' vom Gehirn kritisch geprüft wurden. Es akzeptierte kritiklos, weil wir vertrauten."

Die Art des Bibelstudiums der Wachtturm-Gesellschaft erfordert kein eigenes kritisches Denken. Der Stoff ist in der Literatur vorgegeben. Durch Wiederholung in Form von lautem Lesen, Fragen stellen, die vorgegebene Antwort laut aussprechen, werden mehrere Wahrnehmungskanäle systematisch benutzt, um das Gedankengut unauslöschlich im Gedächtnis zu verankern: Sehen, Hören, Sprechen werden gebraucht, um dem Gelehrten Nachdruck zu verleihen. Damit kann das Umprogrammieren des Verstandes sehr wirkungsvoll erfolgen.

So vermitteln Jehovas Zeugen die Botschaft: Nur wir haben die Wahrheit, folglich ist Information nur von uns entgegenzunehmen. Keiner sollte eigene Nachforschungen anstellen, denn alle Ehemaligen lügen. Der Teufel ist der Gott der Welt um uns herum, daher ist alles, was nicht zu uns gehört, böse. Der Teufel stellt den Zeugen Jehovas ständig nach und benutzt selbst unsere besten Freunde und Angehörige als Werkzeug, uns im Glauben schwach zu machen. ‚Die Weisheit der Welt ist Torheit bei Gott' lehrt die Bibel.

Auch diese Gedanken werden emotional vermittelt. Es gibt nur schwarz oder weiß. Zeugen Jehovas sind die Guten, die anderen die Bösen. Jehovas Zeugen haben die Wahrheit, alle anderen lügen.
Sprache wird zur Manipulation benutzt, indem man Worten eine andere Bedeutung gibt. Die Idiosynkrasie macht es nahezu unmöglich, Wahrheit von Unwahrheit zu trennen. Die kognitiven Prozesse, die im Gehirn ablaufen, sind nur schwer kontrollierbar. Weil Jehovas Zeugen gezielt zu idiosynkratischem Verhalten manipuliert werden, ist es ihnen nahezu unmöglich im normalen Leben die Wahrheit von der Unwahrheit zu trennen.
Jetzt schüttelte sich Helena: „Davor würde ich mich doch ziemlich grausen."
„Das kann ich mir vorstellen", pflichtete ihr Mara bei. „Aber wie bei allem im Leben galt auch in der Wachtturm-Gesellschaft: Auf einem Bein steht man nicht. So gab es auch in unserem unsichtbaren Kokon einen zweiten Pfeiler. Das war der Komplex ‚Babylon die Große, das Weltreich der falschen Religion'.
In dem Buch *Unterredungen anhand der Schriften*[16] wird eine Definition für „Babylon die Große" gegeben:

„Das Weltreich der falschen Religion, das alle Religionen einschließt, deren Lehren und Bräuche nicht mit der wahren Anbetung Jehovas, des allein wahren Gottes, übereinstimmen. […] Im Laufe der Zeit verbreiteten sich babylonische Glaubensansichten und religiöse Bräuche in vielen Ländern. Auf diese Weise wurde der Name Babylon die Große eine treffende Bezeichnung für die falsche Religion als Ganzes."[17]

Der Begriff nimmt eine Gestalt aus der Offenbarung des Johannes auf. Dort wird eine Frau als Hure beschrieben. Ihr Name ist Babylon. Sie ist die

---

[16] Wachtturm Bibel und Traktat Gesellschaft (Hg.): *Unterredungen anhand der Schriften*, Selters/Taunus (1985). Dieses Werk ist ein Handlexikon der Zeugen Jehovas. Es enthält konkrete Anweisungen für Formulierungen im Predigtdienst. Auf diese Weise konnte man die Fragen korrekt beantworten. Es gab die Anweisung, die Antworten immer direkt aus dem Buch vorzulesen.
[17] Zitiert nach *Unterredungen anhand der Schriften*, S. 51.

Erzfeindin des Königreiches Gottes. Die Katholiken sind aus Sicht der Wachtturm-Gesellschaft dominierender Teil dieses Reiches.

Im *Wachtturm*[18] vom 15. 4. 1989 heißt es unter dem Stichwort
„Eine Resolution": Die Zahl der Anwesenden auf den Kongressen „Göttliches Recht" wird zweifellos die des Vorjahres übertroffen haben, als weltweit 6 443 597 Personen an 1 098 Orten zusammenkamen und 93 822 getauft wurden. Im Anschluß an die Ansprache „Die berüchtigte ‚Hure'", die auf allen Kongressen „Göttliches Recht" gehalten wurde, erfolgte die Freigabe des ausgezeichnet illustrierten 320seitigen Buches *Die Offenbarung — Ihr großartiger Höhepunkt ist nahe!* in mehr als 20 Sprachen. Der Redner sagte zu den Zuhörern: „Verwendet das Buch gut bei eurem persönlichen Studium und wenn es in der Versammlung studiert wird. Gebraucht es auch, um der Welt anzukündigen, daß Babylon die Große zum Untergang verurteilt ist, daß die Nationen jetzt vor Harmagedon stehen und daß der großartige Höhepunkt durch Jehovas erhabene Königreichsherrschaft in den Händen des Christus und seiner Braut erreicht wird. Ihr seid glücklich zu schätzen, daß ihr diese Dinge hören und beobachten könnt, ‚denn die bestimmte Zeit ist nahe'! (Offenbarung 1:3).

Wir, die wir seit 1914 ‚am Tag des Herrn' und in der Zeit des göttlichen Gerichts leben, frohlocken über das großartigste aller Vorrechte, nämlich dem Souveränen Herrn Jehova zu dienen unter seinem König der Könige, Jesus Christus (Offenbarung 1:10). Als ZEUGEN JEHOVAS legen wir folgendes Zeugnis ab:

1. WIR VERABSCHEUEN die Schmach, die Babylon die Große und vor allem die Christenheit auf den Namen des einen wahren und lebendigen Gottes Jehova gebracht hat. Was uns betrifft, WIR BEKRÄFTIGEN von ganzem Herzen die Worte aus Offenbarung 4:11: ‚Du bist würdig, Jehova, ja du, unser Gott, die Herrlichkeit und die Ehre und die Macht zu empfangen.'

2. WIR VERABSCHEUEN das Festhalten der Christenheit an babylonischen Lehren, insbesondere an der Lehre von einem dreieinigen Gott,

---

[18] Zitiert nach *Wachtturm* vom 15.04.1989, S. 18–19, „Eine Resolution".

von der Unsterblichkeit der Menschenseele, von der ewigen Qual in der Hölle, von einem Fegefeuer, und das Festhalten an der Verehrung und Anbetung von Bildnissen – wie die Madonna und das Kreuz. In Übereinstimmung mit Offenbarung 22:18, 19 HALTEN WIR ENTSCHLOSSEN FEST an Gottes geschriebenem Wort und an allem, was es enthält.

3. WIR VERABSCHEUEN gottfeindliche Philosophien und Praktiken, die in der Christenheit stark verbreitet sind, wie die Evolutionstheorie, Bluttransfusionen, Abtreibungen, das Lügen, Habgier und Unehrlichkeit. Durch unsere Anbetung und durch unsere Lebensweise WERDEN WIR unseren Schöpfer, Jehova Gott, den Allmächtigen, EHREN, dessen Wege in Offenbarung 15:3 als ‚gerecht und wahrhaftig' beschrieben werden.

4. WIR VERABSCHEUEN das Versäumnis der Christenheit, sich an die Botschaften Jesu zu halten, die gemäß Offenbarung, Kapitel 2 und 3 an die sieben Versammlungen gerichtet wurden und die Angelegenheiten betreffen wie Sektierertum, Götzendienst, Hurerei, den isebelschen Einfluß, Lauheit und Mangel an Wachsamkeit. Was uns betrifft, WIR WERDEN HÖREN, was der Geist den Versammlungen sagt, UND GEHORCHEN.

5. WIR VERABSCHEUEN die Unmoral und die Freizügigkeit in der Christenheit und unter ihrer Geistlichkeit, und wir begrüßen Jehovas eindeutiges Urteil aus Offenbarung 21:8, wonach diejenigen, die in ihrer Unsauberkeit verharren – Hurer, Lügner und dergleichen –, gänzlich vernichtet werden. WIR UNTERSTÜTZEN GANZHERZIG die biblischen Grundsätze in bezug auf Sexualität, Ehe und Familienleben.

6. WIR VERABSCHEUEN die jahrhundertelange geistige Prostitution der Geistlichkeit Babylons der Großen, die mit den weltlichen Herrschern gemeinsame Sache gemacht hat, um zu Macht und Reichtum zu gelangen und um das allgemeine Volk tyrannisch zu beherrschen. WIR SIND ENTSCHLOSSEN, ehrlichgesinnten Menschen zu helfen, dem Ruf des Engels aus Offenbarung 18:4 zu folgen: „Geht aus ihr hinaus, mein Volk."

7. WIR VERABSCHEUEN die gewaltige Blutschuld, die sich daraus ergibt, daß 100 Millionen Menschenleben allein in den Kriegen unseres Jahrhunderts geopfert wurden, und das weitgehend zufolge der Hurerei der großen Hure mit den politischen Mächten. WIR FROHLOCKEN darüber, daß die bestimmte Zeit nahe ist, wo Gott an Babylon der Großen die richterliche Strafe vollstrecken wird, wie dies in Offenbarung 18:21–24 deutlich zum Ausdruck kommt.

Als Zeugen Jehovas BETRACHTEN WIR ES ALS EINE FREUDE UND EIN VORRECHT, der Welt bekanntzumachen, daß im Jahre 1914 ‚das Königreich der Welt das Königreich unseres Herrn [Jehova] und seines Christus geworden ist' (Offenbarung 11:15). WIR SIND FEST ENTSCHLOSSEN, furchtlos voranzugehen und Jehovas Urteilssprüche über Babylon die Große bekanntzumachen und auch vor dem unmittelbar bevorstehenden Krieg von Harmagedon zu warnen. WIR SIND FEST ENTSCHLOSSEN, in ‚jeder Nation und jedem Stamm und jeder Zunge und jedem Volk' mit lauter Stimme die frohe Nachricht erschallen zu lassen, daß zum Segen der gehorsamen Menschheit ‚ein neuer Himmel und eine neue Erde' nahe sind (Offenbarung 14:6; 21:1). WIR FROHLOCKEN darüber, daß zufolge dieser Verkündigung bereits eine große Volksmenge von mehr als drei Millionen aus allen Nationen mit uns auf der ganzen Welt vereint ist. Gemeinsam mit dem Engel, der in der Mitte des Himmels fliegt, erklären wir alle: ‚Fürchtet Gott, und gebt ihm die Ehre, denn die Stunde seines Gerichts ist gekommen, und betet den an, der den Himmel und die Erde und das Meer und die Wasserquellen gemacht hat' (Offenbarung 14:7)."

Babylon die Große war unser Feind Nummer Eins. Darunter fielen alle Glaubensrichtungen, die nicht zur Wachtturm-Organisation gehörten."

Eine der ersten Lektionen, die ein künftiger Zeuge Jehovas zu lernen hat, ist, dass Weihnachten ein Fest „heidnischen Ursprungs" ist. Alle Religionen außerhalb der Organisation der Zeugen Jehovas beten den Teufel als ihren Gott an und gehören zum Weltreich Babylons der Großen.

Der zweite Präsident der Wachtturm Gesellschaft, Richter Rutherford, sagte einmal in einem Vortrag 1938 über die katholische Kirche:

„Die römisch-katholische Organisation hat sich hinter Lügen verschanzt, und durch Betrug und Überlistung betreibt sie den größten Gimpelfang aller Zeiten. Sie prahlt damit, dass die Pforten der Hölle die römisch-katholische Kirche nie überwinden würden; aber im prophetischen Worte Gottes steht über dieses Werkzeug Satans, die römisch-katholische Religionsorganisation, folgendes geschrieben: ‚Denn ihr sprechet: Wir haben einen Bund mit dem Tode geschlossen und einen Vertrag mit dem Scheol gemacht: Wenn die überflutende Geißel hindurch fährt, wird sie an uns nicht kommen; [...] euer Bund mit dem Tode wird zunichte werden, und euer Vertrag mit dem Scheol nicht bestehen ... so werdet ihr von derselben zertreten werden'[...] Daher wird die römisch-katholische Kirche, statt aus diesem ungeheuren Aufruhr glänzender hervorzugehen, überhaupt nicht aus ihm hervorgehen, sondern für immer und ewig verschwinden, denn ihr Ende ist gekommen. Alle solche, die zu dieser Religionsorganisation halten und sie unterstützen, werden ebenso ins Verderben gehen; und es wird eine ausgedehntere Verwüstung geben als je etwas, das sich auf der Erde zugetragen hat."[19]

Zeugen Jehovas haben sich von allem strikt getrennt zu halten, was auch nur im Entferntesten mit diesem Reich zu tun hat. Durch solche aggressiven Verurteilungen, insbesondere der Katholiken, entstand bei den Zeugen Jehovas zum Teil auch eine aggressive Haltung gegenüber allem, was katholisch war. Das reichte bis zur peinlichen Überheblichkeit einzelner, die sich darauf regelrecht freuten, dass die „Religionisten" bald alle vernichtet würden.

Zeugen Jehovas durften selbstverständlich keine Arbeit annehmen, die irgendwie mit der katholischen Kirche in Verbindung stand, zum Beispiel in Krankenhäusern, Altenheimen, dem Weltbild Verlag oder anderen Betrieben, in denen die Bezahlung von der Kirche kam.

„Naja, vor 60 Jahren waren sie scheinbar noch sehr rückständig. Das ist inzwischen sicher liberaler geworden." Helena konnte sich nicht vorstellen, dass der moderne Mensch sich solchen Vorschriften beugen würde.

---

[19] Zeitschrift *Trost* vom 15.04.1938, Rubrik: „Ihre Fragen von J. F. Rutherford beantwortet."

„Vor zwei Jahren wollte sich ein junger Mann in unserer Versammlung taufen lassen. Wir nannten ihn Mike[20]. Er war sehr freundlich und allseits beliebt. Bevor er von den Ältesten unserer Versammlung zur Taufe zugelassen wurde, musste er seine Stelle als Buchhalter beim Weltbild Verlag kündigen. Da der Verlag einigen katholischen Diözesen gehört und Mike somit sein Gehalt von einem Teil Babylons der Großen erhielt, gehörte die Kündigung seines Arbeitsplatzes neben dem selbstverständlichen Austritt aus der Kirche zu der Anforderung, ‚Babylon die Große' zu verlassen", gab Mara der verdutzten Helena zur Antwort. „Handwerker mit einem ‚gut geschulten Gewissen' übernahmen keine Aufträge für Klöster oder Kirchen."

Mara fuhr fort: „Ich war sehr betroffen, als mich einmal eine Glaubensschwester sehr betrübt ansprach. Sie verbrachte ihren 85. Geburtstag zusammen mit ihren beiden leiblichen Schwestern. Ohne Kerzen und Geburtstagsgeschenke und ohne ‚wir gratulieren' – sie tranken einfach nur zusammen an diesem Tag Kaffee und aßen Kuchen. Diese liebe Schwester glaubte nun allen Ernstes Jehova müsse sie dafür bestrafen, weil sie ungehorsam war."

Es ist sehr leicht, Verbindungen zwischen Festen und ihrem heidnischen Ursprung herzustellen und daraus eine Regel abzuleiten, warum das „gut geschultes Gewissen" uns davon abhalten sollte, diesen Brauch zu pflegen. Für den Geburtstag wurde folgender Hintergrund genannt: Zwei heidnische Herrscher feierten Geburtstag und ließen dabei Menschen töten. Zirkelschluss: Herrscher wie sie kamen auf die Idee, Geburtstag zu feiern. Geburtstage feiern ist heidnischen Ursprungs und für Zeugen Jehovas die Sünde der Illoyalität.

Doch wer sich gewissenhaft an diese Regel hielt, hatte wieder eine Verbindung zur „alten Welt" gekappt. Darauf kam es an. Natürlich fehlt der traditionelle Kontakt mit Verwandten und Freunden zu diesem Anlass. Der Kokon besitzt kein Schlupfloch.

---

[20] Name geändert.

Soziale Kontakte sind nur innerhalb der Versammlung mit „geistig gesinnten" Glaubensbrüdern erwünscht.

> In dem Buch *Frieden und Sicherheit. Wie wirklich zu finden* (1986) heißt es unter der Überschrift „Überlebende dürfen kein Teil der Welt sein": „[...] So zeigt die Bibel, daß wir vor einer klaren Wahl stehen. In Jakobus 4:4 lesen wir: ‚Wißt ihr nicht, daß die Freundschaft mit der Welt Feindschaft mit Gott ist? Wer immer daher ein Freund der Welt sein will, stellt sich als ein Feind Gottes dar.' Gott hat ebenfalls seine Maßstäbe in bezug auf Freundschaft, und sie stimmen nicht mit denen der Welt sündiger Menschen überein. — Psalm 15:1–5 (14:1–5, *Al*).
>
> 23 Die Freundschaft mit Gott pflegen zu können, die zum Überleben und in seine neue Ordnung führt, hängt von weit mehr ab, als davon, daß wir zu gewissen Organisationen dieser Welt gehören oder nicht. Wenn wir den *Geist* der Welt offenbaren, wenn wir ihre weltlichen *Ansichten* über das Leben teilen, dann geben wir uns als Freunde der Welt, nicht als Freunde Gottes zu erkennen. Der Geist der Welt bringt die ‚Werke des Fleisches' hervor, das heißt ‚Hurerei, Unreinheit, zügellosen Wandel, Götzendienst, Ausübung von Spiritismus, Feindschaften, Streit, Eifersucht, Wutausbrüche, Wortzänkereien, Spaltungen, Sekten, Neidereien, Trinkgelage, Schwelgereien und dergleichen Dinge'. Die Bibel sagt deutlich, daß ‚die, die solche Dinge treiben, Gottes Königreich nicht erben werden'."[21]

„Langsam verstehe ich die Methodik, die hinter allen diesen Manipulationen steckt", sagte Helena nachdenklich. „Je weniger Kontakt zu der Außenwelt entsteht, desto weniger besteht die Gefahr, dass man zweifelt. Man kennt es mit der Zeit nicht anders und gewöhnt sich an die Situation."

„Ja, genau das ist nach meiner Meinung die Falle", bestätigte Mara. „Man bekommt auf alle Fragen auch Antworten, die mit den Ordensregeln erklärt werden und braucht sich nicht mehr anderweitig um Lösungen zu bemühen."

---

[21] Wachtturm Bibel und Traktat Gesellschaft (Hg.): *Frieden und Sicherheit. Wie wirklich zu finden.* Selters/Taunus (1986), Kap. 11, Abs. 22 f.

Die Liste der Regeln mit dem Hinweis „heidnischer Ursprung" ist sehr lang und grotesk: Zeugen Jehovas dürfen, wenn sie in gemütlicher Runde zusammensitzen, nicht anstoßen und Prost sagen. Es ist heidnischen Ursprungs. Man wollte mit dem Klingen der Gläser Dämonen vertreiben. Ich war oft wütend darüber, dass ich junge Menschen, die wirklich nichts mit Dämonen oder heidnischen Bräuchen zu tun hatten, darüber aufklären musste und somit dafür sorgte, dass ein unsinniger Aberglaube lebendig blieb.

Zeugen Jehovas stehen bei einer Gedenkminute an einen Verstorbenen nicht auf. Der Glaube an eine unsterbliche Seele ist heidnischen Ursprungs. Wir bekamen einmal Besuch von einem reisenden Aufseher. Er entdeckte in unserem Steingarten einen Gartenzwerg, den uns meine Schwiegermutter geschenkt hatte. Der Kreisaufseher war entsetzt. Zwerge sind Fabelwesen – heidnischen Ursprungs – der Gartenzwerg musste weg.

Souvenirs müssen sorgfältig auf heidnischen Ursprung geprüft werden. Holzschnitzereien könnten für Zauberrituale gedient haben. Masken stellen Dämonen dar. Tiere wurden in verschiedenen Religionen für heilig gehalten.

Die Comic-Hefte über Donald Duck und andere sollten wir nicht lesen, weil sprechende Tiere heidnischen Ursprungs sind.

Amulette sind auf jeden Fall, als Verbindung zu den Dämonen zu betrachten und strikt abzulehnen.

Bei Hochzeiten ist es nicht angebracht, einen weißen Schleier zu tragen – heidnischer Ursprung. Holz sägen und andere harmlose Traditionen und Bräuche – alles heidnischen Ursprungs und zu unterlassen.

Es erübrigt sich zu erwähnen, dass natürlich Karneval oder Fasching mit seinen Masken und Verkleidungen heidnischen Ursprungs sind.

> Im *Wachtturm* vom 01.03.1975 wird das Thema ausführlicher behandelt: „Sind Geschenke von Okkultisten gefährlich?" „Doch du magst nun fragen: ‚Was ist schon dabei, Geschenke von Personen anzunehmen, die mit Spiritismus oder Astrologie zu tun haben oder die auf Amulette, Alphabettafeln usw. vertrauen?'

Folgendes: In der heutigen Zeit sind viele Personen ernsthaft von Dämonen belästigt worden, weil sie solche Gegenstände in ihrer Wohnung aufbewahrten [...]"[22]

In *Erwachet* vom 22.01.2002 heißt es: „Was ist schon dabei, wenn ich mich ein wenig mit dem Okkulten beschäftige?"

„[...] Wenn sich jemand aus den Fängen der Dämonen befreien will, *muss er alles vernichten, was mit Satansanbetung zu tun hat!* Dazu gehören sämtliche Bücher, Zeitschriften, Poster, Comics, Videos, Amulette (Gegenstände, die zum ‚Schutz' getragen werden) und alles dämonische Material aus dem Internet (5. Mose 7:25, 26) Entledige dich aller Dinge, die in der Wahrsagerei Verwendung finden, beispielsweise Kristallkugeln oder Alphabettafeln. Wirf auch Musik oder Videos mit satanischen Themen weg."[23]

Im *Wachtturm* vom 15.04.2006 unter der Rubrik Fragen von Lesern: „… Um von Dämonenangriffen befreit zu werden, muss man wie die neuen Gläubigen in Ephesus handeln, die ihre Wahrsagebücher vernichteten. Es ist unbedingt erforderlich, alles loszuwerden, was mit Spiritismus zu tun hat: Bücher, Zeitschriften, Filme, elektronische Daten und Musikaufnahmen, die spiritistisch angehaucht sind, sowie Amulette oder andere Gegenstände, die zum ‚Schutz' getragen werden oder mit spiritistischen Praktiken zu tun haben."[24]

Im Buch *Erkenntnis die zu ewigem Leben führt* wird über das Thema „Bösen Geistermächten widerstehen" referiert: „Selbst wenn wir keinen Spiritismus getrieben haben, sollten wir uns von allem trennen, was eine spiritistische Verwendung oder einen spiritistischen Beigeschmack hat. Dazu gehören Bücher, Zeitschriften, Videos, Bilder, Musikaufnahmen und Gegenstände, die man trägt, um Unheil abzuwehren, sowie irgendwelche Geschenke von Personen, die Spiritismus treiben, fallen darunter."[25]

---

[22] *Wachtturm* vom 01.03.1975, S. 143–144.
[23] *Erwachet* vom 22.01.2002, S. 27.
[24] *Wachtturm* vom 15.04.2006, S. 31.
[25] *Erkenntnis die zu ewigem Leben führt*, S. 114 f., Kap 12.

Die Zeitschrift *Erwachet* vom 22.12.1986 thematisiert „Sind Neujahrsfeiern etwas für Christen?": „Gott betrachtet die religiösen Bräuche, die ihren Ursprung in Babylon haben, als unrein. Er bezeichnet das Weltreich der falschen Religion mit seinen Bräuchen, die im alten Babylon verwurzelt sind, als ‚Babylon die Große' und warnt: ‚Geht aus ihr hinaus, mein Volk, wenn ihr nicht mit ihr teilhaben wollt an ihren Sünden [...]' (Offenbarung 18:2, 4) Da also Neujahrs- und Silvesterbräuche heidnischen Ursprungs sind, halten sich diejenigen, die nach der Bibel leben möchten von Neujahrsfeiern fern."[26]

Die Zeitschrift *Erwachet* vom 22.12.1992 schreibt zum Thema „Sind Weihnachtsgeschenke sinnvoll?": „[...] Ferner ist ausreichend belegt, daß Weihnachten und die damit verbundenen Bräuche nichtchristlichen Ursprungs sind. [...] Die Saturnalien, ein Fest, das die Römer Mitte Dezember feierten, lieferten das Vorbild für viele weihnachtliche Lustbarkeiten. Von dieser Feier stammen zum Beispiel die ausgedehnten Festlichkeiten, das Austeilen von Geschenken und das Abbrennen von Kerzen."[27]

„Das ist ja nicht auszuhalten", Helena tat so, als wollte sie sich die Ohren zuhalten. „Wie habt ihr das nur ausgehalten?"

„Unsere Tochter hatte es in ihrer Klasse sehr schwer, weil sie sich weigerte, beim Klassen-Faschingstreiben mitzumachen. Ihr Lehrer hatte dafür absolut kein Verständnis. Sie war so tapfer und setzte sich – weil sie nicht früher nach Hause gehen durfte – mit verschränkten Armen auf ihre Bank und leistete somit passiven Widerstand. Schließlich sagte der Lehrer genervt: Dann geh halt endlich nach Hause.

Damals waren wir sehr stolz auf das Kind. Sie war ja so konsequent und hat gesiegt. Heute bedauere ich sehr, wie viel harmlosen Spaß, soziale Kontakte und normale traditionelle Erfahrungen wir unseren Kindern vorenthalten haben. Wir stürzten sie ohne Skrupel mit unseren ernsthaften Ermahnungen in Gewissenskonflikte. Wir erwarteten, dass sie Jehova

---

[26] *Erwachet* vom 22.12.1986, S. 21.
[27] *Erwachet* vom 22.12.1992, S. 8.

gehorchten, auch wenn sie allein waren, denn Jehova sieht ja bekanntlich alles – wieder eher eine Drohung als ein Hinweis auf seine Liebe.
Wenn die Kinder in den unteren Klassen für Weihnachten, Ostern oder Muttertag malen oder basteln sollten, mussten unsere Kinder darauf bestehen, etwas zu machen, was nichts mit diesen Festen zu tun hatte. Ganz abgesehen davon, dass viele Lehrkräfte das nicht verstanden und die Kinder unter Druck setzten, war es auch eine große Belastung, immer ein Außenseiter zu sein.
Ich musste einmal herzlich lachen, als ich den Aufsatz unseres Jüngsten zufällig in die Hand bekam. Sie sollten wohl schreiben, wie sie Ostern gefeiert hatten. Felix erzählte eine rührende Geschichte, wie er seine Ostereier im Bett gefunden habe. Ja, ich habe gelacht, aber war es für Felix auch zum Lachen? Er musste doch wählen, wovor er sich mehr fürchtete: vor dem Spott der Mitschüler, der Kritik der Lehrerin oder davor, von Jehova gescholten zu werden.
Felix konnte es nie ertragen, ein Außenseiter zu sein. Dieser Gewissensspagat brachte viele Jugendliche schließlich dazu, Jehova, den allgegenwärtigen Bestrafer, zu hassen. Viele wandten sich von Religion und Glauben ab.
Kannst du dir vorstellen, wie ausgegrenzt man sich in einer Gesellschaft fühlt, wenn man jede seiner Bewegungen auf den Prüfstand legen muss, ob sie vielleicht heidnischen Ursprungs ist? Man wird völlig isoliert. Man kappt alle Bindungen nach außen. Auch frühere Freunde oder Verwandte ziehen sich unweigerlich zurück. Wer will jemanden bei einer Familienfeier dabei haben, der durch sein Verhalten eine einzige Mahnung ist, dass alles, was geschieht, heidnisch oder teuflisch ist?
Kannst du spüren, wie der Kokon ein immer dichteres Netz spinnt? Allmählich beschränkte sich aller Umgang und Kontakt in der Freizeit allein auf Mitgläubige. Mit Außenstehenden hat man beruflichen Kontakt oder man predigt ihnen.
Selbst die Kinder in der Schule werden ermahnt, ihre Freizeit nicht mit Mitschülern zu verbringen und ihnen so viel wie möglich ‚Zeugnis zu geben', so heißt das Werben für die Wachtturm-Lehre. Im normalen

Sprachgebrauch spricht man von einem Mitglied der Versammlung als von einem ‚Verkündiger'.

In dem Buch *Fragen junger Leute, praktische Antworten*[28] wird erklärt, wie man Selbstachtung gewinnen kann:

> „James wohnte mit seiner Mutter und seiner Schwester in einem Slum bei Johannesburg. Sie mussten von der Hand in den Mund leben. James besaß jedoch etwas Wertvolles, das er gern für andere einsetzte – Zeit und Energie. Schon mit 11 Jahren meldete er sich jedes Wochenende als Freiwilliger für den Bau eines Königreichssaals. So konnte er etwas Sinnvolles mit seiner Zeit anfangen, statt sie einfach nur totzuschlagen. Außerdem gab ihm das ein befriedigendes Gefühl und er bekam mehr Selbstachtung. ‚Nach so einem Tag auf dem Bau bin ich total glücklich', sagt James.
>
> Eine weitere sinnvolle Beschäftigung besteht darin, anderen die Bibel zu erklären (Matthäus 24:14) Schon ganz junge Zeugen Jehovas gehen regelmäßig von Tür zu Tür. Sie bringen anderen *die Hoffnung auf ein besseres Leben in der Zukunft* und gewinnen dadurch auch an Selbstachtung. Geld bekommen sie zwar nicht dafür, aber da ging es den Christen im alten Smyrna auch nicht anders. Sie waren zwar arm, […] ihr lebendiger Glaube an Jesu Opfer würde ihnen eines Tages großen Reichtum bringen: Unsterblichkeit als Siegespreis (Offenbarung 2:9, 10)." [29]

In Amerika heißt sie: „Watchtower Bible and Tract Society of Pennsylvania Inc.", ebenfalls „Watchtower Bible and Tract Society of New York Inc.". Beides sind Firmennamen, die ähnlichen Vorschriften unterliegen wie in unserem Aktienrecht. Die Zeugen Jehovas bedienen sich dieser Unter-

---

[28] Zitiert nach: Wachtturm Bibel und Traktat Gesellschaft (Hg.): *Fragen junger Leute, praktische Antworten*, Selters/Taunus, Bd. 2, S. 168.

[29] Kindern soziale Kompetenz zu vermitteln, indem man sie frühzeitig darin schult, mit sinnvollen Aufgaben etwas für die Gemeinschaft zu tun, ist in meinen Augen außerordentlich wichtig. Ihnen durch ihren Beitrag zu ehrenamtlichen Tätigkeiten ein Selbstwertgefühl zu vermitteln, gerade wenn sie noch jung und begeisterungsfähig sind, ist bestimmt für die Entwicklung des Kindes wertvoll. Wie Mara in ihrer Geschichte erzählt, war es in meiner Familie selbstverständliche Gepflogenheit, freiwillige Dienste zu leisten. Damals waren wir der festen Überzeugung, es sei für Jehova getan. Heute bekommen solche Erfahrungen eine andere Bedeutung. Ich überlege, wie die Wachtturm-Gesellschaft ihre weltlichen Aktivitäten als den Willen Jehovas beweisen kann.

nehmen – auch der deutschen „Wachtturm Bibel- und Traktat-Gesellschaft" – zum Druck und zur Verbreitung ihrer Literatur und Lehre. Wenn man die Entwicklung der Bilanzsummen des Mutterkonzerns untersucht – sie ist als „Inc." gesetzlich zur Veröffentlichung verpflichtet – dann überlegt man ernsthaft, ob man für die Vermehrung dieses Vermögens, Kinder zur Arbeit heranziehen sollte, indem man ihnen ihren Lohn im Paradies verspricht.

Man denkt an den Schrifttext aus Jeremia 22,13: ‚Wehe dem, der sein Haus baut, doch nicht mit Gerechtigkeit, und seine Obergemächer, doch nicht mit Recht, durch Ausnutzung seines Mitmenschen, der ohne Entgelt dient und dessen Lohn er ihm nicht gibt' (NWÜ). Sind Aufgaben der Nächstenliebe nicht weitaus sinnvoller? Zum Beispiel für eine kranke Nachbarin einzukaufen, an Opfer von Katastrophen zu denken, indem man seine Spielsachen spendet? Durch solche, dem Alter entsprechende Aufgaben können Kinder erleben, dass sie wertvolle Mitglieder der Gesellschaft sind. Diese Überlegungen kommen mir dabei jetzt in den Sinn."

„Hier wird doch auch ein Grund erkennbar, warum so viel Wert auf dieses ‚Zeugnis geben' gelegt wird. Man gewinnt mehr Menschen, die auch durch ihren Einsatz von Zeit und Arbeitskraft den Interessen der Wachtturm Organisation nützen", warf Helena nachdenklich ein.

„Das liegt auch für mich auf der Hand", bestätigte Mara. „Bei so mancher privaten Unterhaltung wurde uns die Methode des ‚informellen Zeugnisgebens' allen Ernstes als probates und wirksames Mittel empfohlen, um unliebsame ‚Weltmenschen' davon abzuschrecken, mit uns Freundschaften zu schließen. Wie viele Nachbarn von Zeugen Jehovas sind einfach nur genervt, weil kein anderes Gespräch zustande kommt, als über Religion – die Zeugen-Religion?"

„Ich beginne zu begreifen, dass es ein täglicher Lebenskampf ist. Man kann nicht frei und spontan leben, wenn man sich immer bewusst ist, dass es vielleicht eine Regel zu beachten gibt", sagte Helena nachdenklich.

„Du hast es erfasst", sagte Mara. „Das ist auch der Bereich, bei dem sensibel veranlagte Zeugen Jehovas unweigerlich beginnen, unter dem Druck zu leiden. Nicht jedem ist es gegeben, andere mit seinen Ansichten zu bombardieren. Wenn man Widerstand oder Ablehnung spürt, wird man als feinfühliger Mensch die Gefühle des anderen respektieren wollen. Aber schon ist man in einem Dilemma. Die ‚Anweisung' oder der ‚Rat' der Organisation lautet ‚bei jeder sich bietenden Gelegenheit auch informell Zeugnis' zu geben. Mein untrügliches Gefühl sagt mir: Sei besser still. Egal wie ich mich entscheide, es bleibt der Konflikt. Verletze ich mein Gefühl oder belaste ich mein Gewissen, weil ich eine Ordensregel nicht befolgt habe?

Man bekommt explizit Gelegenheiten genannt, bei denen man ‚informell' Zeugnis geben soll: In der Warteschlange an der Kasse im Supermarkt, im Wartezimmer beim Arzt, im Bus, in der Eisenbahn, wenn der Postbote oder ein Vertreter kommt, bei Verwandtenbesuchen, im Restaurant, an der Tankstelle, auf Flughäfen, in Bürogebäuden, in Geschäften, auf Parkplätzen, an Bushaltestellen, auf der Straße, in Parkanlagen, an Stränden und an ähnlichen Orten usw. usf. Ich war mein Leben lang in diesem Spannungsfeld zwischen meinem eigenen ‚Bauchgefühl', das ‚Nein' sagte, und der Anweisung, die drängte ‚los tu's'.

Nach Eckart von Hirschhausen ist man gestresst, wenn man sich hilflos fühlt und von außen gesteuert ist. Wenn man nicht weiß, wie lange die Belastung dauert, und wenn man sich als Opfer fühlt. Diese Faktoren trafen auf mich zu einhundert Prozent zu. Nur mit dem Unterschied, dass ich wusste, die Belastung wird nie aufhören.

Meine Mutter konnte mit neunundachtzig Jahren kaum noch laufen, weil sie starke Schmerzen in den Gelenken hatte. Ein Ältester besuchte sie und erklärte ihr ‚warmherzig und mitfühlend', dass die Ältestenschaft ihre Situation versteht. Sie bekommt die offizielle Erlaubnis nur fünfzehn Minuten im Monat zu predigen und zu berichten. Meine Mutter war berührt davon wie verständnisvoll die Ältesten doch waren.

In der ‚bösen alten Welt' darf ein Betagter oder Kranker in Würde aus dem Arbeitsleben ausscheiden und selbst frei entscheiden, wofür er seine Zeit einsetzt, welchem Hobby er nachgehen möchte, wie viel Zeit er dafür investieren kann. In der Wachtturm-Organisation erwartet man von einer fast 90-jährigen, behinderten Frau wenigstens 15 Minuten zu predigen. Das

heißt, wenn sie im Garten ihres Wohnheimes ist, müsste sie eine Stoppuhr dabei haben, um zu messen, wie viel Zeit die zwei, drei Sätze gedauert haben, bis der Gesprächspartner, dem sie ‚informell' Zeugnis gibt, genervt das Weite sucht. Ich war sehr wütend, als meine Mama mir das erzählte. Doch ich habe geschwiegen, wie Herr Egge, von dem Herr Keuner erzählte.
„Es muss quälend gewesen sein", sagte Helena voll Mitgefühl.
„Das war es tatsächlich", bestätigte ihr Mara. „Wenn man erst einmal in diesem System integriert ist, nach der Taufe, gibt es keinen Bereich, der nicht von Ordensregeln gesteuert wird. Davon ist auch das Privatleben nicht ausgenommen."
„Na, jetzt übertreibst du aber, noch schlimmer kann es ja wohl nicht kommen!" Helena wollte beschwichtigen. Sie hatte bemerkt, dass Mara allmählich verbittert wirkte.
Aber in diesem Moment fragte der Kellner, ob sie noch einen Wunsch hätten. Da wurde ihnen bewusst, dass das Lokal schon fast leer war. Die Zeit war so schnell vergangen. Sie bedankten sich beim Ober und beschlossen, für diesen Abend Schluss zu machen. Morgen war ja auch noch ein Tag. Der Ausflug nach Pamukkale würde sicher sehr interessant. Sie wünschten sich noch eine gute Nacht und zogen sich in ihre Zimmer zurück.
Mara konnte lange nicht einschlafen. Sie war sehr aufgewühlt, hatte Herzklopfen und die Gedanken drehten sich in ihrem Kopf im Kreis. Erst lange nach Mitternacht konnte sie das Karussell endlich stoppen. Sie träumte, dass sie mit ihrem Mann einen Kongress besuchen wollte. Sie waren spät dran. Die Straße war voller Schlaglöcher und Matsch und immer wieder landeten sie am Ende einer Sackgasse vor großen Häusern, durch die sie einen Zugang zur Straße suchen mussten. Sie verlor Noah aus den Augen und konnte sich nicht mehr orientieren. Am Morgen fühlte sie sich wenig erholt.

Der Ernst des Lebens

Das Frühstücksbuffet wurde bereits um sechs Uhr eröffnet, weil die Abfahrt zum Ausflug nach Pamukkale für sieben Uhr geplant war. Mara bediente sich mit frischen Brötchen, Käse, Obst, Butter und Honig und war nach zwei Tassen Kaffee einigermaßen wach.
Als die Reisegruppe im Bus versammelt war, begrüßte sie Hakan, der Reiseleiter, mit einem fröhlichen „Günaydin". Da er viele Jahre in Deutschland gelebt hatte, sprach er perfekt deutsch. Er beschwerte sich mit einem zwinkernden Auge, dass unsere Antwort auf sein „Guten Morgen" so müde ausfiel. Beim zweiten Versuch klang es aber nicht viel enthusiastischer. Deshalb ließ Hakan die verschlafene Truppe noch eine Stunde dösen.
Hakan wusste, dass unsere Reisegruppe aus dem Großraum München kam. Plötzlich sagte er: „Übrigens, wisst ihr schon, dass Bayern München deutscher Meister wird? Ich bin ein Bayern Fan, das ist doch Ehrensache." Das wurde mit tosendem Beifall quittiert. Ab diesem Augenblick waren wir wach und Hakan hatte die Herzen der Bayernanhänger im Bus erobert. Später stellte er uns kurzweilig und spannend Land und Leute, Sitten, Bräuche und Traditionen der Türkei vor. Er wollte den Besuchern verstehen helfen, welche Rolle die Frau in der türkischen Gesellschaft spielt, warum die Männer scheinbar nur in den Kaffeehäusern sitzen, welche Verdienste sich Kemal Atatürk um das Land erworben hat und wie man die fundamentalistische islamische Bewegung in der Türkei betrachtet. Die ursprünglich ganz fremde Mentalität in diesem Land wurde vor Maras Augen plötzlich lebendig und nachvollziehbar. Hakans Erzählungen bauten mit gewinnender Leichtigkeit Brücken, die es möglich machten, dass Fremde zu Freunden werden konnten.
Mara war besonders beeindruckt von seiner Erzählung der Sagen über Troja. Zuerst gab er die Version mit dem Streit der Götter zum Besten. Dann berichtete er über die Erkenntnisse der Geschichtswissenschaftler. Es war wahrscheinlich nicht die List mit dem trojanischen Pferd, sondern ein starkes Erdbeben, das eine Bresche in die Stadtmauer gerissen hat. Für

Mara war auch dieses neu und sehr interessant. Aber sie staunte besonders über die Selbstverständlichkeit, mit der Hakan die unterschiedlichen Ansichten ganz ohne Wertung wiedergeben konnte. Das war Mara nicht gewohnt.

Die Vorträge, die im Königreichssaal oder auf den unzähligen Kongressen gehalten wurden, die sie besucht hatte, ließen immer nur zwei Möglichkeiten zu: Die innerhalb der Wachtturm-Organisation hatten die Wahrheit. Sie waren für das sehr bald bevorstehende Überleben der Schlacht von Harmagedon gekennzeichnet. Die Übrigen, die sich nicht für „die Wahrheit" entscheiden wollten, waren für die Vernichtung bestimmt.

Mara dachte an die vielen Gespräche, die sie in ihrem Predigtdienst mit Menschen geführt hatte, die sie sehr sympathisch fand und vor deren verschiedenen Leistungen sie oft großen Respekt hatte. Wie oft hat sie für solche Leute gebetet, dass Jehova sie doch verschonen und sie noch zur „Wahrheit" führen solle. Sie war oft von der Arroganz abgestoßen, mit der die Redner bei den öffentlichen Vorträgen die Vernichtung der ganzen Menschheit predigten.

Jetzt bedauerte sie, dass sie bereits das erste Tagesziel erreicht hatten. Die Besichtigung einer Schmuckmanufaktur. Was sie dort zu sehen bekamen war zwar überwältigend schön, aber das war eine Welt, zu der Mara keine Beziehung aufbauen konnte. Schmuck spielte bisher in ihrem Leben so gut wie keine Rolle. Ihr fielen die Warnungen ein: „Wer sich der ‚auffälligen Zurschaustellung der Dinge' ergibt, ist nicht weit davon entfernt, neben dem Geld auch das Geistig-gesinnt-sein[30] zu verlieren." Dementsprechend hatte sie außer ein paar wenigen Exemplaren Modeschmuck nichts vorzuweisen. Sollte sie sich jetzt etwas leisten? Beim Blick auf die Preise wurde ihr bewusst, dass sie auch jetzt nicht genug Geld besaß, um sich die teuren Kostbarkeiten zu kaufen. Wenn Noah und ich nicht Sonderpioniere geworden wären, dachte sie wehmütig, rief sich aber gleich wieder zur Ordnung. Tagträume brachten die verlorenen Möglichkeiten nicht zurück.

---

[30] Erklärung typischer Formulierungen der Zeugen Jehovas im Anhang.

Nach dem Mittagessen wurde es wieder interessanter. Sie besuchten die Kalksinterterrassen von Pamukkale und das antike Hirapolis. Für den Märtyrer Philippus, von dem in der Apostelgeschichte berichtet wird, dass er den Kämmerer der Kandake bekehrt und getauft hat, baute man in Hirapolis eine Kapelle. Hier war eine der Wiegen des Christentums. Leider konnten selbst die mächtigen Säulen und Marmorblöcke den Erdbeben nicht standhalten. Die Erschütterungen zerstörten viele Kostbarkeiten, die heute mühsam wieder ausgegraben und restauriert werden.

Am Ende des Tages waren alle Teilnehmer der Reisegruppe tief beeindruckt. Begeistert schilderten sie sich gegenseitig das Erlebte. Aber alle waren auch rechtschaffen müde und freuten sich auf einen gemütlichen Abend im Hotel.

Es wurde ein unglaublich reichhaltiges Buffet präsentiert. Es gab verschiedene hübsch und dekorativ angerichtete Vorspeisen, drei verschiedene warme Gerichte aus Geflügel, Fisch oder Rindfleisch mit Beilagen wie Nudeln, Kartoffeln oder Reis. Die Auswahl an Salaten war üppig und ließ wirklich keine Wünsche offen. Zuletzt verführte eine große Auswahl an süßen Köstlichkeiten zum Dessert dazu, für eine Weile die Kalorien zu vergessen und einfach nur zu genießen.

Es war daher kein Wunder, dass sich alle bei bester Laune angeregt über die Erlebnisse des Tages unterhielten. Helena und Franz kamen wieder zu Mara und Noah an den Tisch. Sie fühlten sich bereits so vertraut miteinander, dass man meinen konnte, sie würden sich schon seit Ewigkeiten kennen. Als sich das Gespräch allmählich wieder aufteilte in Männerkram und Frauengeschichten, knüpfte Helena an die Unterhaltung des Vorabends an.

„Ich habe in meiner Praxis öfter Zeugen Jehovas behandelt", erzählte sie. „Dabei hörte ich immer die gleichen Aussagen: Wir wollen keine Behandlung mit Blut, auch nicht eine Immuntherapie mit Eigenblut. Zur Begründung nannten sie dann einen oder zwei Texte, die sie der Bibel entnommen haben und sagten, etwas anderes könnten sie mit ihrem Gewissen nicht vereinbaren. Ich hielt sie für harmlose, religiöse Spinner, die einen starken Halt in ihrem Glauben haben."

„Sie werden durch die Wachtturm-Schriften sehr gründlich geschult. Jeder muss genau wissen, welche Argumente er vorbringen kann, um die Verweigerung zu begründen. Es wird zum Beispiel in einer Abhandlung der Vergleich besprochen, dass ein Alkoholiker auch über die Venen keinen Alkohol zu sich nehmen darf. Im gleichen Text stellt man die Bluttransfusion als Entscheidung für die Welt Satans dar", erwiderte Mara.

„Eine weitere Gewohnheit in verschiedenen Teilen der Welt ist der Genuß von Blut. Man ißt Fleisch von Tieren, die nicht richtig ausgeblutet sind, oder man verwendet das Blut als Nahrungsmittel in Speisen. Doch Gottes Wort verbietet es, Blut zu essen (1. Mose 9:3, 4; 3. Mose 17:10). Wie verhält es sich dann mit Bluttransfusionen? Einige Personen mögen argumentieren, eine Bluttransfusion sei nicht dasselbe, wie Blut zu „essen". Aber ist es nicht so, daß ein Patient, der keine Nahrung mehr durch den Mund aufnehmen kann, von den Ärzten oft in derselben Weise ernährt wird, wie man Blut überträgt? Die Bibel gebietet uns, ‚uns des Blutes *zu enthalten*' (Apostelgeschichte 15:20, 29). Was bedeutet das? Angenommen, ein Arzt würde dir empfehlen, dich des Alkohols zu enthalten, würde das dann bedeuten, daß du lediglich keinen Alkohol mehr trinken dürftest, daß das Einspritzen von Alkohol in die Adern aber erlaubt wäre? Natürlich nicht! Und so bedeutet auch das Gebot, ‚sich des Blutes zu enthalten', überhaupt kein Blut in den Körper aufzunehmen."[31]

„Obwohl Jehovas Zeugen in ihren Veröffentlichungen häufig betonen, dass es sich um eine persönliche Gewissensentscheidung des Einzelnen handelt, lassen doch die Erklärungen und die innerorganisatorische Handhabe keinen Zweifel darüber, welche Entscheidung man zu treffen hat. Solange man nicht vor der Notwendigkeit steht, eine so schwerwiegende Entscheidung zu treffen, die eine Wahl zwischen Leben und Tod bedeuten könnte, ist es relativ einfach. Aber oft fühlten sich betroffene Zeugen Jehovas Situationen oder Druck ausgesetzt, den sie kaum aushalten konnten."

---

[31] Zitiert nach: Wachtturm Bibel und Traktat Gesellschaft (Hg.): *Du kannst für immer im Paradies auf Erden leben*, Selters/Taunus (1982), S. 216, Kap. 25, Abs. 22: „Für Satans Welt oder für Gottes neues System?"

„Wenn meine Patienten psychosomatische Symptome zeigten, habe ich das auf das private oder berufliche Umfeld geschoben. Ich wäre nie auf die Idee gekommen, dass es die Religion sein könnte, die sie krank macht. Du sagtest gestern Abend, auch auf das Privatleben hat man mit Regeln Einfluss genommen. Mich interessiert das sehr, persönlich und beruflich. Willst du mir mehr darüber erzählen?"

Mara war inzwischen sicher, dass sie in Helena eine Freundin gefunden hatte. Sie wollte ihr gern mehr von sich erzählen. Aber zuerst fragte sie: „Bist du sicher, dass ich dich nicht langweilen werde? Woher nimmst du die Geduld, mir so lange zuzuhören? Wenn du wirklich verstehen willst, muss ich sehr weit in meine Vergangenheit zurückgehen."

„Wenn du erzählst, ist es nicht langweilig und Zuhören gehörte zu meinem Beruf", antwortete Helena mit einem herzlichen Lächeln, das Mara ermutigen sollte.

Also begann Mara wieder zu erzählen: „Wie ich dir gestern erzählte, glaubten meine Mutter und meine Großmutter schon lange bevor wir mit den Bibelforschern in Verbindung kamen, daran, dass Menschen – auch wir – von Gott beschützt werden, wenn man ihn darum bittet. So manches persönliche Erlebnis bestärkte uns in diesem Glauben. Meine Mutter wurde nicht von den russischen Soldaten vergewaltigt. Bei uns war ein russischer Offizier mit seinen Männern einquartiert, der in Deutschland Medizin studiert hatte. Er verteidigte meine Mutter gegenüber zudringlichen Soldaten. Er bemerkte, dass sie starke Migräne hatte und gab ihr Schmerztabletten aus seinem Bestand. Er befahl auch seinen Männern, das beschädigte Eingangstor zu reparieren.

Nach dem Umsturz kamen wir nicht in ein Massenvernichtungslager. Wir waren zwar auf der Deportationsliste, aber serbische Freunde halfen uns. Während der Flucht wurden wir mehrmals von Grenzposten gestellt und nicht nach ihren Vorschriften wieder zurückgeschickt oder gar erschossen. Mein Vater geriet in amerikanische Kriegsgefangenschaft, wurde aber relativ bald wieder entlassen. Er hat den Krieg überlebt.

Solche Erfahrungen bereiteten den Boden dafür, dass man uns den Gedanken vermitteln konnte: Ihr seid jetzt Gott etwas schuldig. Er hat euch

‚zum Überleben gekennzeichnet'. Nun müsst ihr anderen Menschen ebenfalls helfen. Ihr müsst sie vor dem drohenden Krieg Gottes warnen. Wenn ihr das nicht tut, wird er das Blut der vernichteten Menschen, die ihr nicht gewarnt habt, von euch fordern. Dazu zitierten sie einen passenden Bibeltext aus Hesekiel 3: Dort spricht Gott zu dem Propheten, er habe ihn zum Wächter über das Haus Israel gesetzt. Wenn er die Warnungen nicht weitergibt, die Gott ihm aufträgt, wird er selbst wegen seiner Nachlässigkeit zusammen mit den Bösen sterben.

Unabhängig davon, wie die Vision Hesekiels theologisch bewertet wird, ob als reale Erfahrung oder als Vision, die auf zukünftige Zeiten übertragen werden soll, eignete sich die ‚Leitende Körperschaft' der Zeugen Jehovas selbst Titel und Auftrag dieses Wächters an. Sie behauptet nun: Das sei ein Auftrag an den ‚Überrest', und jeder getaufte Zeugen Jehovas müsse die ‚Gesalbten' in dem Werk des Wächters unterstützen. Das sei eine Frage der Loyalität, gegenüber Jehova und Christus. Diese Sichtweise wird durch Studienartikel des *Wachtturms* der Versammlung regelrecht eingehämmert.

Der *Wachtturm* vom 15. März 2009 veröffentlichte eine Abhandlung zum Thema Predigtdienst: „Was hilft uns, den Predigtdienst nicht aufzugeben?" In dem vergleichsweise kurzen Text werden die Worte „Predigtdienst" und „Dienst" 23 Mal wiederholt. Durch Hinweise auf den Propheten Hesekiel und auf Paulus sowie in Verbindung mit „Erfahrungen" von 70 Jahren Predigtdienst, wird ein Szenario erzeugt, dem man sich nicht entziehen kann, ohne das Gefühl zu haben, man mache sich schuldig. Die Erklärungen für den neuzeitlichen „Wächter" sind allerdings skurril: Er soll angeblich der „Überrest der 144.000 Geistgesalbten als Kollektiv" sein.

Jedoch haben nicht alle, die sich zu den „Geistgesalbten" – also zu den treuen Sklaven – zählen, die Autorität, in Glaubensfragen eigene Gedanken oder Erklärungen zu entwickeln. Das ist nur denen erlaubt, die zur „leitenden Körperschaft" gehören, die in Brooklyn/New York amtiert. Diese Körperschaft bedient sich der „Wachtturm Bibel und Traktat Gesellschaft" – kurz Wachtturm-Gesellschaft – um mit Hilfe diverser Druckschriften, an erster Stelle der Zeitschrift *Der Wachtturm*, die offizielle Lehrmeinung zu verbreiten.

Alles was im *Wachtturm* veröffentlicht wird, ist für die Zeugen Jehovas bindende Lehrmeinung. Davon abzuweichen bedeutet „Abtrünnigkeit" und wird – falls man nicht bereut und widerruft – mit Gemeinschaftsentzug geahndet.

Die Sklavenklasse – vertreten durch die Leitende Körperschaft – gewährt den „anderen Schafen", sie bei der Aufgabe zu unterstützen, die Menschen vor der drohenden Vernichtung zu warnen. Wenn Menschen diese „Sklavenklasse" durch ihren uneingeschränkten Gehorsam voll und ganz unterstützen und eifrig bemüht sind, „Jünger zu machen", werden sie von Jehova gesegnet. Vom Kind bis zum Greis kann man seine Loyalität gegenüber Gott angeblich nur beweisen, indem man dem „treuen und verständigen Sklaven" folgt und predigt. Über diesen Predigtdienst muss jeden Monat ein Bericht abgegeben werden:

> „Wenn sich die Ältesten nicht sicher sind, wie der Studierende über einige Punkte denkt, sollten sie ihn bitten, die hier angeführten Schriftstellen aufzuschlagen und sich darüber zu äußern, denn er sollte erkennen, was sie bedeuten. Für ihn ist es wichtig, zu verstehen, dass alle, die sich an der Predigttätigkeit der Zeugen Jehovas beteiligen, diesen biblischen Erfordernissen gemäß leben müssen. Aus dem, was er sagt, können die Ältesten ableiten, ob er weiß, was von ihm erwartet wird, und ob er in angemessenem Maße die Voraussetzungen dafür erfüllt, sich am Predigtdienst zu beteiligen.
>
> Wenn dies zutrifft, dürfen die Ältesten ihn herzlich als jemand willkommen heißen, der mit Jehovas Zeugen aktiv verbunden sein möchte (Röm.15:7). Der Betreffende sollte ermuntert werden, sich so bald wie möglich am Predigtdienst zu beteiligen und nach Ablauf des Monats einen Predigtdienstbericht abzugeben. Dabei erwähnen die Ältesten, dass für jemand, der die Bibel studiert und die Voraussetzungen für einen ungetauften Verkündiger erfüllt, eine ‚Verkündigerberichtskarte der Versammlung' ausgestellt und in die Versammlungsablage aufgenommen

wird. Sie können ihm versichern, dass alle Ältesten an den monatlich abgegebenen Predigtdienstberichten sehr interessiert sind."[32]
Die Formulierung ‚sehr interessiert' bedeutet, es wird jeden Monat um die Abgabe des Berichtes gebeten bzw. daran erinnert.
In jeder Zusammenkunft der Zeugen Jehovas wird dieser Predigtdienst besprochen. Die Predigtdienstschule dient der Unterweisung. Sie erläutert, wie man an der Türe vorgehen kann, um Interesse zu wecken und Bibelstudien zu beginnen. Ziel ist es, den Interessierten zur Taufe zu führen. In der Dienstzusammenkunft wird das aktuelle Angebot besprochen, das man unterbreiten soll und es wird demonstriert, wie es in den einzelnen Dienstzweigen zu gebrauchen ist. In den Studiengruppen gibt es die Verabredungen mit den Dienstpartnern und die Termine für die Treffpunkte für den Predigtdienst. Bei den öffentlichen Vorträgen und den Studien anhand des Wachtturms wird immer wieder auf die Wichtigkeit des Predigtdienstes hingewiesen.
Die Art und Weise, wie man vorgehen soll, wird auch immer wieder in den Zusammenkünften angesprochen und vorgeführt. In den letzten Jahren wurde vermehrt Wert darauf gelegt, die Menschen direkt bei jeder Gelegenheit anzusprechen. Die frühere Methode des stummen Straßendienstes gilt als veraltet und nicht mehr dem Rat des „treuen und verständigen Sklaven" gemäß.
Der Predigtdienst wurde für mich zunehmend zum Problem. Je älter ich wurde, desto schwerer fiel es mir, die Menschen mit meinem Anliegen zu bedrängen. Um nur solche anzusprechen, die ein Gespräch wollten, fertigte ich Plakate mit einer Frage oder einer Behauptung in DIN-A3-Formaten. Darauf standen Sätze wie: ‚Kain erschlug seinen Bruder Abel. Stammen nun alle Menschen von einem Mörder ab?' Wer sich davon angesprochen fühlte, blieb stehen und wir konnten darüber reden.
Eine ‚treue Pionierschwester' beobachtete dies. Sie war damit nicht einverstanden und machte mich darauf aufmerksam, dass der ‚Sklave' sagt, wir

---

[32] Zitiert nach: Wachtturm Bibel und Traktat Gesellschaft (Hg.): *Organisiert, Jehovas Willen zu tun*, Selters/Taunus (2005), S. 80.

sollen die Menschen direkt ansprechen. Mein Einwand, dass das nicht meiner Art entspricht, ließ sie nicht gelten. ‚Ich war auch immer sehr schüchtern', sagte sie zu mir, ‚dann habe ich zu Jehova gebetet und jetzt kann ich die Menschen direkt ansprechen.'
„Sprich fortgesetzt von Gottes Königtum!
[20] Das informelle Zeugnisgeben ist kein Ersatz für den regulären Predigtdienst der Zeugen Jehovas. Von Haus zu Haus zu predigen ist nicht nur schriftgemäß, sondern auch wirkungsvoll (Apostelgeschichte 5:42; 20:20, 21). Aber auch das informelle Zeugnisgeben trägt Frucht, und Jehovas Diener sollten sich daran beteiligen. Wo immer Menschen sind – seien es Verwandte, Mitschüler, Arbeitskollegen oder andere –, bieten sich Gelegenheiten, von der Herrlichkeit des Königtums Gottes zu sprechen. Laß dich weder durch Furcht noch durch Schüchternheit davon zurückhalten (Sprüche 29:25; 2. Timotheus 1:6–8). Falls du zögerst, informell Zeugnis zu geben, dann bete doch genauso wie die Jünger Jesu, die verfolgt wurden. Sie flehten zu Gott: ‚Jehova, [...] gewähre deinen Sklaven, daß sie dein Wort fortgesetzt mit allem Freimut reden.' Wurde ihr Gebet erhört? Ja, denn ‚die Stätte, an der sie versammelt waren, [wurde] erschüttert; und sie wurden allesamt mit dem heiligen Geist erfüllt und redeten das Wort Gottes mit Freimut' (Apostelgeschichte 4:23–31).
[21] Entwickle also eine positive Einstellung zum *informellen Zeugnisgeben*. Laß dich von der Liebe zu Gott dazu bewegen, unter den verschiedensten Umständen Zeugnis zu geben. Sei begeistert, und laß bei jeder Gelegenheit die Wahrheit hervorsprudeln. Ja, sprich fortgesetzt von der Herrlichkeit des Königtums Gottes."[33]
„Bist du auf zwanglose Gespräche über die Bibel eingestellt?
Abs. 1: „Durch informelle Gespräche über die Bibel kann man viel bewegen. [...]
Abs. 2 Erscheinungsbild: Wenn wir jederzeit auf unser Erscheinungsbild achten, brauchen wir nie Hemmungen haben, mit anderen über unseren

---

[33] *Wachtturm* vom 15.10.1987: „Sprich von der Herrlichkeit des Königtums Gottes", Kursivsetzung durch die Vfn.

Glauben zu sprechen. [...] Machen wir durch unsere Kleidung [...] einen netten Eindruck, fällt das anderen vielleicht ins Auge und sie wundern sich womöglich. So erging es einem ansprechend angezogenen Ehepaar, das auf einer Reise neben einem Muslim saß. Die beiden Zeugen fielen dem Mann auf und er fragte sie, ob sie Christen seien. Daraus ergab sich ein Drei-Stunden-Gespräch über die Bibel.

Abs. 3 Einstieg: Als Jesus beim Jakobsbrunnen die Samariterin traf, fing er das Gespräch mit der einfachen Bitte um einen Schluck Wasser an. Vielleicht können wir es ähnlich machen und als Gesprächsaufhänger eine kurze Bemerkung fallen lassen oder eine einfache Frage stellen. Vielleicht müssen wir uns dazu ja manchmal einen Ruck geben, aber wenn wir uns auf Jehovas Unterstützung verlassen, können wir unserem Herzen einen Stoß geben und ein Gespräch in Gang bringen."[34]

Mir kommt jetzt, wenn ich an sie und an die vielen Verordnungen denke, die mit dem Predigtdienst verbunden sind, ein Psalm von David in den Sinn, der sagt: ‚[...] bei denen, die verhehlen, was sie sind, trete ich nicht ein' nach der NWÜ. Die Elberfelder Bibel nennt diese Leute ‚Hinterlistige'. Wir wurden durch ähnliche Vorschläge geschult, unter einem harmlosen Vorwand, das Vertrauen der Menschen zu erschleichen, damit wir mit ihnen über die Wachtturm-Lehre reden konnten.

„Abs. 4: Mittel und Wege finden: Viele Brüder sind auf diesem Gebiet sehr erfinderisch [...]. Entwickle ein Auge für die Menschen um dich herum. Lässt du dir im Voraus durch den Kopf gehen, welche Predigtmöglichkeiten sich dir den Tag über bieten, bist du wahrscheinlich eher darauf eingestellt, sie beim Schopf zu packen. [...]"[35]

Im Anschluss wird, wie nicht anders zu erwarten, mit Gewissensdruck argumentiert: „Abs. 5: Es gibt zwei Gründe, warum wir uns solche Gelegenheiten nicht entgehen lassen sollten: Liebe zu Gott und Nächstenliebe [...]. Da jeder Tag zählt, dürfen wir auch beim informellen Predigen nichts dem Zufall überlassen. Darum ist es gut, uns wirklich darauf ein-

---

[34] *Königreichsdienst* vom 16.10.2009.
[35] Ebd.

zustellen, jede passende Gelegenheit zu nutzen, [...] solange noch Zeit dazu ist [...]."[36]

Immer wieder folgt der Hinweis, dass die Zeit drängt und man sich Gottes Liebe verdienen muss.

Ich war offensichtlich nicht gehorsam und betete nicht genügend. Spricht man leitende Glieder der Wachtturm-Organisation auf solche Verhaltensweisen an, erklären sie, dass auf niemanden Druck ausgeübt werde. Es sei vielmehr so, dass sich kranke Menschen selbst unter Druck setzten, weil sie auch die kleinste Ermunterung als Druck empfinden."

Helena war entsetzt. „Aber das bedeutet, dass ihr zu allen Verpflichtungen auch noch mit Schuldgefühlen beladen werdet, wenn ihr nicht die versprochene Glückseligkeit bei eurem Dienst empfindet."

„Genau!", pflichtete ihr Mara bei. Es tat ihr gut, dass sie verstanden wurde. „Am Ende jeden Monats fordert der Königreichsdienst die Verantwortlichen dazu auf, in der Zusammenkunft an die Abgabe des Predigtdienstberichtes zu erinnern. Er ist der Maßstab dafür, wie groß unsere Liebe und Dankbarkeit Gott gegenüber ist und ob wir unseren Nächsten lieben wie uns selbst.

Dies wird durch sogenannte ‚ermunternde' Erfahrungen unterstrichen, von Menschen, die unter größten Schwierigkeiten – wie Krankheiten und Gebrechen, Verfolgung, extrem weiten Wegen, wirtschaftlicher Notlage etc. – gepredigt haben und Pionier waren, selbst 90- und 100-Jährige oder Blinde und Gelähmte.

Für einen Zeugen Jehovas gibt es von diesen „Ermunterungen" kein Entrinnen. Fast jeder Zeuge besitzt den Kalender der Organisation. Er ist oft mit beeindruckenden Fotos ausgestattet, die das Predigen der „internationalen Bruderschaft" in den verschiedenen Ländern zeigen – zusammen mit einer Aufforderung aus Apostelgeschichte 20,24: Legt gründlich Zeugnis ab für die gute Botschaft.

Mit jedem Blick auf den Kalender, Tag für Tag, Woche für Woche, Monat für Monat wird die unterschwellige Botschaft vermittelt, gründlich zu

---

[36] Ebd.

predigen. Einem solchen Dauerbombardement kann man sich kaum entziehen.

Ich bin äußerlich unversehrt, lebe in normalen Lebensumständen, stehe nicht im Pionierdienst. So ging ich keinen Abend mit dem Gefühl ins Bett, ich hätte getan, was ich konnte. Für mich war es der direkte Weg in die Depression.

Die Wachtturm-Gesellschaft behauptet, dass die Erlösung der Menschen von Sünde und Tod ein *Beweis* für die Liebe sei. Aber Liebe ist eine Emotion. Man kann sie nicht beweisen, wie man vor Gericht seine Schuld oder Unschuld durch Fakten beweist. Die Bibel selber nutzt den Begriff „Beweis" niemals in Verbindung mit dem Opfertod Jesu oder gar als Liebesbeweis. Liebe fühlt man. Wer sie beschreibt, gibt seine eigene Empfindung wieder, die jemand, der nie geliebt hat, nicht verstehen wird.

Die Vermittlung von Emotionen wird immer zu sehr unterschiedlichen Ergebnissen führen. Es wird nicht zwei gleiche Darstellungen von unterschiedlichen Menschen geben. Die Wachtturm-Gesellschaft behauptet aber gerade diese Eindeutigkeit. Sie versucht, Liebe als etwas Rationales zu vermitteln, das eindeutig nachweisbar ist. Der Zeuge hat die Verpflichtung, diesen Beweis zu führen.

Hinzu kommt die Behauptung, dass die Liebe Gottes keine freie Gabe sei. Der Zeuge ist also in der Lage, durch seinen Dienst die Emotionen Gottes gegenüber dem Menschen zu verändern. Dies widerspricht im Wesen der Vorstellung eines freien und allmächtigen Gottes und macht ihn zum Spielball menschlicher Machtinteressen. Damit ist aber auch die „Liebe" des Zeugen keine freie Antwort mehr, sondern Manipulation.

Zur Veranschaulichung, wie Bibeltexte der Wachtturm-Ideologie angepasst werden, will ich Kapitel 1, Absatz 19 aus dem Buch *Was lehrt die Bibel wirklich?* stellvertretend für viele andere Stellen besprechen:

> „19 Wie kann man Gott näher kommen? Ein erster Schritt wäre, Gott besser kennen zu lernen – also genau das zu tun, was wir gerade angefangen haben. Jesus sagte: ‚Dies bedeutet ewiges Leben, dass sie fortgesetzt Erkenntnis in sich aufnehmen über dich, den allein wahren Gott, und über den, den du ausgesandt hast, Jesus Christus' (Johannes 17:3). Ja,

> mehr über Jehova und Jesus zu lernen, bedeutet gemäß der Bibel ‚ewiges Leben' [...] NWÜ."[37]

Mit diesem Bibeltext wird die Notwendigkeit gelehrt, ein Leben lang „Erkenntnis" in sich aufzunehmen, durch das Studium der Wachtturm Schriften. Doch wie lautet dieser Text in den anderen Bibelübersetzungen?

> Luther 1984: „Das ist aber das ewige Leben, daß sie dich, der du allein wahrer Gott bist, und den du gesandt hast, Jesus Christus, erkennen"
>
> Revidierte Elberfelder Übersetzung: „Dies aber ist das ewige Leben, dass sie dich, den allein wahren Gott, und den du gesandt hast, Jesus Christus, erkennen."

Im Unterschied zur NWÜ fallen hier die Begriffe „fortgesetzt" und „in sich aufnehmen" völlig weg. Aus der Tätigkeit – etwas erkennen – wird ein Hauptwort „Erkenntnis", etwas, was man sich aus Erfahrung und Wissen aneignet. Hier wird eine Vorschrift abgeleitet, *wie* man sich Erkenntnis aneignet – nämlich *fortgesetzt* -. Damit genügt es angeblich nicht, Gott und Christus für sich zu erkennen, man muss fortgesetzt die Wachtturm-Publikationen studieren.

Das wird besonders durch den Anschluss an die „Christenversammlung" – wie sie sich selbst bezeichnen – gefordert. Im Wachtturm vom 15. Juli 2009 wird darauf eingegangen:

> „[...] Bestimmt würdest du auch sagen, dass die ‚Christenversammlung' schon in vielerlei Weise zu deinem Wohl beigetragen hat. Durch die Versammlung hat Jehova für eine Fülle an gehaltvoller Nahrung für den Glauben gesorgt. Die Wahrheit, die du angenommen hast, hat dich von Glaubensirrtümern befreit; du tappst nicht mehr im Dunkeln. [...] Durch die Zusammenkünfte und Kongresse, die ‚der treue und verständige Sklave' organisiert, hast du schon viel lernen können. Und *diese Erkenntnis führt dazu, dass du einmal in einem Paradies auf der Erde leben darfst.* [...] Wollte man all das Gute aufzählen, dass man durch die ‚Christenversammlung'

---

[37] Zitiert nach: Wachtturm Bibel und Traktat Gesellschaft (Hg.): *Was lehrt die Bibel wirklich?*, Selters/Taunus, Kap. 1, Abs. 19. Kursiv und Hervorhebung durch die Vfn.

erhalten hat – und noch erhalten wird –, wüsste man doch gar nicht, wo man anfangen sollte!"[38]

Nach so viel Eigenlob kommt man zu dem Punkt, dass man sich die Liebe Gottes eben verdienen muss: „Was könntest du der Versammlung im Gegensatz dafür *geben*? [...] Zudem haben wir die Möglichkeit, unsere *Kraft*, unsere *Fähigkeiten* und unsere *Mittel* einzubringen, um die Versammlung bei dem lebenswichtigen Predigtwerk zu unterstützen."[39]

– Und schon hat die Falle zugeschnappt – man ist etwas schuldig.

1948 waren wir als Familie wieder glücklich vereint. Wir hatten das Gefühl, Gott unendlich viel Dank zu schulden. Und wir wollten ihm unsere Liebe beweisen. Deshalb versuchten wir, dem Anspruch zu predigen gerecht zu werden.

Warum stellten wir nicht einige logische Fragen? Ich weiß es nicht. Wir hätten zum Beispiel fragen können, ob die ersten Christen denn auch mit der Uhr in der Tasche zum Predigen gingen. Mussten sie monatlich über die Stunden einen Bericht abgeben, der in einer Karteikarte erfasst wurde? Hatten sie auch den Auftrag, regelmäßig Schriften zu verteilen und über die abgegebene Menge zu berichten? Hat der Apostel Paulus nicht ausdrücklich nur *einige* als Evangelisten, *einige* als Lehrer usw. bezeichnet? Warum hat Jesus selbst aus der großen Menge seiner Jünger nur 70 ausgesucht und sie beauftragt, von Dorf zu Dorf in seinem Königreich zu predigen?

Wenn die ersten Christen zur Zeit der Apostel auch in Gottes Liebe geborgen waren, obwohl nur einige predigten und andere dem Vorbild Christi und der Apostel entsprechend zum Beispiel für Kranke und Behinderte sorgten oder wie Dorkas Kleider für Bedürftige nähten und andere Gaben der Barmherzigkeit austeilten, warum müssen heute alle diesen Predigtdienst verrichten, unabhängig davon, ob sie sich dafür berufen fühlen oder nicht?

---

[38] Wachtturm vom 15.07.2009, S. 30.
[39] Ebd.

Warum veranschaulicht der Apostel Paulus die Christenversammlung als Leib mit vielen Gliedern, die unterschiedliche Aufgaben haben und dennoch zu einem Leib gehören? Warum sagt er ausdrücklich, dass es keinen Unterschied zwischen Freien und Sklaven gibt, obwohl ein Sklave ganz gewiss andere Aufgaben zu erfüllen hatte, als predigend von Haus zu Haus zu ziehen? Warum wird im Matthäusevangelium gesagt, Jesus teile am Gerichtstag die Menschen in Schafe und Böcke nach der Art und Weise wie man Christsein oder Nächstenliebe lebt und nicht, wie man sie predigt? Christus fragt danach, ob sie Kranke besucht, Durstigen zu trinken gegeben, nach Leuten im Gefängnis gesehen, Hungrige gespeist haben.

Haben demnach nicht Menschen wie Albert Schweizer oder Mutter Teresa mehr Christsein bewiesen, als es alles Predigen der Welt je beweisen könnte? Hat die Franziskanerin, Schwester Hermana aus Augsburg,[40] die im dritten Reich ‚mit Brot und Gebeten half‘, die dafür von der *Augsburger Allgemeinen* den Titel ‚Genie der Hilfsbereitschaft‘ und vom Bayerischen Rundfunk den Ehrentitel ‚Engel von Augsburg‘ erhielt, nicht genau die Kriterien erfüllt, die Christus von seinen ‚Schafen zur Rechten‘ erwartet?

Wir waren entwurzelt, traumatisiert und dankbar, dass jemand da war, der offenbar genau wusste, was richtig oder falsch ist. Unsere Verhaltensmodifikation erfolgte durch Gruppendruck und Autoritätsgehorsam. Das erschien – so unmittelbar nach dem dritten Reich – niemandem ungewöhnlich. Im Gegenteil, es war so unauffällig, dass wir der festen Überzeugung waren, alles, was wir taten, geschehe völlig freiwillig.

Im April 1949 erschien im *Wachtturm* eine Abhandlung, die beklagte, dass ‚eine Anzahl von Christen ermattet ist, weil Gott im Herbeiführen der Schlacht von Harmagedon und im Vernichten aller Feinde und im Einführen der tausend Jahre des Friedens und der Gerechtigkeit scheinbar so langsam vorgegangen ist. So sind sie denn abgefallen vom emsigen Dienste Gottes Jehovas und von der Verkündigung der Botschaft seines Königreiches.‘

---

[40] Vgl. Gernot Römer: *Es gibt immer zwei Möglichkeiten*, Wißner-Verlag (2000), S. 150, 179.

Im Hintergrund stand die Erkenntnis einer ganzen Anzahl Anhänger der Wachtturm-Lehren, dass alle erwähnten Erwartungen nicht erfüllt wurden. Sie setzten den Maßstab der Bibel an. Die Bibel erklärt, woran man einen wahren Propheten erkennt. Im 5. Buch Mose 18,18–22, sagt sie beispielsweise ganz schlicht: Wenn ein Prophet im Namen Gottes redet und es trifft nicht ein, was er sagt, dann hat er aus sich selbst geredet und nicht im Auftrag Gottes.

Die Leitende Körperschaft der Wachtturm-Gesellschaft schürte zwar viele Erwartungen und behauptete in großartigen Ankündigungen mit Gewissheit zu wissen, was geschehen wird, weil ihnen der Heilige Geist das offenbart habe. Aber nichts davon traf ein.

„Im Hinblick auf diesen starken biblischen Beweis in betreff der Zeiten der Nationen betrachten wir es als feststehende Wahrheit, dass das schließliche Ende der Reiche dieser Welt und die volle Herstellung des Königreiches Gottes um *1914 vollzogen* sein wird."[41]

„Man verwundere sich daher nicht, wenn wir in den nachfolgenden Kapiteln Beweise beibringen, daß das Aufrichten des Königreiches Gottes schon angefangen habe, daß in der Prophezeiung aufgezeichnet stehe, daß das Jahr 1878 die Zeit sei, da die Ausübung seiner Macht beginnen sollte, und daß die ‚Schlacht des großen Tages Gottes des Allmächtigen' (Offb. 16:14), die im Jahre 1914 zu Ende gehen soll, bereits angefangen hat."[42]

Nach diesen Zeilen hätte Gottes Königreich 1878 angefangen. 1914 sollten alle Königreiche der Welt beseitigt sein, denn die Schlacht von Harmagedon hätte bereits begonnen. Das war die ursprüngliche Erwartung für 1914.

Der Wachtturm vom 1. November 1971 versuchte, den Eindruck zu erwecken, dass Jehovas Zeugen lediglich verkündet hätten, dass 1914 der Tag der Rache beginnen würde und dass dies sogar von anderen bestätigt wurde.

---

[41] Charles T. Russel (Hg.): *Schriftstudien*. (1889) Bd. 2, S. 95, Hervorhebung durch die Vfn.
[42] Ebd. S. 97.

Im Abschnitt 6 heißt es wörtlich:
> „Die Welt hatte diese schrecklichen Vorkommnisse niemals erwartet. Jehovas Zeugen dagegen hatten sie erwartet, und das bestätigten sogar andere. Die New Yorker Zeitung *World* schrieb in ihrer Ausgabe vom 30. August 1914: ‚Der Ausbruch des schrecklichen Krieges in Europa hat eine außergewöhnliche Prophezeiung erfüllt. Während der vergangenen fünfundzwanzig Jahre haben die ‚Internationalen Bibelforscher' [...] durch ihre Prediger und durch die Presse der Welt verkündet, daß der Tag der Rache, der in der Bibel prophezeit worden ist, im Jahre 1914 anbrechen werde.' "[43]

Das in obigem Text mit „andere" bezeichnete Magazin *World* ist ein Sonntagsblatt, in dem eine bezahlte Anzeige der Bibelforscher mit dem Titel „End of all Kingdoms in 1914, Millennial Dawners 25 Year Prophecy" erschien. Die Anzeige gibt eine Erklärung Pastor Russels wieder, dass 1914 das Ende aller Königreiche sein wird. Es ist unschwer zu erkennen, dass sich diese Vorhersage nicht erfüllt hat.

Im *Wachtturm* vom 1. November 1971 heißt es aber im Abschnitt 7 weiter: „Wieso wußten Jehovas Zeugen so lange im voraus, was führende Männer der Welt nicht einmal wußten? Sie wußten es nur, weil Gottes heiliger Geist ihnen diese prophetischen Wahrheiten kundgetan hatte."[44]

Im *Jahrbuch der Zeugen Jehovas* von 1975 wird nun behauptet, dass es nur *einige* Zeugen Jehovas waren, die das Ende der Regierungen erwarteten. Die Führung wälzt ihre Fehler auf *„einige"* ihrer Anhänger ab, indem sie Folgendes schreibt: „Einige Bibelforscher waren fest überzeugt, 1914 in den Himmel zu kommen. ‚Wir dachten damals', erzählt Schwester D. T. Kenyon, ‚daß der Krieg in Revolution und in Anarchie übergehen würde. Dann würden die Gesalbten oder die Geweihten sterben und verherrlicht werden. Eines Nachts träumte ich, daß die ganze Ekklesia (Versammlung) in einem Zug sitze und irgendwohin führe. Dann donnerte und blitzte es plötzlich, und auf einmal begannen alle Freunde um mich her-

---

[43] *Wachtturm* vom 01.11.1971.
[44] Ebd.

um zu sterben. Ich dachte, das sei ganz in Ordnung, aber so sehr ich mich auch bemühte, ich konnte nicht sterben. Es war zum Verzweifeln! Dann starb ich ganz plötzlich, und ich fühlte mich sehr erleichtert und zufrieden. Ich erzähle dies nur, um zu zeigen, wie sicher wir waren, daß bald alles zu Ende sein würde, soweit es diese alte Welt betraf, und daß der Überrest der ‚kleinen Herde' verherrlicht werden sollte (Luk. 12:32)."[45]

Die Erfahrung dieser Schwester, die im Jahrbuch veröffentlicht wurde, sollte unterstreichen, dass es nur einige waren. Somit wurde die Verantwortung der Leitung auf einige – man konnte den Eindruck haben, verwirrte – Glieder der Christenversammlung abgewälzt. Dennoch war das für uns und die Versammlung der Zeugen Jehovas ein Teil der Wahrheit und entzog sich damit jeglicher Kritik.

Um die Fehlinformation der Zeugen Jehovas komplett zu machen erschien im *Erwachet* vom 8. Januar 1974 auf Seite 17 eine Kopie der seinerzeitigen, bezahlten Anzeige in dem Magazin *World*. Doch die Überschrift „Das Ende aller Königreiche im Jahre 1914" wurde abgetrennt. Man benutzte diese verfälschte Wiedergabe als Beweis, dass die Bibelforscher bereits 25 Jahre im Voraus das Jahr 1914 richtig vorhergesagt hatten. Ähnlich gehen die Zeugen Jehovas im *Wachtturm* vom 1. Mai 2009 vor, der einen Rückblick auf 100 Jahre Bethel Brooklyn enthält.

„Auch für Jehovas Zeugen war *1909* ein bedeutsames Jahr. Charles Taze Russell – damals Präsident der Watch Tower Bible and Tract Society (der Rechtskörperschaft von Zeugen Jehovas) – hatte die Chancen erkannt, das Evangelium vom Reich Gottes umfassender bekannt zu machen [...]. Warum fiel die Wahl auf Brooklyn? Russel erklärte: ‚Erkundigungen und Überlegung schienen uns zu belehren, und göttliche Leitung, die wir suchten, dahin zu führen, uns für die Verlegung des Bibelhauses nach Brooklyn bei New York zu entscheiden, wo eine große Bevölkerung des Mittelstandes wohnt, eine Stadt, die wegen ihrer vielen ›Kirchen‹ sehr gut

---

[45] Jahrbuch der Zeugen Jehovas, 1975, S. 70.

bekannt ist. *Dies schien uns für unsere Arbeit_[...]_ein guter Mittelpunkt zu sein.*‘ "⁴⁶

Es ist ein direktes Zitat – also wahr – und doch sagt es nicht die ganze Wahrheit aus. Es wird ein wesentliches Indiz durch drei Punkte unterschlagen. Der Text deutet an dieser Stelle darauf, dass die Verantwortlichen 1909 das Ende für 1914 erwarteten. Aufschluss darüber erhalten wir in dem Buch *Jehovas Zeugen – Verkündiger des Königreiches Gottes*. Hier ist die vollständige Aussage Ch. T. Russels abgedruckt, die zeigt, dass er im Jahre 1909 nur noch mit ‚wenigen Jahren' rechnete, die übrig wären:

> „Im *Wacht-Turm* vom Februar *1909* (engl.: 15. Dezember 1908) wurde erklärt: 'Göttliche Leitung, die wir suchten, [schien uns] dahin zu führen, uns für die Verlegung des Bibelhauses nach Brooklyn (New York) zu entscheiden, wo eine große Bevölkerung des Mittelstandes wohnt – eine Stadt, die wegen ihrer vielen ›Kirchen‹ sehr gut bekannt ist. *Dies schien uns für unsere Arbeit in den noch wenigen übrigen Jahren ein guter Mittelpunkt zu sein.*'"⁴⁷

Doch im Jahr 1949 hatte ich davon noch keine Ahnung. Es war das Jahr, in dem ich voller Begeisterung meinen ersten ‚Bezirkskongress' besuchte.

Ich hatte keine Ahnung, dass in dieser Zeit die Organisation sich neu orientierte und Informationen neu interpretierte. Es gab eine Fülle an Fakten, die uns vorenthalten wurden. Sie kamen auf keiner der Versammlungen, die ich erlebte, zur Sprache. Niemand machte je darauf aufmerksam, dass kritische Passagen – wie zum Beispiel im Falle Russels – gekürzt worden wären. Sie wurden bewusst unvollständig vom ‚Sklaven' an uns ‚Schafe' weitergeleitet. Heute sage ich: Es wären sehr wichtige Fakten gewesen, denn die gesamte ‚Wahrheit' ist rund um die Erwartung des *sehr nahen* Krieges von Harmagedon aufgebaut. Der ‚Sklave, sagt er, ist ‚treu und verständig'. Er erwartet mein Vertrauen. Ich kann aber einem ‚Sklaven' nicht vertrauen, der mir wichtige Informationen verschweigt. Ohne Ver-

---

[46] *Wachtturm* vom 01.05.2009, S. 22–23.
[47] Wachtturm Bibel und Traktat Gesellschaft (Hg.): *Jehovas Zeugen – Verkündiger des Königreiches Gottes*, Selters/Taunus, S. 59, Hervorhebung durch die Vfn.

trauen relativiert sich für mich zugleich auch der Wert der ‚praktischen Antworten' auf Fragen, die ‚junge Leute' stellen.

Aufrichtige Gottsucher zogen den Schluss, dass die Wachtturm-Organisation nicht vom Geist Gottes geleitet sein kann. Aber im *Wachtturm* wurde die Schuld nicht bei der Leitung der Organisation gesucht, sondern bei denen die sich getrennt hatten. Sie waren „ermattet und im Glauben schwach" geworden. Oder man unterstellte ihnen, dass sie die „Welt" – also Satans böses, zum Untergang verurteiltes System – liebgewonnen hatten und andere negative Beweggründe.

Man war bemüht, den Graben zwischen diesen Leuten und den verbliebenen Zeugen so groß wie möglich zu machen. Man bezeichnete sie als „Abgefallene", „Abtrünnige", die auf die Versuchung des Teufels hereingefallen seien. Ein loyaler Christ durfte keinen Kontakt zu ihnen haben. Er durfte weder Schriften von ihnen annehmen, noch sie grüßen oder irgendwie Gemeinschaft mit ihnen pflegen.

Der Kongress fand im Prinzregenten Stadion in München statt. Bei den Programmpunkten wurde großer Wert darauf gelegt, den Dienst für Gott als Auftrag anzunehmen. Es wurde in Deutschland eine neue Form des Predigtdienstes eingeführt. Er wurde zum Markenzeichen der Zeugen Jehovas: Der Straßendienst mit den Zeitschriften *Der Wachtturm* und *Erwachet*. Anfangs kündigten wir noch zusätzlich öffentliche Vorträge im Plakatdienst an. Wir liefen quasi als lebende Litfaßsäulen durch die Straßen und luden zum nächsten öffentlichen Vortrag ein.

Ich übernahm damals noch mit Begeisterung diesen Dienst. Am Samstagnachmittag ging ich mit anderen durch die Straßen in Weilheim. Wir waren immer drei Stunden unterwegs. Natürlich ging diese Zeit von unserem früheren Privatleben ab. Mein Vater konnte in seiner Freizeit nichts mehr mit der Familie unternehmen. Es gab keine gemütliche Kaffeestunde mehr, kein Singen und Erzählen. Wir mussten jetzt in den Predigtdienst gehen. Meine Eltern zögerten zwar noch. Aber ich war ein Kind und sehr begeisterungsfähig. Als sich meine Eltern im Februar 1950 taufen ließen, bekamen sie eine Gebietszuteilung in die Hand gedrückt. Von diesem Zeitpunkt an mussten auch sie verkündigen gehen.

Meine Mutter berichtete oft über ihre Erfahrung an ihrem ersten Tag. Sie war allein und läutete mit ziemlichem Herzklopfen an einer Tür. Es öffnete eine Frau, die meine Mutter nach den ersten Worten mit heftigem, lautem Schimpfen unterbrach. Mutter war ziemlich perplex. Auf Schimpfen und Schreien ließ sie sich nie ein. Sie hatte ein sehr großes Harmoniebedürfnis. Also sagte sie in einer Verschnaufpause der Wohnungsinhaberin einfach: ‚Also in der Bibel steht, der Geist gibt vom Geiste Zeugnis. Sie haben mir jetzt ja gezeigt, welchen Geist sie haben. Auf Wiedersehen.' Der Haus-zu-Haus-Dienst wurde nie Mutters Lieblingsbeschäftigung. Dagegen führte sie Bibelstudien mit an der Religion interessierten Menschen oder auch „Nachbesuche" – heute muss ich richtigerweise „Rückbesuche" sagen – bei solchen, die Interesse gezeigt hatten, gerne durch. Sie suchte sich aber den Straßendienst als ihren Dienstschwerpunkt aus und wurde an ihrem persönlichen Standplatz zu einem gewohnten Stadtbild, denn sie stand mehr als drei Jahrzehnte regelmäßig an ihrem Platz in der Münchner Straße.

Der 3. Präsident der Wachtturm-Gesellschaft, Nathan H. Knorr, war ab Januar 1942 im Amt. Unter seiner Leitung begann ein umfangreiches Schulungsprogramm. Zunächst erhielten die Mitarbeiter im Hauptbüro in Brooklyn und in den Zweigbüros einen Fortbildungskurs für das „theokratische Dienstamt". Als nächstes gründete er, noch während der 2. Weltkrieg tobte, die „Wachtturm Bibelschule Gilead". – Glaubte er denn selbst daran, dass Harmagedon unmittelbar bevor stand, wie er es in seinen Vorträgen und in den Veröffentlichungen stets betonte?

In der „Gileadschule" wurden Missionare für die Aufgabe ausgebildet, das Werk in fremden Ländern zu organisieren und zu leiten. Nach dem Ende des Krieges kamen Absolventen auch nach Deutschland und Österreich. Damit begann dieses Programm auch in Deutschland. Ein Gilead-Absolvent wurde zum Zweigaufseher für den deutschen Zweig ernannt. Das Zweigbüro war zur damaligen Zeit in Wiesbaden. Die Mitarbeiter waren zum Teil langgediente Vollzeitprediger, Überlebende der NS-Verfolgung und der Konzentrationslager. Zu ihrer Unterstützung für die Arbeiten in der Druckerei und im Haushalt wurden junge Männer eingeladen, die sich für mindestens drei Jahre verpflichteten und in dieser Zeit nicht heiraten durften. Alle, die in den Zweigbüros tätig sind, gehören zu den sogenannten Bethelfamilien. Die Arbeit ist ein „freiwilliger Dienst zur Förderung der Königreichsinteressen" und wird unentgeltlich verrichtet. Es gab lediglich freie Kost und Logis sowie ein geringes Taschengeld. In neuerer Zeit wurde ein weltweiter Orden der Sondervollzeitdiener der Zeugen Jehovas gegründet, der von der Leitenden Körperschaft gebraucht wird. Für diese Ordensgemeinschaft gibt es eigene Regeln für eine Versorgung der Mitglieder.[48]

Des Weiteren wurde 1943 auch in den Versammlungen ein Kurs für das „theokratische Dienstamt" eingeführt, heute die „theokratische Predigtdienstschule" genannt. Dieser Kurs schulte zunächst nur Männer in Rhetorik, Grammatik, Verhalten auf der Bühne bei Vorträgen und an der Tür bei den Wohnungsinhabern. Es gab Anweisungen, wie man auf Einwände reagiert, die die Unterhaltung abbrechen sollten, und wie man Bibelstudien durchführt. Erst ab dem Jahre 1959 durften sich auch Schwestern als Studierende eintragen lassen, um für den Predigtdienst geschult zu werden. Jeder getaufte Zeuge war verpflichtet, der Zusammenkunft beizuwohnen. Am Anfang wurden Anwesenheitslisten geführt. Das Versäumen einer Zusammenkunft galt als Sünde, denn es gab das biblische Gebot, „versäumt euer Zusammenkommen nicht".

Mit der Einführung der Schulung ging für uns wieder ein Stückchen private Freizeit verloren. Man musste sich jeweils für die Schule vorbereiten, zugeteilte Aufgaben ausarbeiten, um die Übungsaufgaben auf der Bühne halten zu können. Für mich war es eine Gelegenheit, mit Eifer mein Kön-

---

[48] Neufassung der Statuten vom 27. Mai 2009: § 13 (3) Die in Abs. 1 beschriebene Einstellung ist Grundlage für die Ausübung aller geistlichen Ämter, die von der Religionsgemeinschaft nach den religionsgemeinschaftlichen Regeln verliehen werden. Arbeitgeber-Arbeitnehmer-Verhältnisse sind der Religionsgemeinschaf für alle Dienste und geistlichen Ämter wesensfremd und ausgeschlossen. Aus diesen Ämtern können keine Ansprüche auf Vergütungen, Unterhalt und Versorgung gegen die Religionsgemeinschaft hergeleitet werden, abgesehen von Mitgliedern des Ordens, denen die in den Regeln des Ordens vorgesehene Versorgung gewährleistet wird (§9 Abs. 1 S. 2).
(4) In diese geistlichen Ämter wird mit Ausnahme der Mitglieder des Ordens nur berufen, wer bereit und in der Lage ist, sein Amt ohne wirtschaftlichen Unterhalt oder materiellen Vorteil durch die Religionsgemeinschaft wahrzunehmen.

nen zu zeigen und bei jeder schriftlichen Prüfung mit der der Stoff von jeweils vier Wochen abgefragt wurde, 100 Punkte zu bekommen.

Aber die immer stärkere Reglementierung, wie wir beim Predigen vorgehen sollten, machte mich unsicher. Ich verlor mein Selbstvertrauen und meine unbefangene Art, auf Menschen zuzugehen. Es gab immer mehr Vorschriften, die nicht zu meiner Art passten. Ich konnte doch nicht zur hinteren Türe wieder in ein Haus hineingehen, nachdem man mich bei der vorderen Türe hinausgeworfen hatte.

Ich erinnere mich an eine Erfahrung dieser Art. Man hatte uns gelehrt, der Papst könne nicht der Nachfolger von Petrus sein. Petrus wäre niemals in Rom gewesen, sondern nur Paulus. Als Beweis dafür wurde der erste Brief des Petrus 5,13 angeführt. Dort richtet Petrus Grüße aus Babylon aus. In meinem Predigtdienst kam ich an die Tür eines Pfarrers in Raisting. Er bat mich herein, und ich bat ihn, mir das zu erklären. Er antwortete mir – wie ich es erwartet hatte – mit Babylon sei Rom gemeint. Nun war ich sicher einen Sieg zu erreichen. Ich fragte scheinheilig: ‚Dann ist mit diesem Text in Offenbarung, Kapitel 17, Vers 5, auch Rom gemeint?' Ich las den Text vor:

> „Und auf ihrer Stirn war ein Name geschrieben, ein Geheimnis: Babylon die Große, die Mutter der Huren und der abscheulichen Dinge der Erde".

Von so viel Dreistigkeit einer 17-Jährigen war der Herr Pfarrer natürlich nicht erbaut. Er stand wütend auf und forderte mich auf, sofort zu verschwinden. Erschrocken tat ich es. Seine Haushälterin hatte aber offenbar an der Türe gelauscht. Sie holte einen Besen und bedrohte mich damit. Ich fing an zu rennen und die Köchin rannte mit dem Besen hinter mir her. In Raisting war diese Episode ein willkommener Gesprächsstoff. Der Pfarrer hat eine Bibelforscherin aus dem Haus gejagt.

Ich ging natürlich nie mehr in sein Haus. Aber ich war von seinem Argument auch nicht überzeugt. Leider glaubte ich aufgrund dieser Reaktion umso fester daran, dass die Wachtturm-Gesellschaft die Wahrheit sagt, wenn sie behauptete, dieser Bibeltext beziehe sich auf das „Weltreich der falschen Religion und an erster Stelle davon auf die katholische Kirche".

Wenn ich mit Dienstpartnern ging, denen es eine diebische Freude bereitete bei solchen Häusern erst recht wieder vorzusprechen, war ich stets peinlich berührt und drückte mich nach Möglichkeit vor Verabredungen. Glücklicherweise sind die modernen Anweisungen für den Predigtdienst rücksichtsvoller. Es wird geraten, taktvoll und respektvoll mit den Menschen umzugehen und ihre Wünsche zu respektieren.

Ich fühlte mich dabei aber zunehmend zwischen zwei extrem gegensätzlichen Polen gefangen. In unserem Predigtdienst und überhaupt in der Außendarstellung gegenüber den ‚Weltmenschen' hatte man stets freundlich, respektvoll und gütig zu sein. Das Predigen war ein Ausdruck der Nächstenliebe, denn wir wollten die Menschen vor der Vernichtung retten. Es war auch ein Ausdruck der Liebe zu Gott, denn wir wollten ihm ja aus Liebe gehorchen, indem wir seinem ‚treuen und verständigen Sklaven' gehorchten. Innerorganisatorische Probleme, Schwierigkeiten oder persönliche Zweifel nach außen zu tragen, wäre mir wie Hochverrat erschienen.

Aber die Vorträge und Veröffentlichungen innerhalb der Organisation waren voll von unzähligen Hinweisen darauf, dass die ganze Welt ‚in der Macht dessen liegt, der böse ist', also in der Macht des Teufels und seiner Dämonen. Das ganze System ist für die Vernichtung bestimmt. Freundschaft mit der Welt galt als Feindschaft mit Gott. An erster Stelle aller Feinde stand die falsche Religion, zu der alles zählte, was nicht der Wachtturm-Organisation angehörte. In diesem Zusammenhang hatte Liebe, Güte, Milde, Barmherzigkeit keinen Raum.

Die neuen Anweisungen dazu, ‚Einwänden zu begegnen, die ein Gespräch beenden sollen', enthielten nach meinem Gefühl viel psychologische Taktik. Immer mit dem Ziel, doch noch Interesse zu wecken.

Im Jahre 1985 erschien das Buch *Unterredungen anhand der Schriften*. Der Leitfaden erläutert, wie Zeugen Jehovas sich in den unterschiedlichsten Situationen auf ein Gespräch einlassen sollen. Auf Seite 15 wird unter der Überschrift „Auf Äußerungen eingehen, durch die ein Gespräch abgebrochen werden soll" gesagt: „Die Lebensaussichten der Menschen werden entscheidend von ihrer Einstellung gegenüber Jehova Gott und seinem messianischen Königreich beeinflußt. Die Botschaft vom Königreich

Gottes ist unvergleichlich und weist auf die *einzig zuverlässige* Hoffnung für die Menschheit hin. [...] Wenn man so vorgeht, kann man darauf vertrauen, daß diejenigen, die von Herzen wohlgesinnt sind, hören und mit Wertschätzung auf das reagieren, was Jehova unternimmt, damit sie sich zu seinen liebevoll getroffenen Vorkehrungen *zum Erlangen von Leben* hingezogen fühlen." (Hervorhebung durch die Vfn.)

Daraufhin werden viele mögliche Äußerungen und die richtigen Erwiderungen aufgelistet. Zum Beispiel Antworten auf Entgegnungen wie: „Ich bin nicht interessiert", „Ich interessiere mich nicht für Religion", „Ich bin an Jehovas Zeugen nicht interessiert", „Ich habe meine eigene Religion", „Wir sind hier bereits alle Christen", „Ich bin beschäftigt".

In der Reaktion wird immer zunächst zugestimmt oder Verständnis gezeigt und dann etwas Allgemeines erwähnt, was keinen Widerspruch hervorruft. Ziel ist es, das Gespräch doch – auf einer unverfänglichen Basis – fortzusetzen. Es ist unendlich schwer, sich diesen scheinbar so verständnisvollen und logischen Äußerungen zu entziehen.

Für die Älteren, vor allem für meinen Vater, war die Schule eine sehr schwierige und zeitaufwändige Arbeit. Er hatte nur vier Jahre die Schule besucht und die noch teilweise in serbischer Sprache. Wenn er für die Predigtdienstschule eine Rede von sechs Minuten zu halten hatte, brauchte er für die Ausarbeitung viele Stunden. Er saß oft bis drei Uhr morgens am Küchentisch und quälte sich mit deutscher Sprache und Grammatik ab. Einerseits profitierte er natürlich davon. Nach einigen Jahren Schulung konnte er sogar öffentlich Vorträge halten. Andererseits blieb für die Familie keine Zeit mehr übrig. Alle Tätigkeiten wurden den ‚theokratischen Pflichten' untergeordnet.

Ich selbst beendete 1953 meine Schulzeit. Ich konnte meinen Vater dazu überreden, mir eine kaufmännische Ausbildung zu erlauben. Er stimmte nicht zuletzt deshalb zu, weil der Staat den Flüchtlingsfamilien Ausbildungsbeihilfen gab. Aber es stand von vornherein fest, dass die Ausbildung lediglich dazu dienen würde, meinen Lebensunterhalt als „Vollzeitdiener oder Pionier" bestreiten zu können. An eine Karriere dachte ich dabei nicht.

„Eine natürliche Frage für einen jungen Menschen ist: „Was mache ich mit meinem Leben?"[49]
„In den nächsten Jahren kommen viele wichtige Entscheidungen auf dich zu: Was wirst du für deinen Glauben tun? Welchen Beruf suchst du dir? [...] "
„Denk an deinen Schöpfer!"
„[...] Das bedeutet, dass du dich bei deinen Entscheidungen von dem Wunsch leiten lässt, Gott zu gefallen."
„Viele Jugendliche haben sich aus tiefer Liebe zu ihrem Schöpfer für den Vollzeitdienst entschieden, das heißt, sie setzten ihre ganze Zeit für Jehova ein. Hier einige begeisternde Möglichkeiten, das zu tun.
Pionierdienst.
Predigen, wo Hilfe gebraucht wird.
Missionardienst
Betheldienst
Internationaler Baueinsatz
Schule zur dienstamtlichen Weiterbildung"
Diese „Möglichkeiten" dienen ausnahmslos der Förderung der Interessen der Wachtturm-Organisation. Da sie jedoch als „freiwillige Dienste" bezeichnet werden, verdient der folgende Absatz besondere Beachtung:
„Plane, welchen Weg du nehmen möchtest.
Der Vollzeitdienst ist ein edles Ziel und macht sehr glücklich. Doch du musst gut dafür planen. *Dazu gehört auch die Überlegung, ob du selbst für deinen Unterhalt sorgen kannst."*
Um zu verdeutlichen, was damit gemeint ist, wird die Erfahrung eines Mädchens mit dem Namen Kelly erzählt: „Kelly wusste ganz genau, dass sie Pionier werden wollte. Das berücksichtigte sie schon bei ihrer Berufswahl. ‚Ich wollte auf eigenen Füßen stehen und mich gleichzeitig voll fürs Predigen einsetzen', sagt sie.

---

[49] Zitiert nach: Wachtturm Bibel und Traktat Gesellschaft (Hg.): *Fragen junger Leute praktische Antworten*, Selters/Taunus, Bd. 2, S. 312.

Sie besuchte schon in der Schulzeit berufsvorbereitende Kurse. Das war ihr eine Hilfe, ihr wichtigstes Ziel zu erreichen. ‚Der Vollzeitdienst war das, was ich schon immer wollte', sagt sie. ‚Alles andere war weniger wichtig.' "

Auch mein Vater lehnte jede Beförderung in seiner Firma ab. Als Vorarbeiter hätte er zwar mehr verdient, aber auch mehr Verantwortung gehabt und vielleicht mehr Zeit für ‚weltliche' Arbeit einsetzen müssen. Das war, so kurz vor Harmagedon, kein Zeichen von Glauben. Überstunden oder gar Schichtarbeit kamen für ihn nicht in Frage, wenn es dadurch nötig war, Zusammenkünfte zu versäumen. Wer das machte, war ‚schwach im Glauben und konnte kein Vorrecht oder Dienstamt bekommen'."

„Er hat so entschieden, obwohl ihr eine große Familie wart und als Flüchtlinge bestimmt eine Menge Bedarf an Anschaffungen hattet?", wollte Helena verständnislos wissen.

„Ja, wir waren inzwischen so eng in diesem Kokon eingesponnen, dass wir alles zugunsten der Interessen dieser Religion entschieden", bestätigte Mara. „Meine Mutter durfte keine Arbeit annehmen. Wir hätten einen kleinen Zusatzverdienst, und sei es nur durch Zeitung austragen, gut gebrauchen können. Aber wenn die Ehefrau eines Christen mitarbeitet, galt das als ‚unreife, materialistische Einstellung'. Bescheiden und mit den vorhandenen Dingen zufrieden zu sein wurde von der christlichen Ehefrau erwartet.

„Laß deinen Fortschritt kundwerden

Die Bibel gibt Ehefrauen den Rat: ‚Seid euren Männern untertan, wie es sich schickt im Herrn' (Kol. 3:18). Unterstützt du, sofern du eine Ehefrau bist, die Entscheidungen deines Mannes? Nimmst du seine Entscheidungen selbst dann an, wenn sie deinen Wünschen nicht entsprechen? Widerstehst du der Versuchung, deinen Einfluß geltend zu machen, um deinen Willen durchzusetzen? Eine Frau, die ihrem Mann wirklich untertan ist, kennt seine Einstellung und weiß, wie er über gewisse Dinge denkt. Sie sorgt daher für die Familie auf eine Weise, die der Einstellung ihres Mannes nicht widerspricht. Wenn sie nicht genau weiß, was er sagen würde, wenn sie etwas Bestimmtes tun oder eine größere Anschaffung

machen würde, handelt sie nicht eigenmächtig, sondern fragt ihn und vermeidet dadurch Probleme. Sie erfüllt als Frau ihre Pflichten stets so, daß ihr Mann zufrieden ist und daß er keinen berechtigten Grund hat, etwas an ihr zu bemängeln.
Abs. 22: Eine Frau, die durch ihr Verhalten zeigt, daß sie ihren Mann als Haupt anerkennt, wird von der Familie geehrt und geachtet. In Sprüche 31:11, 28 heißt es über die tüchtige Ehefrau: ‚Auf sie hat das Herz ihres Besitzers vertraut [...] Ihre Söhne sind aufgestanden und haben sie glücklich gepriesen; ihr Besitzer steht auf, und er preist sie.' Ihr Mann ist sich dessen sicher, daß sie nicht töricht handelt und das Wohl der Familie nicht gefährdet. Da er weiß, daß sie seinen Standpunkt niemals absichtlich außer acht lassen würde, sollte er als ein Mann, der Christus nachahmt, ihre Handlungen nie so streng überwachen, daß sie das Gefühl hat, sie könne von sich aus nichts tun. Das erleichtert es der Frau, ihren Verpflichtungen nachzukommen, und es trägt zum Glück der ganzen Familie bei. Machst du als Frau weiterhin Fortschritte, indem du die Meinung deines Mannes immer besser kennen lernst und sie bei deinen Entscheidungen in Familienangelegenheiten berücksichtigst?"[50]

Dadurch war man dem System außerhalb des Kokons weniger ausgesetzt, so sehe ich das heute.

Im Januar 1954 war es endlich soweit. Ich durfte mich taufen lassen. Mein Vater bestand darauf, dass ich zuerst die Schule abschließe. Das Lied, das anlässlich der Taufe gesungen wurde enthielt die Strophe:
‚Nimm mein Leben, lass es sein,
mit deinem Willen harmonisch rein.
Alles, was ich hab' und bin,
nimm es Höchster gnädig hin.'
Es war mein Hingabegelübde. Ich meinte es sehr ernst und aufrichtig. In der Taufansprache erklärte der Redner, dass wir mit dem Untertauchen im Wasser unsere alte Persönlichkeit ablegen und die neue, christliche Persönlichkeit anziehen. Fortan leben wir nicht mehr für uns, sondern für Jehova.

---

[50] *Wachtturm* vom 15.05.1974, S. 311, Abs. 21 f.

Hätte ich doch damals schon verstanden, dass damit lediglich die Wachtturm-Organisation gemeint war!

In meinem Lehrbetrieb fühlte ich mich von Anfang an wohl. Mein Chef vertraute mir bald und übertrug mir viel Verantwortung. Die Mitarbeiter waren wie eine eingeschworene Familie. Sie stellten wissenschaftliche Messgeräte her. Das war schon etwas Besonderes. Um in mein Büro zu kommen, musste ich täglich durch die Werkstatt gehen. Ich begrüßte alle Kollegen per Handschlag. Einige fand ich besonders nett – aber es waren leider ‚nur' Weltmenschen. Da sie mich aber offenbar auch ganz nett fanden, fragten sie mich manchmal, ob ich denn nicht am Wochenende mit ins Kino kommen wollte. Standhaft lehnte ich lange Zeit ab.

Doch einmal beschwerte ich mich bei meiner Mutter, dass wir nie in ein Kino gehen durften. Um zu zeigen, dass bei uns nichts verboten ist, nur eben das Schlechte dieser Welt, ging Papa an einem Samstagnachmittag mit uns allen in den Film „Die Wüste lebt". Da es für mich so ein einmaliges Erlebnis war, beeindruckte es mich sehr. Diesen Film finde ich auch heute noch sehr gut. Die Verlockung Kino war nun umso stärker. Als mich bei nächster Gelegenheit ein besonders netter Kollege wieder fragte, ob ich am Samstagnachmittag mitkommen würde, sagte ich zu.

Ich wusste, ich musste es heimlich tun. Der einzige Grund, warum ich von zu Hause weggehen konnte, war eine Verabredung in den Dienst. Also gab ich eine Verabredung zu einem Nachbesuch vor. Mit sehr viel Herzklopfen ging ich in die Stadt. Hoffentlich sieht mich keiner, hoffentlich verrät mich niemand, dachte ich. Der Film hieß ‚Heidelberger Romanze'. Als das Licht ausging, legte mein Kollege seinen Arm um meine Schulter. Ich machte mich steif wie ein Brett. Damit hatte ich nicht gerechnet und das durfte ja auch nicht sein. Na ja, am Ende war es die letzte Einladung meines netten Kollegen.

Mein Zeitplan war in dieser Zeit genau festgelegt. Neben der regulären Arbeitszeit und meinen Pflichten im Haushalt – ich hatte ja noch fünf jüngere Geschwister –, verwandte ich die knappe Freizeit am Samstag und am Sonntag zunächst dazu, jeweils mindestens drei Stunden im Predigtdienst zu stehen. An zwei Abenden der Woche besuchten wir die Zusammenkünfte und an einem Abend kam eine kleine Gruppe in unsere Wohnung zum Buchstudium. An den übrigen Abenden mussten wir uns auf die jeweiligen Zusammenkünfte vorbereiten. Das heißt: Wir bekamen einen bestimmten Stoff vorgegeben, den wir ‚studierten', um in den Zusammenkünften Antwort geben zu können, wenn der Stoff abgefragt wurde.

Das ist der Standard-Zeitplan, den berufstätige Zeugen Jehovas in aller Regel einhalten. Eine Weile wollte mein Vater auch die Vorgabe einhalten, mit seiner Familie am Montagabend wie die ‚Bethelfamilien' in den Zweigbüros ein Familienstudium durchzuführen. Doch da wir Kinder und auch meine Mutter im Lesen und Schreiben sehr viel gewandter waren als er, war es eine Qual. Wir wären mit dem Stoff in dreißig bis vierzig Minuten fertig gewesen. Mit Vater dauerte es mindestens drei Stunden. Mutter konnte ihn dann davon überzeugen, dass er diese Zeit viel besser für die Vorbereitung seiner Aufgaben in der Versammlung verwenden konnte. Wir waren sehr erleichtert."

Helena schüttelte bei diesen Schilderungen immer wieder ungläubig den Kopf. „Ich kann es nicht glauben, dass es möglich ist, Menschen in ein so enges Korsett zu schnüren", sagte sie schließlich.

Die beiden Frauen bestellten sich noch eine Flasche von dem köstlichen Rotwein und hörten eine Weile den Männern zu. Franz erzählte gerade von einem Familienurlaub in Portugal. Sie hatten Schwierigkeiten mit der portugiesischen Sprache. Als ein Polizist ihnen zu Hilfe kam, versuchte dieser es mit Englisch. Doch es kam ein solches Kauderwelsch zustande, dass sie danach so klug waren wie vorher. Alle mussten herzlich lachen.

„Weißt du Helena", sagte Mara plötzlich sehr nachdenklich, „heute kann ich es selbst kaum glauben, dass das alles wahr gewesen ist. Ich schäme mich dafür, dass ich so naiv und unkritisch alles übernahm, was uns Woche für Woche eingehämmert wurde. Die Führungsgruppe gab sich selbst eine unantastbare Autorität dadurch, dass sie behauptete, der ‚vom Geist Gottes gesalbte und auserwählte treue und verständige Knecht oder Sklave' zu sein. Für die Sünde wider den heiligen Geist gibt es gemäß der Bibel keine Vergebung. Wer von dieser Lehre abtrünnig wurde, erhielt von der Organi-

sation die Strafe ‚Gemeinschaftsentzug'. Damit war er für die ‚ewige Vernichtung im Feuersee' gekennzeichnet. Diese Sünde kann man auch nicht einfach bereuen wie einen Ehebruch oder Diebstahl und um Wiederaufnahme bitten. Es geht ja um die Grundsatzfrage: Gottes Wort oder Menschenwort. Wer so schwere Sünden auf sich nimmt, hat nach der Wachtturm-Lehre keine Hoffnung auf Auferstehung.
Ich führte so manches Gespräch mit tief verzweifelten Eltern, die zu mir sagten: ‚Wenn mein Kind jetzt tot wäre, dann würde mich das nicht so schmerzen wie dieser Gemeinschaftsentzug, denn dann hätte ich wenigstens die Hoffnung auf ein Wiedersehen in der Auferstehung.'
Auch wenn man innerlich haderte oder gar zweifelte, man hatte nicht den Mut, mit irgendjemandem darüber zu reden. ‚Schwach im Glauben zu sein' war ein Makel, der zur Isolation innerhalb der Gruppe führte. Der Kokon schirmte nach außen sehr wirkungsvoll ab. Dann noch innerhalb geächtet zu sein – das hielt niemand lange aus.
Wie ich heute weiß, sind viele psychosomatische Erkrankungen das Ergebnis verzweifelter Gewissenskonflikte. Bereits in den 50er Jahren beschrieben einzelne Mediziner religiös bzw. kirchlich verursachte psychische Störungen. Sie nannten sie, übersetzt, kirchenverursachte Störungen. Sie beschrieben dabei Angst- und Zwangsstörungen, Gewissensängstlichkeit, ausgelöst durch gezielt aus religiösen Gründen vermitteltes schlechtes Gewissen."
„Ich glaube mich zu erinnern, dass es seinerzeit aber einigen Widerspruch gab, weil die damaligen Arbeiten nicht den Ansprüchen der Wissenschaftler genügten", sagte Helena. „Aber andererseits weiß ich als Kneipp-Kur-Ärztin nur zu gut, wie leicht eine Therapie oder ein pflanzliches Medikament von den Schulmedizinern abgelehnt wird, weil die erforderlichen wissenschaftlichen Untersuchungen fehlen", bemerkte sie lachend. „Das ist in gewisser Weise natürlich gut. Man sollte schon einen sehr hohen Anspruch an alles haben, was der Gesundheit unserer Patienten dient. Aber dieser Anspruch ist ein Nachteil, wenn es um weniger gefragte gesundheitliche Störungen geht. Es wird dann auch weniger Wissenschaftler geben,

die sich der Sache annehmen. Damit verzögert sich naturgemäß das Wissen um die Hintergründe.

Es geht bei den kirchenverursachten oder ‚ekklesiogenen' Störungen vereinfacht gesagt um Bewusstseinskontrolle. Um die Macht, mit der auf der Grundlage des Gefühls von Schuld und Sünde Menschen manipuliert, gelenkt, verbogen und permanent klein gemacht werden", erklärte Helena. „Ich will mich zu Hause doch informieren, ob es inzwischen Fortschritte im Wissen um diese Problematik gibt."

„3. Beispiele negativer psychosozialer Entwicklungen unter religiösrigoristischen Bedingungen im Elternhaus

Von *Schätzing* (1955) stammt der Begriff ‚ekklesiogene Neurosen', zu dem *Thomas* (1964) folgende Erläuterung gab: ‚In kirchlichen, besonders in pietistischen Kreisen ist eine enge, gesetzliche und leibesfeindliche Erziehung weit verbreitet, die besonders in der Frage der Geschlechtlichkeit vom Grundsatz des ‚Tabuisierens' ausgeht, d. h. vom gleichzeitigen Verschweigen, Verbieten und Bedrohen.'

Inzwischen ist die Bezeichnung ‚ekklesiogene Neurose' Allgemeingut der psychotherapeutischen Wissenschaft geworden; 1957 widmeten die österreichischen Psychotherapeuten den ekklesiogenen Neurosen sogar einen eigenen Kongreß. 1958 fand an der Yale University Divinity School in New Haven (USA) eine Tagung unter dem Thema: ‚Seelsorge als Ursache und als Heilung von Neurosen' statt. Daß es in den katholischen Kirchen und in den evangelischen Landeskirchen Gruppierungen und Gemeinden gibt, die einen strafend richtenden, sexualitäts- und leibfeindlichen wie verfolgenden Gott herausstreichen, ist leider nicht nur eine Annahme. *Thomas* zitiert in seinem 1964 erschienenen Buch *Bovet,* welcher schätzt, dass 75 % derjenigen Jungen und Mädchen, die für längere Zeit in christlichen bzw. pietistischen Jugendkreisen erzogen worden sind, innerlich eheunfähig und frigide werden, d. h. an einer ekklesiogenen Neurose erkranken. In einer neueren Studie *(Thomas, 1989)* der Ärztlichen Lebensmüdenberatung in Berlin fanden sich unter den neurotischen Patienten 43 %, die als ekklesiogen erkrankt eingestuft wurden.

Im Laufe meines kinder- und jugendpsychiatrischen Alltags habe ich vereinzelt Pubertierende und Präpubertierende sowie Adoleszenten kennengelernt, die sich in blasphemischen Äußerungen Luft verschafften gegen einen übermächtigen, strengen Vater und damit gegen ein internalisiertes überstrenges ‚Über-Ich' (im Sinne eines strafenden Gottes) *(Klosinski, 1980).* Nur selten sind Jugendliche mit religiösen Problemen jedoch in der Lage, in Form solcher blasphemischer Verbalinjurien indirekt gegen ihre Eltern zu rebellieren. Viel häufiger scheint sich hingegen ein pubertärer Ablösungs- und Trennungskonflikt von den Eltern hinter psychotischen, zwanghaften und anorektischen (magersüchtigen) Symptomen zu manifestieren, insbesondere bei jenen Jugendlichen, die aus streng moralisierenden, christlichen Sekten stammen. Diese Jugendlichen sind nicht in die Sekte konvertiert, sondern in ihr aufgewachsen, und ihre psychopathologische Auffälligkeit bzw. Erkrankung ist mit hervorgerufen durch eine erschwerte oder mißlungene Absetzbewegung von den Eltern. Solche Jugendliche, die aus kleinen religiösen Randgruppen stammen, die in ihrer ‚Marginalität' ein sehr enges Zusammengehörigkeitsgefühl, eine enge Kohäsion aufweisen, müssen sich in der Phase ihrer Ablösung nicht nur gegen die Autorität der Eltern auflehnen, sondern fühlen sich in dieser Auseinandersetzung häufig ‚gezwungen', zusätzlich gegen den religiösen Hintergrund der Eltern anzukämpfen und diesen in Frage zu stellen. Nicht wenige der betroffenen Jugendlichen fallen damit aber in ein ‚Loch' und haben es – im Vergleich zu evangelischen oder katholischen Jugendlichen – mit der Selbstfindung schwerer, da ihnen seitens der Eltern und der Sekte viel weniger erlaubt wird, den bisherigen gemeinsamen religiösen, familiären Bezug in Frage zu stellen."[51]

„Wenn ich die Jahre so Revue passieren lasse, erkenne ich, dass in sehr vielen Familien der Zeugen Jehovas irgendeine Form spezieller Neurosen zu beobachten ist. Entweder fanatische Religiosität, Sexualfeindlichkeit, ein neurotisches Gottesbild, man denkt, Gott kümmere sich in jeder Sekunde

---

[51] Gunther Klosinski: *Psychokulte. Was Sekten für Jugendliche so attraktiv macht.* S. 79.

unseres Lebens darum, ob wir etwas falsch oder richtig machen und schreibt unser Sündenregister", fuhr Mara in ihren Erinnerungen fort.
„Ein besonders erschütterndes Erlebnis war es für uns, als die Tochter einer befreundeten Familie aus der italienischen Versammlung im Alter von 13 Jahren an Essstörungen erkrankte. Die Familie suchte verzweifelt bei den verschiedensten Ärzten Hilfe. Schließlich wurde das Mädchen in die Heckscher Klinik in München eingewiesen, die auf die Behandlung von Essstörungen spezialisiert ist. Aber alle Versuche der Klinik, dem Kind zu helfen, scheiterten schließlich an der Weigerung der Eltern, es aus den Zwängen der Versammlung zu entlassen. Daraufhin verweigerte die Klinik die weitere Therapie. Die Familie kehrte nach Italien zurück. Dort wurde ein Kompromiss gefunden, der noch einen eingeschränkten Kontakt zur Familie zuließ. Das Leben des Mädchens hing wirklich am seidenen Faden. Sie hatte das kritische Gewicht, das in diesem Falle Lebensgefahr bedeutete, bereits unterschritten. Dass das Mädchen schließlich überlebte, grenzt an ein Wunder.
Sehr belastend ist auch die ständige Furcht vor den Angriffen des Teufels und der Dämonen. Es gibt Zeugen Jehovas, die es nicht wagen, Geschenke anzunehmen oder etwas Gebrauchtes zu kaufen, aus Furcht davor, ein spiritistisches Medium könnte ihnen damit schaden. Aber auch die Anzeichen von Permanentstress oder Dauerüberforderung schädigen die Gesundheit und äußern sich schließlich in den verschiedensten Formen der psychosomatischen Erkrankungen.
Bei einem meiner vielen vergeblichen Versuche, von meinem Hausarzt Hilfe für meine Beschwerden zu bekommen, sagte er einmal zu mir: ‚Jetzt messe ich ihnen halt den Blutdruck. Dann geht es ihnen sicher gleich viel besser.' Das verletzte mich damals tief, weil ich wusste, dass er meine Beschwerden nicht ernst nahm. Aber da es keine plausiblen Untersuchungsergebnisse gab, die Grund für meine körperlichen Beschwerden sein konnten, wusste er anscheinend keinen Rat. Hätte er damals aber zu mir gesagt, meine Art Glauben zu leben, sei die Ursache, ich wäre überzeugt gewesen, dass ihn der Teufel dazu benutzte, um mir eine Falle zu stellen.

Wenn ich so zurückdenke, fallen mir eine Menge Glaubensgeschwister ein, die Phobien hatten. Sie trauten sich nicht in einen Fahrstuhl oder hatten Angst, einen größeren Platz zu überqueren. Das sind natürlich Phänomene, die in jeder Gesellschaftsschicht vorkommen können, doch uns sagte man, wenn unser Glaube stark genug ist und wir auf Jehova vertrauen, dann bleiben wir geistig gesund.

Man konnte Sätze wie

,Jehovas Zeugen sind das glücklichste Volk auf Erden. Wir brauchen einen Psychiater noch weniger als sonst irgendjemand'[52]

in der Literatur der Gesellschaft lesen.

Die Thematik „Zeugen Jehovas und psychische Erkrankungen" wurde in verschiedenen Veröffentlichungen aufgegriffen. Wenige Wochen vor dem erwarteten Ende durch Harmagedon schrieb der *Wachtturm*[53]:

„Halten es Jehovas Zeugen für richtig, einen Psychiater zu konsultieren? Ob ein Christ einen Psychiater oder irgendeinen anderen Arzt konsultieren möchte, muß er selbst entscheiden. *Wahre Christen* glauben *aber* fest an die *Macht der Bibel*, praktische Anleitung zu bieten. Sie erkennen an, daß der Schöpfer mehr über den Menschen (und auch über den menschlichen Geist) weiß als irgendein Mensch. *Deshalb betrachten Jehovas Zeugen jede Behandlungsmethode im Lichte der ,Weisheit von oben'* (Jak. 3:17).

Psychiater haben sich zwar auf die Behandlung von geistig-seelischen Störungen spezialisiert, doch tut man gut zu berücksichtigen, daß sich die Behandlungsmethoden der einzelnen Psychiater völlig voneinander unterscheiden. […]

Einige Psychiater wenden die ,Sprech-Behandlung' an, wobei sie sich öfter in das Verhältnis, das der Patient in seiner Kindheit zu seinen Eltern hatte, vertiefen – in der Annahme, auf diesem Weg bestimmte Ängste oder Konflikte zu enthüllen. Andere konzentrieren sich darauf, den Patienten (manchmal unter Anwendung von Hypnose) neue Gewohnheiten lernen zu lassen, in der Hoffnung, ein neues ,Verhaltensmuster' sei die

---

[52] *Erwachet* vom 22.05.1960, S. 27–28.
[53] *Wachtturm* vom 01.08.1975, S. 478–480.

Lösung. Wieder andere sind der Auffassung, die meisten Geisteskrankheiten seien physisch bedingt (zum Beispiel durch eine Störung des chemischen Gleichgewichts des Körpers oder eine Störung des Nervensystems), und behandeln daher mit Drogen oder möglicherweise mit einer Diät und Vitaminen. Sehr umstritten ist bei Geisteskrankheiten die Gehirnchirurgie, die nur selten empfohlen wird.

Da sich *wahre Christen* bemühen, ‚die gleiche Gesinnung zu haben, die Christus Jesus hatte', ist ihnen zu Recht daran gelegen, daß ihr Denken oder ihr Benehmen nicht durch die Glaubensansichten eines anderen beeinflußt wird (Röm. 15:5). Nicht alle, aber viele *Psychiater und Psychoanalytiker sind Atheisten oder Agnostiker*. Eine Untersuchung ergab, daß mehr als die Hälfte der befragten Psychoanalytiker mit Sigmund Freuds Ansicht übereinstimmten, der Glaube an Gott sei ‚kindisch' und ‚mit der Wirklichkeit' nicht in Übereinstimmung. Viele glauben, der Mensch werde von ‚*tierischen Instinkten*, die er während der Evolution von den niedrigeren Lebensformen ererbt' habe, angetrieben. In dem Buch *The Psychiatrists* (Die Psychiater) heißt es ferner: ‚Die meisten Psychiater und Psychoanalytiker glauben, die Gesetze, die *das sexuelle Verhalten* regeln, seien *viel zu streng*' (Seite 167). Möchtest du dein Leben nach dem Denken von Menschen ausrichten, die solche Ansichten vertreten?

Heute ist *die Behandlung mit Drogen* weit verbreitet, aber auch in diesem Fall ist es weise, den Ausgang der Sache sorgfältig zu bedenken. Drogen als Medizin zu nehmen ist Christen *zwar nicht verboten*, und in einigen Fällen *mögen* bestimmte Drogen *eine gewisse* Erleichterung verschaffen, *doch ein Diener Gottes sollte* mit allem, wodurch er versklavt und wovon er *abhängig* werden kann, sehr vorsichtig sein (Röm. 6:17; 12:1). Einige Personen, die sich für eine drogenfreie Behandlung entschieden haben, verweisen auf die guten Ergebnisse *einer Therapie, bei der größere Mengen Vitamine verabreicht* werden – eine Behandlungsform, die heute immer mehr von sich reden macht.

Wer sich ärztlich behandeln lassen möchte sollte ferner den biblischen Grundsatz aus 1. Korinther 12:26 berücksichtigen. Dort wird gezeigt, daß andere Teile unseres Körpers mit betroffen sind, wenn ein Teil leidet. Gemäß diesem Grundsatz mag es ratsam sein, daß sich Personen, die geistige Störungen oder nervliche Schwierigkeiten haben, einer gründlichen ärztlichen Untersuchung unterziehen, denn häufig ist ein gesundheitliches Problem vorhanden, dessen sie sich nicht bewußt sind. Selbst einige Personen, die dachten, sie würden geisteskrank werden oder würden von Dämonen belästigt, stellten fest, daß sie lediglich ‚*niedrigen Blutzucker*‘ oder ein anderes Leiden hatten.

Selbstverständlich gibt es viele Krankheiten und Gebrechen, für die man noch kein ‚Heilmittel‘ kennt. Auch hier hat Jehova für *Hilfe* gesorgt. *Sein Wort* kann uns in unserem Ausharren bestärken (1. Tim. 6:11, 12). Auf diese Weise wird uns auch geholfen, die *qualvollen Umstellungen im Körper* zu ertragen, die manchmal mit den *Wechseljahren* oder mit dem *Alterungsprozeß* einhergehen.

Was aber, wenn das Problem nicht körperlich bedingt ist? Wenn es zum Beispiel auf *feindselige Gefühle* oder auf Verzagtheit zurückzuführen ist — darauf, daß es uns *schwerfällt, mit anderen auszukommen*? In Jakobus 5:13–16 ist davon die Rede, daß jemand, der in geistiger oder seelischer Hinsicht Probleme hat, *die älteren Männer der Christenversammlung* rufen sollte, damit sie ihn ‚mit Öl einreiben‘, das heißt ihm tröstenden biblischen Rat geben, und auch ‚über ihm beten‘.

[...] Die Ältesten sollten demjenigen, der sich in Schwierigkeiten befindet, erkennen helfen, wie wir, der Einladung unseres Gottes folgend, unsere Bürden auf ihn werfen können (Ps. 55:22; 1. Petr. 5:7). Manchmal ist es erforderlich, jemandem erkennen zu helfen, wie er ‚*Zorn ablegen*‘ oder seine *Gedanken auf das richten kann, was keusch ist* (Kol. 3:5–14; Phil. 4:6–8). Und häufig mag jemand, der wirklich bereut, ein Schuldgefühl haben oder denken, es könne ihm nicht vergeben werden. Wer so sehr betrübt ist, bedarf eines tröstenden Zuspruchs, wie er zum Beispiel in 1. Johannes 1:9 zu finden ist.

Jehovas Zeugen schließen somit die Möglichkeit einer Behandlung durch Ärzte, die sich auf geistige oder seelische Störungen spezialisiert haben, *zwar nicht unbedingt aus*, doch sollte ein Zeuge Jehovas, der einen solchen Arzt konsultiert, die empfohlene Behandlung sorgfältig prüfen. Er sollte

nicht außer acht lassen, daß es heute schon zu seiner geistigen Gesundheit beiträgt und *daß er in der Zukunft ewiges Leben erlangen kann*, wenn er Jehovas Gesetze hält. [...]"
Übersetzt man die verschiedenen Äußerungen der „reinen Sprache", so wie wir sie zu verstehen hatten, hieß das so viel wie: Du kannst zwar zum Psychotherapeuten gehen, aber du wirst schon sehen, was du für Schwierigkeiten davon hast. Denn der weiß selbst nicht, was er machen soll. Viele sind Atheisten und wollen dich vom Glauben abbringen oder dir sexuelle Unmoral vermitteln. Außerdem machen sie dich womöglich drogenabhängig oder beeinflussen dich durch Hypnose – was auf jeden Fall dämonisch ist. Nimm lieber viele Vitamine oder forsche nach einem körperlichen Leiden. Aber wahrscheinlich hast du nur Probleme mit deinen Mitbrüdern und der Unterordnung. Beichte ganz ehrlich den Ältesten. Wenn du das nicht tust, helfen dir auch deine Gebete nichts. Dann arbeite daran, einen stärkeren Glauben zu entwickeln.
Viele der Zeugen Jehovas litten unter tiefen Depressionen. Nur ganz allmählich wagten wir uns, auch Psychotherapeuten um Rat zu fragen, nachdem in den Zeitschriften eingeräumt wurde, dass echte Erkrankungen manchmal – man hatte aber den Eindruck nur in Ausnahmefällen – professionelle Hilfe erfordern könnten. Nach wie vor wurde eindringlich vor Praktiken gewarnt, die mit Dämonen in Verbindung stehen könnten. Das wurde bei Yoga-Übungen oder Hypnose und in gewisser Weise auch bei autogenem Training unterstellt. Das führte dazu, dass man zudem noch unter Schuldgefühlen litt, weil man anscheinend keinen starken Glauben hatte."
„Ich kann sehr gut verstehen, wie frustrierend es für beide Seiten ist, wenn man mit dem besten Willen keine Erfolge bei allen Therapieversuchen erzielt", unterbrach Helena den Redefluss von Mara. „Wie viel volkswirtschaftlicher Schaden entsteht durch die verminderte Leistungsfähigkeit der Patienten? Wie sehr wird die Versichertengemeinschaft durch die unzähligen ‚falschen' Diagnosen und ihre vergeblichen Therapien belastet? Hat das jemals einer untersucht, frage ich mich?"

„Wenn ich an die Gespräche in unseren Königreichssälen über Gesundheit, Krankheit und die Enttäuschungen bei den Arztbesuchen denke, dann weiß ich, dass Noah und ich keine Einzelfälle waren. Es betrifft immens viele", pflichtete ihr Mara bei. „Das Problem ist sicher auch an höherer Stelle bekannt, denn es gab immer wieder Vorträge, in denen uns erklärt wurde, der Königreichssaal sei kein Ort für die Erörterung von Gesundheit, Krankheit oder spezielle medizinische Therapien.
Mir ist ein besonders krasser Fall einer Glaubensschwester bekannt. Ihr Mann hatte Selbstmord begangen – was bei Jehovas Zeugen leider auch kein Einzelfall ist. Die Frau blieb fast mittellos mit zwei Kindern zurück. Sie wollte sich Gottes Segen durch ihre guten Taten verdienen. Sie meldete sich immer wieder für den Hilfspionierdienst an. Das bedeutete für sie, 75 Stunden im Monat zusätzlich zu den normalen Anforderungen des Lebens zu predigen. Einmal sagte sie zu Noah ganz verzweifelt: ‚Ich hasse Jehova.' Trotzdem mussten die Ältesten ihre Bewerbung annehmen. Es nicht zu tun, hätte den Eindruck erweckt, dass sie nicht ‚würdig' sei. Das wäre für sie unerträglich gewesen.
Das Verbot, Blut zu essen, stürzte sie vollends in Panik. Sie entwickelte die Phobie, dass in allen Lebensmitteln Blut sein könnte. Sie war nicht mehr in der Lage, etwas zum Essen einzukaufen. Ich musste vor ihren Augen alle Zutatenlisten von verpackten Lebensmitteln kontrollieren, ob kein Hinweis auf ‚hämo' (Blut) zu finden sei. Ich meine wirklich alles: Nudeln, Schokolade, selbst vor dem Genuss von Bananen hatte sie Angst, denn es könnte ja eine Vogelspinne darauf gewesen sein, die man getötet hat und ihr Blut könnte doch noch unsichtbar auf dieser Banane sein. So lächerlich uns das jetzt vorkommt, diese Frau hat sehr gelitten. Einmal las sie einen Artikel, dass in Holzleim Blutplasma als Bindemittel verwendet werden könnte.[54] Daraufhin wischte sie ihre sämtlichen Möbel mit Chlor ab und wusch alles, was sie in den Schränken aufbewahrt hatte, um ja alle Spuren von möglichem Blut zu beseitigen. Es war entsetzlich. Das ging so weit, dass sie sich

---

[54] *Wachtturm* 15.01.1965, S. 42–43.

eines Abends das Leben nehmen wollte. Noah und ich brachten sie dann in die Psychiatrie nach Kaufbeuren.
Fünf Tage später rief uns der behandelnde Arzt an: Er könne es nicht mehr verantworten, sie zu behalten. Sie verweigere jegliche Nahrungsaufnahme, weil sie Angst habe, es könnte Blut enthalten sein. Das Martyrium dauerte mehrere Jahre, bis es uns gelang, in München Ärzte zu finden, die mit dieser Art Psychose Erfahrung hatten und ihr dann schließlich helfen konnten.
Aber zurück zu meinem Werdegang: Im Frühling 1957 hielt ich glücklich meinen Gesellenbrief in Händen. Sofort begann ich nach einer Teilzeitarbeit zu suchen, um mit dem Pionierdienst beginnen zu können. Allerdings war im Jahre 1957 Teilzeitarbeit im kaufmännischen Bereich nicht üblich. In dieser Zeit bekam ich zum ersten Mal gesundheitliche Probleme, die psychisch bedingt waren. Mein Arzt schickte mich für vier Wochen in ein Jugendkurheim nach Kempten.
Da ich in der Versammlung das Amt des ‚Rechnungsdieners' hatte, brauchte ich eine Vertretung für diese Zeit. Zufällig war gerade ein junger Mann aus München zugezogen. Er hatte den gleichen idealistischen Eifer für die Sache Jehovas wie ich. Er kam von München nach Weilheim, weil da Hilfe Not tat. Er wurde meine Vertretung. Wir gehörten beide einer Gruppe von fünf allgemeinen Pionieren an, die von der Wachtturm-Gesellschaft beauftragt waren, die neu gegründete Versammlung zu stärken.
Nach meinem Kuraufenthalt fand ich schließlich eine Stellung im Haushalt. Ich kaufte von meinem letzten Gehalt als kaufmännische Angestellte eine Waschmaschine für meine Mutter. Bisher hatte ich für unseren Acht-Personen-Haushalt gewaschen. Es war mir klar, dass ich in meiner nun noch begrenzteren Freizeit, die Wäsche nicht mehr mit der Hand waschen konnte. Inzwischen war es möglich, solche Maschinen bei Neckermann zu bestellen. Es war die erste echte technische Errungenschaft, die wir uns leisteten.
Meine Arbeit hieß Teilzeitarbeit, weil ich ‚nur' von 7 Uhr bis 14 Uhr arbeitete. Sieben Stunden täglich, in einem Zwei-Personen-Geschäftshaushalt. Ich machte zuerst das Frühstück, dann die übliche Hausarbeit, wie Betten

machen, waschen, bügeln, putzen, einkaufen, den Schulungsraum der Fahrschule putzen, kochen. Wenn ich fertig war, begann mein Pionierdienst. Mindestens drei Stunden täglich. Die Fahrten in ‚mein' Gebiet und wieder nach Hause durften nicht gezählt werden.

Eigentlich hätte ich jetzt glücklich sein müssen, denn ich hatte ja das beste Lebensziel erwählt, das man sich in der ‚Zeit des Endes' aussuchen konnte. Doch ich wurde zunehmend müder. Auch war ich unzufrieden, weil ich die Unfreiheit nicht mehr ertragen konnte. Mit fast zwanzig Jahren musste ich spätestens um acht Uhr abends zu Hause sein – ausgenommen natürlich nach den Zusammenkünften, aber die besuchten wir ja immer gemeinsam als Familie.

Mein Vater wurde immer ärgerlich, wenn er mich oder jemanden aus der Familie dabei erwischte, dass wir etwas anderes als die Bibel oder die Wachtturm-Schriften lasen. Trotzdem liehen sich meine Mutter und ich hin und wieder ein Buch oder einen Groschenroman aus und lasen. Wenn der Vater nach Hause kam, verschwand das Corpus Delicti schnell hinter einem Sofakissen.

Dieses Spiel verletzte meinen Stolz. Einmal las ich das Buch *Rosa von Tannenburg*. Es rührte mich zu Tränen, wie die Tochter Rosa zu ihrem Vater stand, auch noch, als er zu unrecht im Burgverlies schmachtete. Kurz bevor ich den dramatischen Schluss lesen konnte, kam mein Vater nach Hause. Ich las weiter. Es waren nur noch wenige Seiten und sehr spannend. Mein Vater sagte ärgerlich: ‚Geh zur Familie Berg in den Franziskusweg und sage Bescheid, dass wir morgen Treffpunkt haben.' ‚Ja, gleich', gab ich zur Antwort. ‚Nicht gleich, sondern sofort', schrie er mich an. Ich stand auf, machte einen Knicks und sagte sarkastisch: ‚Danke schön, ich gehe schon.' Darauf stürzte er auf mich los und wollte mir eine Ohrfeige geben. Ich war jedoch schneller. Er traf nur die Türkante und brach sich von dem heftigen Schlag den Mittelfinger. Ich will mir nicht ausmalen, was vielleicht gebrochen wäre, wenn er meinen Kopf getroffen und ihn gegen den Türpfosten geknallt hätte. Mein Vater konnte sehr jähzornig sein. Sein Jähzorn verstärkte das enge Korsett, in das wir ohnehin gepresst waren.

Ich wollte von zu Hause fort, aber damals war man erst mit 21 Jahren volljährig. Ich hätte nie die Zustimmung meines Vaters bekommen. Die einzige Chance war die Bewerbung für das Bethel in Wiesbaden. Ich bewarb mich also. Aber es wurden nur sehr selten junge Frauen als Mitarbeiter akzeptiert. Man fürchtete damals ihren Einfluss auf die jungen Männer, die alle gelobt hatten, für mindestens drei Jahre freiwillig und ohne Bezahlung im Zweigbüro zu dienen.

Doch wie heißt das Sprichwort so schön: Wenn die Not am größten ist, ist Gott am nächsten. So entpuppte sich genau in dieser Zeit der junge Pionierpartner, der inzwischen meinen Posten als Rechnungsdiener in der Versammlung übernommen hatte, als verständnisvoller Freund. Er wurde meine ‚Klagemauer' und mein Helfer in der Not. Wenn ich müde und erschöpft war und mit dem Fahrrad kaum die vielen bergigen Strecken in unsere Gebiete bewältigen konnte, schob er mich an. Er fuhr ein Moped, eine Viky. Es war ihm egal, dass er hin und wieder dafür von der Polizei verwarnt wurde und Strafe bezahlen musste. Wir gingen oft gemeinsam zum Dienst.

Er hatte die gleiche, einfühlsame Art bei den Wohnungsinhabern wie ich. Wir versuchten immer, die Menschen in ihren Ansichten und Wünschen zu respektieren. In unseren zugeteilten Gebieten waren wir bald bei vielen Wohnungsinhabern gern gesehen. Viele waren freundlich zu uns. Es gab auch angenehme Gespräche über den Glauben.

Ende des Jahres 1958 verlobten wir uns heimlich. Den Verlobungsring trug ich immer, wenn ich unser Haus verließ. Bevor ich nach Hause kam, packte ich ihn sorgfältig in Seidenpapier und steckte ihn in meinen Geldbeutel. Januar 1959 vergaß ich es einmal. Beim Essen saß mir mein Vater gegenüber am Tisch. Plötzlich bemerkte er den Ring. ‚Was ist das?', fragte er drohend und zeigte auf meine Hand. ‚Ich habe mich mit Noah verlobt', gab ich ihm zur Antwort. Darauf fing er fürchterlich an zu toben: ‚Das ist ja noch schöner, der kommt mir nicht mehr über die Schwelle ...' Er sagte einiges mehr, das ich nicht wiederholen möchte. Ich solle den Ring sofort wegtun. Es war schlimm.

Am nächsten Tag nach der Arbeit traf ich mich wie gewöhnlich mit Noah, um mit ihm gemeinsam in den Dienst zu gehen. Als ich ihm erzählte, was passiert war, überlegte er nicht lange. Er ging am folgenden Tag zum Standesamt und bestellte das Aufgebot. Wir wollten zum nächstmöglichen Termin heiraten. Da das Aufgebot vier Wochen aushängen musste, denn wir hatten beide als Flüchtlinge keine Geburtsurkunden, war der nächstmögliche Termin der 27. Februar 1959. Noah kam am Abend zu uns. Mein Herz schlug mir bis zum Hals. Ich dachte, ich sterbe vor Angst. Doch Noah sagte ohne Umschweife zu meinem Vater: ‚Du musst zum Standesamt gehen und unterschreiben, dass du mit unserer Hochzeit einverstanden bist. Wir werden in vier Wochen heiraten.' Mein Vater war überrumpelt. Er konnte keinen wirklichen Grund vorbringen, der uns hindern sollte. Also unterschrieb er am nächsten Tag.

Wie du siehst, bin ich jetzt mit Noah hier. Es sind genau 50 Jahre vergangen, und wir haben noch nicht einen Tag bereut, dass wir diesen Entschluss gefasst haben."

Mara nahm Noahs Hand und sah ihn liebevoll an. Sie war unendlich dankbar für die gemeinsamen Jahre mit ihm. Doch in diesem Moment fühlte sie sich auch sehr erschöpft. „Freunde", sagte sie „morgen ist doch auch noch ein Tag. Wollen wir nicht Schluss machen?" Da es wirklich schon spät geworden war, stimmten die anderen dem Vorschlag zu. Sie gingen in ihre Zimmer und Mara schlief an diesem Abend sehr schnell ein.

Der nächste Tag begann wieder mit der obligatorischen Verkaufsveranstaltung. Diesmal stand Leder auf dem Programm. Einige der Touristen, die schon mehrfach eine ähnliche Reise gemacht hatten, wollten sich mit ganz bestimmten Jacken, Handtaschen oder Gürteln eindecken. Sie warteten speziell auf diesen Programmpunkt und waren anschließend sehr zufrieden mit dem günstigen Einkauf. Mara und Noah dagegen hatten nicht die Absicht, etwas zu kaufen. Sie vertrieben sich die Zeit im angrenzenden Kaffeehaus mit türkischen Spezialitäten.

Der Nachmittag war für einen Besuch in Antalya reserviert. Der angeblich so berühmte türkische Basar war eine große Enttäuschung. Es war ein neuer Volksbasar, der allzu offensichtlich für den Fremdenverkehr konzipiert war. Das Angebot unterschied sich kaum von den Wochenmärkten einer deutschen Großstadt. Die Verkäufer waren jedoch wesentlich aufdringlicher bemüht, ihre Waren an den Mann oder die Frau zu bringen. Altstadt und Hafen entschädigten sie dafür. Sie genossen auch wieder die frisch gepressten Säfte aus Orangen und Granatapfel und lauschten in der warmen Frühlingssonne dem stetigen Rauschen der Meeresbrandung.

Auch an diesem Abend kehrten sie voller neuer Eindrücke und Erfahrungen zufrieden in ihr Hotel zurück. Mara und Noah schauten sich nach ihren neugewonnenen Freunden um. Alle vier suchten sich auf der Terrasse einen schönen Platz mit Panoramablick über das Meer. Erst einmal schwelgten sie in den Köstlichkeiten, die sich jeder am Buffet ausgesucht hatte. Als sie beim Dessert angekommen waren, verlief das Gespräch wie auf Verabredung wieder in zwei Richtungen. Die Männer unterhielten sich über Schach und Helena knüpfte an ihre Unterhaltung vom Vortag an.

„Wie habt ihr es geschafft, in vier Wochen ein Hochzeitsfest zu organisieren?", fragte sie unvermittelt.

Mara schmunzelte: „Na ja, ein Fest wurde es nicht. Ich kaufte mir ein schlichtes graues Kostüm und meine Schwiegermutter kaufte für Noah einen schicken Anzug und ein weißes Hemd mit silberfarbener Krawatte. Wir luden nur die engsten Freunde ein. In unserer Küche hatten nicht mehr als 15 Gäste Platz. Es gab Gulasch mit Nudeln und Salat und anschließend Kuchen und Torten. Unsere Gäste aßen auch noch einen Teller Rindfleischsuppe. Aber meine Suppe war so versalzen, dass ich sie einfach nicht genießen konnte. Niemand glaubte mir. Jeder versicherte, die Suppe sei ganz besonders lecker. Normalerweise war auch alles, was meine Mutter kochte wirklich gut. Schließlich probierte Noah von meiner Suppe und dann kam es heraus. Irgendjemand wollte mir die Suppe versalzen. Ich habe nie erfahren, wer es war.

Eine Tante von Noah lud uns für eine Woche nach Bad Kohlgrub ein. Das war unsere Hochzeitsreise. Der Umzug in unser eigenes Reich war ziemlich einfach. Wir hatten jeder ein Federbett und ein Kopfkissen. Ich hatte mir eine kleine Aussteuer zugelegt: Vier Bettbezüge, vier Kissenbezüge, vier Leintücher, sechs Frotteehandtücher, zwölf Geschirrtücher. Zusammen mit unserer Kleidung war das zunächst unser ganzer Besitz. Zur Hochzeit bekamen wir einige Teller, Tassen und Besteck geschenkt. Meine Mutter gab mir noch einen ihrer Kochtöpfe. Meine Ersparnisse betrugen 250,– Mark. Für die ersten drei Monate vermieteten uns Glaubensbrüder ein möbliertes Gartenhäuschen. Bevor die ersten Feriengäste kamen, fanden wir ein möbliertes Zimmer in Dießen am Ammersee.

Damit wir im Pionierdienst bleiben konnten, verdiente Noah Geld mit Gelegenheitsarbeiten. Er baute eine Sandkiste für Kinder, deckte in einem Gartenhäuschen das Dach neu oder er fuhr nach Pfronten im Allgäu und half einem Steinmetz für zwei Wochen Grabsteine zu machen. Die nächsten zwei Wochen ging er dann predigen.

Ich bekam in Dießen in einem kleinen Zimmermannsbetrieb eine Stelle als Buchhalterin. Es waren nur ein paar Stunden im Monat. Ich verdiente 50 Mark. Das reichte für die Miete.

Ich gab mir alle Mühe, den Anforderungen und Pflichten zu genügen. Mein Geist war willig, aber mein Körper war am Ende den Belastungen nicht gewachsen. Anfang Juni bekam ich eine Erkältung, die sich zu einer Lungenentzündung verschlimmerte. Die Erkrankung schwächte mich sehr. Ich konnte mein Stundenziel nicht mehr erreichen und wurde vom Pionierdienst entbunden.

Auch den Bezirkskongress in Augsburg, der im Juli im Rosenau-Stadion abgehalten wurde, konnte ich nicht besuchen. Noah schickte mir eine Postkarte. Es waren die Unterschriften von vielen unserer Freunde darauf und ihre Genesungswünsche. Diese Geste bewegte mich sehr.

Von diesem Kongress gibt es eine Episode, die ein gutes Beispiel für unser absolutes Gottvertrauen ist. Noah lud eine interessierte Frau mit ihrer Tochter zum Kongress ein. Sie hatte aber kein Geld, um die Essenmarken für die Mittagsmahlzeit zu bezahlen. Noah besaß eine Essenmarke. Die Pioniere bekamen sie kostenlos. Als er gerade überlegte, ob er seine Marke der Interessierten geben sollte und selbst eben eine Mahlzeit auslassen, begrüßte ihn ein Freund aus seiner früheren Versammlung in München. Es gab ein kurzes ‚Hallo' und ‚Wie geht's, wie steht's'. Nach ein paar netten

Worten steckte ihm Hansi – so nannte ihn Noah – etwas in seine Hemdtasche und verabschiedete sich.

Noah dachte: ‚Na, jetzt habe ich wenigstens einen Kaugummi zum Mittagessen.' Er griff in seine Hemdtasche und zog statt eines Kaugummis 10 Mark heraus. Die reichten aus, um das Essen für seine beiden Gäste zu bezahlen. Natürlich haben alle recht, die jetzt sagen, das war ein glücklicher Zufall, denn es war ja kein Geheimnis, dass Pioniere wenig Geld verdienen. Doch wir erlebten solche Art ‚Zufälle' so häufig, dass wir immer davon überzeugt waren, sie sind von unserem Gott gelenkt worden.

Ich erhole mich nur sehr langsam von meiner Erkrankung. Es war nicht mehr zu verantworten, ohne vernünftige Unterkunft mit Bad und Toilette zu leben. Noah entschied sich, eine feste Arbeit zu suchen und mit dem Pionierdienst aufzuhören. Wir mieteten uns in Weilheim ein Zimmer mit Kochnische. Noah begann, in einem Holzverarbeitungsbetrieb als Hilfsarbeiter zu arbeiten. Nach und nach konnten wir uns im Gebrauchtwarenhandel einiges Mobiliar kaufen und unser Ein-Zimmer-Apartment wurde ganz gemütlich.

Doch in der Produktion von Noahs Arbeitgeber gab es Veränderungen. Ein neuer Großauftrag für Verpackungskisten machte Akkordarbeit nötig. Noah freute sich über die Möglichkeit, mehr Geld zu verdienen. Aber dann erfuhr er, dass es sich um Kisten für den Munitionsversand handelte. Zeugen Jehovas konnten keine Arbeit annehmen, die mit dem Militärdienst zu tun hatte. Also kündigte mein Mann trotz bester Verdienstaussichten. Sein Ausbildungsbetrieb in Murnau stellte ihn daraufhin wieder ein. Einmal mehr mussten wir ein finanzielles Problem lösen. Wie konnte er die zweiundzwanzig Kilometer Entfernung täglich bewältigen?

Im Dezember machte Noah mit dem Geld, das wir aus meinen Sozialversicherungsbeiträgen zurückerstattet bekamen, den Führerschein. Also beschlossen wir, ein gebrauchtes Auto zu kaufen. Wir nahmen einen Kredit von 2500,– Mark auf und kauften einen NSU-Prinz. Um das Darlehen abzahlen zu können, musste ich jedoch ebenfalls eine Teilzeitarbeit suchen. Ich konnte in einem Verlag als kaufmännische Angestellte anfangen.

Wir waren nun beide nicht mehr im Pionierdienst und hatten ein schlechtes Gewissen dabei. Denn nach allem, was wir in den Vorträgen hörten und in der Literatur studierten, sollten junge Menschen ohne ‚biblische Verpflichtungen' – darunter verstand man die Sorge entweder für minderjährige Kinder, die man sich aber vor Harmagedon nicht mehr anschaffen sollte, oder betagte, pflegebedürftige Eltern – ihre Zeit und Kraft für Jehova einsetzen.

„*Elternschaft heute*

Abs. 15: Wie sollten Christen heute, in der ‚Zeit des Endes', Ehe und Elternschaft betrachten? (Daniel 12:4). Noch nie waren die Worte ‚Die Szene dieser Welt wechselt' oder, wie es eine andere Übersetzung sagt, ‚Die Welt, so wie sie jetzt ist, wird nicht mehr lange Bestand haben' zutreffender als heute (1. Korinther 7:31, *Gute Nachricht für Sie*).

Abs. 16: Mehr denn je gelten die Worte: ‚Die verbleibende Zeit ist verkürzt.' Ja, dem Volk Jehovas verbleibt nur noch eine begrenzte Zeit, um das Werk zu verrichten, das ihm von Gott übertragen worden ist und das darin besteht, die Worte zu erfüllen: ‚Diese gute Botschaft vom Königreich wird auf der ganzen bewohnten Erde gepredigt werden, allen Nationen zu einem Zeugnis; und dann wird das Ende kommen' (Matthäus 24:14). Dieses Werk muß getan werden, ehe das Ende kommt. *Es ist daher angebracht, daß sich Christen fragen, wie es sich auf ihren Anteil an diesem wichtigen Werk auswirken wird, wenn sie heiraten oder, sofern sie verheiratet sind, wenn sie sich ihren Wunsch nach Kindern erfüllen.*"[55]

„*Wer sollte die Entscheidung über die Kinderzahl treffen?*

Ehepaare, die mit dem Gedanken spielen, sich Kinder anzuschaffen, sollten bedenken, daß wir, wie von der Bibel vorausgesagt, in einer Welt leben, die sich durch Verbrechen, Hunger, Krieg und wirtschaftliche Instabilität auszeichnet (Matthäus 24:3–12; 2. Timotheus 3:1–5, 13; Offenbarung 6:5,6). Echte Liebe zu Kindern wird Ehepaaren helfen, die Welt, in der wir leben, realistisch zu beurteilen und sich dessen bewußt zu sein, daß das Großziehen von Kindern heutzutage eine echte Herausforde-

---

[55] *Wachtturm* vom 01.03.1988, S. 21: Elternschaft unter Gottes Volk.

rung ist. Statt daher dem Kindersegen freien Lauf zu lassen in der Hoffnung, daß sich alles günstig entwickeln wird, ziehen es viele vor, selbst über die Zahl ihrer Kinder zu entscheiden, damit diese glücklicher und sicherer aufwachsen können.
Gottes Wort hilft uns nicht nur, vernünftige Entscheidungen in Familienangelegenheiten zu treffen, sondern gibt uns auch eine solide Zukunftshoffnung. Wie die Bibel zeigt, besteht der Vorsatz des Schöpfers hinsichtlich der Menschen darin, daß sie für immer in Frieden und Glück auf einer paradiesischen Erde leben. Zur Verwirklichung seines Vorsatzes wird Gott dem bösen System der Dinge bald ein Ende machen. In der gerechten neuen Welt, in der es weder Armut noch Überbevölkerung geben wird, werden Kinder nie mehr ausgesetzt werden, weil sie unerwünscht sind (Jesaja 45:18; 65:17, 20–25; Matthäus 6:9, 10)."[56]
Wir übernahmen in unserer Versammlung so viele Aufgaben, wie wir nur bewältigen konnten. Noah bekam mehrere Dienstämter. Er war für das Wachtturm-Studium zuständig, musste öffentliche Vorträge ausarbeiten und sie in den umliegenden Versammlungen viele Male halten.
Er wurde der Leiter für die Studiengruppe in Utting. Das bedeutete, mehrmals in der Woche die Entfernung von 30 Kilometern zu fahren. Zusätzlich bekam Noah die Aufgabe, als Sekretär der Versammlung die Bürokratie und Verwaltung zu managen. Wir übernahmen die Betreuung und Hilfe für Zeugen, die besondere Bedürfnisse hatten. Zum Beispiel holten wir sie zu den Zusammenkünften mit unserem Auto ab und brachten sie nach Hause. Von Weilheim nach Utting war das ein weiter Weg. Noah war dann erst kurz vor Mitternacht wieder zu Hause. Am nächsten Tag forderte natürlich seine Arbeit auch die ungeteilte Aufmerksamkeit.
Die Firma seines Arbeitgebers hatte sehr viele Aufträge. Neben den Arbeiten im Unfallkrankenhaus in Murnau, bekamen sie das beginnende Wirtschaftswunder zu spüren. Die Kunden wollten ihre Wohnungen und Häuser renovieren. Es gab Aufträge zum Tapezieren, Teppichböden verlegen oder Polstermöbel neu zu beziehen. Immer war alles besonders

---

[56] *Erwachet* vom 08.10.1996. S. 12–14: Wer sollte die Entscheidung über die Kinderzahl treffen?

eilig. Noah hätte viele Überstunden machen sollen und auch an den Samstagen arbeiten, die inzwischen laut Tarifverträgen arbeitsfrei waren. Das zusätzliche Geld hätten wir dringend gebraucht. Ich konnte mir manchmal keine Strümpfe kaufen, so knapp waren wir bei Kasse. Es gab einen guten Trick mit dem Laufmaschen zu reparieren waren. Man betupfte sie mit Nagellack, damit wurden sie gestoppt. Aber das Benzin für die ‚theokratischen Interessen' war immer wichtiger als unsere persönlichen Bedürfnisse. Noah kam wieder in Konflikt mit seinem Arbeitgeber und seinem Gewissen. Weltliche Arbeit, die mehr als das absolut Notwendige an Zeit in Anspruch nahm, bedeutete, dass man unter mangelndem ‚Geistig-gesinnt-Sein' litt. Ein ‚reifer Christ' stellt die ‚geistigen Interessen' – also ‚den Dienst für das himmlische Königreich' (heute nenne ich das den Dienst für die Wachtturm-Interessen) an die erste Stelle in seinem Leben. Tut er das nicht, sondern kümmert sich um ‚weltliche, materielle Dinge' (also nicht geistige), bedeutete das ‚mangelndes Geistig-gesinnt-sein'. Auch das Wochenende sollte dem Dienst für Jehova gewidmet werden.

Lange kann ein Mensch einen solchen massiven Gewissensdruck nicht aushalten, wenn er seinen Glauben ehrlich lebt. Noah suchte sich wieder eine Arbeit als Hilfsarbeiter in Weilheim. Er konnte in einem Betrieb für landwirtschaftliche Maschinen anfangen. Das war für Noah ein guter Arbeitsplatz. Der Seniorchef schätzte seinen Arbeitseifer und seine Gewissenhaftigkeit. Mit dem Junior, der nicht viel älter war als Noah, freundete er sich schnell an. Als sein Arbeitgeber erfuhr, dass wir nur ein kleines Zimmer mit einer Kochnische ohne Fenster hatten, bot er uns eine Betriebswohnung an. Drei Zimmer, Küche, Bad, zu einem sehr günstigen Mietpreis. Das war ein sehr verlockendes Angebot.

In dieser Zeit waren wir mit den Vorbereitungen für den Kreiskongress, der im Januar 1962 in Garmisch-Partenkirchen stattfinden sollte, beschäftigt. Wir wussten nur zu gut, dass es wieder Ansprachen geben würde, in denen jungen Leuten ins Gewissen geredet würde, ‚vermehrt für Jehova tätig zu sein und gebetsvoll zu erwägen, ob nicht einer oder mehrere einer Familie im Pionierdienst stehen könnten'.

Noah und ich diskutierten mehrfach bis in die späte Nacht, was wir tun sollten. In die neue Wohnung umzuziehen würde bedeuten, dass wir uns für den normalen bürgerlichen Lebensweg entscheiden. Kurz vor dem Kongress erklärte mir mein Frauenarzt, ich würde wahrscheinlich keine Kinder bekommen. Das sahen wir schließlich als Hinweis, dass wir in der Zeit des Endes noch eine Aufgabe für die ‚Theokratie' übernehmen sollten.

Wir beschlossen, beim Kreiskongress unseren Bezirksaufseher um Rat zu fragen: ‚Bruder Einschütz, glaubst du, wir haben eine Chance als Sonderpioniere ernannt zu werden, oder sollen wir jetzt sesshaft werden, denn wir sind beide bereits eine längere Zeit aus dem Vollzeitdienst ausgeschieden?', fragten wir ihn daher gerade heraus. ‚Nix wie weg', war seine knappe Antwort. Er übergab uns die Bewerbungsbögen und befürwortete sie persönlich. Im März bekamen wir tatsächlich die Ernennung zum 1. Juli 1962. Unsere neue Gebietszuteilung war die Versammlung Uslar im Solling. Ein Ort, von dem wir noch nie etwas gehört hatten. Wir kramten erst einmal die Landkarte heraus, um zu sehen, wo das wohl liegt. Es war Zonenrandgebiet zwischen Kassel, Hannover und Göttingen.

Jetzt wurde es also ernst. Wir hatte nur drei Monate Zeit, alles zu regeln. Vor allem unsere Schulden bei der Sparkasse zu bezahlen. Denn als Sonderpioniere bekam jeder nur 150,– Mark im Monat für 150 Stunden Predigtdienst. Wenn wir die Zeit nicht schaffen sollten und weniger als 125 Stunden berichteten, bekamen wir nichts. Sollten es also nur 124 Stunden sein, gingen wir vollkommen leer aus. Als Sonderpionier hatte man keinen Anspruch auf Sozialabgaben. Von unserem geringen Lohn mussten wir auch noch die private Krankenkasse bezahlen, denn es gab sonst keinerlei Beiträge zur sozialen Absicherung.

Im Januar 1987 betrug die Vergütung für Sonderpioniere 450 DM pro Person und 150 Stunden Predigtdienst. Für Miete gab man damals für ein Zimmer circa 350 Mark aus.

Etwa ab dem Jahr 1991 bezahlte die Wachtturm-Gesellschaft für Vollzeitdiener den Mindestbeitrag zur Sozialversicherung. Ein Sonderpionier-

Ehepaar erhielt damals monatlich etwa 900 Mark. Man kann sich leicht selbst ausrechnen wie sparsam man damit leben musste. Nahrung, Kleidung, Fahrtkosten, Medikamente, Miete, Strom, Heizung, alles für den täglichen Bedarf hatten wir mit diesem, selbst für die damalige Zeit sehr mageren Einkommen zu bestreiten. Für die Darlehenstilgung oder den Unterhalt eines Autos würde es jedenfalls nicht reichen.

Ich versuchte es bei einer Radiogehäusefabrik am Fließband mit Akkordarbeit. Das war für mich sehr schwer und ungewohnt. Aber ich konnte ganz gut verdienen. Wir lösten unser Appartement auf und wohnten für einige Wochen bei meinen Eltern. Doch alle Anstrengungen reichten nicht aus, um die Restschuld bei der Sparkasse zu begleichen. Wir hatten auch keinen Käufer für den NSU-Prinz.

Vom Freitag den 29. Juni bis 1. Juli 1962 war der Bezirkskongress in Ulm geplant, an dem wir teilnehmen sollten. Vorher mussten wir unsere Schlafcouch, Geschirr und Kleidung sowie mein Fahrrad in einen Bahn-Container verpacken und nach Uslar abschicken. Doch wir hatten am Donnerstagmittag noch nicht das nötige Geld dafür. Um 15.30 Uhr fragte der Seniorchef meinen Noah: ‚Haben sie schon einen Käufer für Ihren Prinz?' ‚Nein, noch nicht', war seine bedrückte Antwort und er traute seinen Ohren nicht, als er seinen Chef sagen hörte: ‚Ich kaufe ihnen den Wagen für meinen Mitarbeiter ab.' Er gab Noah einen Scheck in Höhe von 1.500 Mark. Das reichte aus, um das restliche Darlehen zu begleichen, die Fahrkarten zu kaufen und die Container zu versenden. Außerdem konnten wir in Uslar für Noah noch ein Fahrrad kaufen. Mein Fahrrad war noch relativ neu und gut. Das hatte ich zusammen mit meinem Vater extrastabil und pionierdienstgeeignet ausgesucht. Lange genug hatte ich von meinem Lehrlingsgehalt jeden Monat etwas ‚auf die hohe Kante' gelegt, damit ich mir eine gute Qualität leisten konnte.

Um 16.00 Uhr machte die Sparkasse zu. Noah war zehn Minuten zuvor in der Filiale und löste den Scheck ein. Sein Chef hätte ihm das Auto nicht abkaufen müssen. Diese Erfahrung gehörte aber zu der Sorte, die uns davon überzeugte, dass Jehova die Dinge zu unseren Gunsten gelenkt hat.

Es ist nicht so, dass alle Zeugen Jehovas ihre Lebensziele so extrem nach dem Glauben oder dem Rat der ‚Gesellschaft' gestalteten. Einige sagten zum Beispiel: ‚Jetzt ziehen sie aus, um das Hungern zu lernen.' Aber für mich war der Glaube keine Formsache. Was ich in der Bibel las, habe ich nie bezweifelt. Wenn David sagte, er hat noch nie einen Loyalgesinnten um Brot gehen sehen, dann war mir klar, wir würden auf keinen Fall hungern. Und wir haben keinen Tag gehungert, auch wenn wir manchmal nahe daran waren."

Noah schaute auf die Uhr und fragte: „Wollen wir noch heute oder erst morgen schlafen gehen?" Alle lachten und waren einstimmig der Meinung, dass es besser noch heute sein sollte.

Mara freute sich auf den nächsten Tag. Es war eine Bootstour geplant. Die Abfahrt mit dem Bus zum Fluss Menavgat war für 9.30 Uhr vorgesehen. Da konnten sie ausschlafen und dann noch gemütlich das Frühstücksbuffet genießen. Es wird ein Tag zum Entspannen.

Die Aufgabe Uslar

Die Fahrt auf dem Manavgat war atemberaubend. Kurz vor der Mündung im Mittelmeer legte das Boot an. Helena beobachtete wie Mara zum Meer lief. Sie breitete die Arme aus als wollte sie das ganze Meer umarmen. Sie wirkte nicht mehr ängstlich, sondern frei und offen. Wie ungewöhnlich doch das Leben verlaufen kann, dachte Helena bei sich. Man weiß oft so wenig voneinander. Im Fall von Mara muss sich das ändern, dachte sie. Jetzt bin ich neugierig, was das für ein Leben war, als „Sonderpionier".
Am Abend trafen sich die Freunde bereits um 19 Uhr im Restaurant. Wieder verführte sie ein wunderbares, üppiges Büfett zum Schlemmen. Sie waren nach dem schönen, erholsamen Tag bester Laune. Sobald man die Erfahrungen und Eindrücke des Tages ausgetauscht hatte, konnte Helena ihre Ungeduld nicht mehr zügeln.
„Bitte erzähle mir weiter", bat sie. „Wie war das Leben so als ‚Sonderpionier'? Was kann man sich darunter vorstellen"?
„Sonderpioniere sind auf der Wachtturm-Karriereleiter schon ein ansehnliches Stück emporgeklettert", antwortete Mara schmunzelnd. „Man war ein Sonderbeauftragter der Wachtturm-Gesellschaft und durfte keiner ‚weltlichen' Arbeit mehr nachgehen. Die Wachtturm-Gesellschaft bestimmte den Ort und die Aufgabe, für die man eingesetzt wurde. Man hatte mindestens 150 Stunden reinen Predigtdienst pro Monat zu verrichten. Darin waren keine Fahrtzeiten, Zeiten der Vorbereitung für den Predigtdienst und die Rückbesuche, sowie keine Zeiten der regulären Zusammenkünfte enthalten. Es erübrigt sich, aufzurechnen wie viel Zeit wir für die ‚theokratischen' Interessen eingesetzt haben. Sicher kommen an die 300 Stunden pro Monat zusammen. Doch da unser Einsatz nicht als ‚Arbeitsverhältnis' geführt wurde, sondern als freiwilliger Dienst, den wir, wie gehabt, ‚als für Jehova getan und nicht für Menschen' verrichteten, kann ich nur wehmütig zurückschauen und sagen, der Wachtturm-Gesellschaft ist es gelungen, Dumme wie uns für ihre Zwecke zu finden.
Außerdem war es vorgegeben, 50 Rückbesuche pro Monat bei Personen durchzuführen, die Interesse gezeigt oder Literatur entgegengenommen

haben. Dafür erhielt man die Unkostenerstattung in Höhe von 150 Mark pro Monat. Wir hatten eine private Krankenversicherung abgeschlossen, die pro Person und Monat 60 Mark kostete. Wir konnten also mit einem monatlichen Budget von 180 Mark rechnen.

In der damaligen Zeit gaben wir die Literatur gegen einen Unkostenbeitrag für Druck und Papier ab. Der *Wachtturm* und das *Erwachet* kosteten je 25 Pfennige. Als Sonderpioniere bekamen wir auf die Zeitschriften und Bücher einen Rabatt. Die Differenz konnten wir als zusätzliche Einnahme verwenden.

Heute wird die Literatur an den Türen kostenlos abgegeben. Bei der Umstellung wurden wir aber ermuntert, dem Wohnungsinhaber zu erklären, dass das Werk durch freiwillige Spenden finanziert wird. Wenn er uns daraufhin eine Spende übergab, taten wir diese in einen speziellen Umschlag, der uns extra für diesen Zweck als Gedankenstütze zur Verfügung gestellt wurde, damit man nicht vergisst, die Spende bei der nächsten Zusammenkunft in den Spendenkasten zu tun. Auf die Möglichkeit der freiwilligen Spende wird regelmäßig in den Zeitschriften, im Königreichsdienst während der Dienstzusammenkünfte und der Kongresse hingewiesen. Überall dort werden auch die entsprechenden Spendenkästen aufgestellt.

„Am 25. Februar 1990 wurde in den Vereinigten Staaten angekündigt, daß ab dem 1. März 1990 die Wachtturm-Literatur kostenlos abgegeben wird. Spenden würden entgegengenommen, aber es wurde kein bestimmter Betrag genannt. In allen Königreichssälen des Landes wurden den Zeugen von der Organisation gelieferte Informationen vorgelesen, nach denen diese Änderung auf dem Bemühen beruhe, ,unser biblisches Bildungswerk erheblich zu vereinfachen und uns von denen getrennt zu halten, die aus der Religion ein Geschäft machen [...]' Man stellte es so dar, daß die Literatur allen Menschen besser zugänglich gemacht werden sollte. So umgab man die gesamte Änderung mit dem Mantel der Wohltätigkeit und Selbstlosigkeit. Was nirgendwo gesagt wird, ist, daß die Watch Tower Society schon lange vor dieser Ankündigung wußte, daß sich inzwischen Gerichte mit dem *Recht eines Staates, den Verkauf religiöser Litera-*

tur durch ein religiöses Werk zu besteuern, befaßten. [...] *Diese Ankündigung enthielt kein einziges Wort zum Thema Besteuerung.* Sie vermittelte den Mitgliedern der Zeugen die Vorstellung, die Organisation habe ihre Entscheidung allein auf der Grundlage anderer (wohltätiger und selbstloser) Überlegungen getroffen. Das ist eindeutig unverhohlener Zynismus. Ein Artikel in *The Atlanta Journal & Constitution* vom 2. März 1990, der zum Teil auf einem Interview mit dem Wachtturm-Anwalt Philip Brumley beruhte, stellte fest: Mr. Brumley sagte, daß mehrere Entscheidungen des Supreme Court, darunter eine neuere Entscheidung, daß der Staat Kalifornien den Verkauf von Literatur und Bandaufnahmen durch das Werk Jimmy Swaggarts besteuern durfte, die Führung der Zeugen davon überzeugt hätten, auf den Kostenbeitrag zu verzichten."[57]

In verschiedenen Programmpunkten ihrer Dienstzusammenkünfte werden die Zeugen immer wieder daran erinnert, dass die Literatur Geld kostet und dass man dies auch dem „Wohnungsinhaber" freundlich erklären sollte.

Im Königreichsdienst von Dezember 1993 heißt es unter der Überschrift „*Reichlich, aber mit Unterscheidungsvermögen säen*" beispielsweise: „Zögerst du beim ersten Vorsprechen manchmal, Zeitschriften oder andere Veröffentlichungen anzubieten? Ist es dir peinlich zu erwähnen, wie das Königreichspredigtwerk unterstützt wird, wenn der Wohnungsinhaber sich nach den Kosten erkundigt? Erfahrene Verkündiger haben festgestellt, daß dankbare Wohnungsinhaber auf eine einfache, direkte Erklärung darüber, wie mit den Spenden für das Königreichswerk verfahren wird, positiv reagieren. *Wenn Wohnungsinhaber fragen, wieviel die Veröffentlichungen kosten, könntest du sagen:* ‚Die Veröffentlichungen werden kostenfrei abgegeben.' Sollte der Wohnungsinhaber weiter fragen, wie uns das möglich ist, könntest du antworten: ‚Unsere Tätigkeit ist ein Teil eines welt-

---

[57] Raymond Franz über die „[...] die Änderung bei der Abgabe der Literatur", in ders.: *Auf der Suche nach christlicher Freiheit. Antworten auf Fragen von Sektenaussteigern*, Bruderdienst-Missionsverlag e.V. Hamburg (2005), Seite 518/519. Der Autor war ein Zeit lang Mitglied der „Leitenden Körperschaft" in der WTG-Zentrale Brooklyn.

weiten gottesdienstlichen Werks, das durch freiwillige Spenden unterstützt wird. Wenn jemand eine Spende für das Werk geben möchte, nehmen wir sie gern an.'

Du könntest auch darauf antworten: ‚Die Veröffentlichungen sind kostenlos.' Sollte der Wohnungsinhaber weiter fragen, wie uns das möglich ist, könntest du antworten: ‚Unser Werk wird ausschließlich durch freiwillige Spenden unterstützt. Wenn jemand eine Spende geben möchte, werden wir gern dafür sorgen, daß sie für das weltweite Predigtwerk verwendet wird.'

Oder du könntest sagen: ‚Wir stellen unsere Veröffentlichungen allen kostenfrei zur Verfügung, die daran interessiert sind, mehr über die Bibel zu erfahren.' Sollte der Wohnungsinhaber weiter fragen, wie uns das möglich ist, könntest du antworten: ‚Wenn jemand eine Spende für unser weltweites Werk geben möchte, werden wir diese gern weiterleiten.'

Wenn du dem Wohnungsinhaber erklärt hast, daß die Zeitschriften kostenfrei sind, und er weiter fragt, wie uns das möglich ist, könntest du auch in einer Zeitschrift die Seite mit dem Impressum zeigen und sagen: ‚Wie Sie hier sehen, wird unser Werk durch freiwillige Spenden unterstützt. Wenn jemand eine Spende zur Unterstützung des Werks geben möchte, können wir diese weiterleiten.'

Eine weitere einfache Äußerung wäre: ‚Unsere Veröffentlichungen werden kostenlos verbreitet.' Sollte der Wohnungsinhaber weiter fragen, wie uns das möglich ist, könntest du antworten: ‚Wenn jemand den Wunsch hat, unser Werk zu unterstützen, nehmen wir gern eine Spende für unser weltweites Werk entgegen.'"[58]

Es ist unterschiedlich, wie der „Verkündiger" diese „Information" umsetzt. Die einen weisen im Predigtdienst auf die Möglichkeit hin zu spenden, die anderen spenden eben selbst etwas mehr.

Der Juli 1962 war extrem kalt. Am Montag, dem 2. Juli 1962, kamen wir mittags am Bahnhof in Uslar an. Wir wurden von einem älteren Bruder erwartet. Er war klein und dick. Er begrüßte uns mit den flapsigen Worten:

---

[58] *Königreichsdienst*, Dezember 1993, S. 7, Abs. 2–3. Hervorhebungen durch die Vfn.

‚Der Hering ist etwas dick geworden.' Damit war die erste Spannung genommen.

Bruder Hering hieß uns willkommen und brachte uns mit seinem Lloyd Alexander zu sich nach Hause. Seine Frau Ida hatte bereits das Essen für uns gekocht. Es gab schlesisches Himmelreich. Herings wohnten in einem eigenen Haus. Es war ein typisches ‚Flüchtlings-Haus'. Das Ehepaar stammte aus Schlesien, das eine Keimzelle der Bibelforscher der Anfangszeit war. Otto war aufgrund seiner Kriegsdienstverweigerung und der Weigerung, den Hitlergruß zu sagen, neun Jahre im KZ Sachsenhausen inhaftiert. Den Bibelforschern wurde zwar immer wieder angeboten, ein Dokument zu unterschreiben, in dem sie ihrem Glauben abschwören konnten, um damit freizukommen, doch die wenigsten gingen auf dieses Angebot ein.

Auch Otto Hering nicht. Er kam nach Auflösung des KZs als Schreiner nach Uslar im Solling und arbeitete dort in der Ilse-Möbel-Fabrik, die circa 5000 Arbeiter beschäftigte. Als nach dem Krieg der Staat KZ-Häftlingen Entschädigungen bezahlte, baute er sich das kleine Häuschen und richtete im Keller einen Raum als Versammlungsraum ein. Das war nun der Ort der Zusammenkunft der Versammlung Uslar, zu der inzwischen bereits insgesamt 22 Personen gehörten. Bruder Hering war der Versammlungsdiener, also der Verantwortliche für die Gruppe. Da er angenommen hatte, das Zweigbüro hätte Noah mit internen Informationen nach Uslar gesandt, begann er gleich, über die speziellen Probleme der Gruppe zu sprechen.

Wir verstanden sehr schnell, dass es große Spannungen mit einem Bruder Mankus gab. Er war wohl das genaue Gegenteil von Otto. Er war ein Holzhändler, wohlhabend, aus Ostpreußen und sehr dominant. Auch versuchte er offenbar, sich mit seinen finanziellen Mitteln Vorteile bei den Beauftragten der Wachtturm-Gesellschaft zu verschaffen.

Einige Monate zuvor war bereits ein junger Sonderpionier gescheitert. Er verließ die Versammlung nach kurzer Zeit wieder und gab sein Dienstamt auf. Wir mussten also mit der Skepsis der Brüder rechnen, denn wir waren auch noch sehr jung.

Für ein paar Tage konnten wir bei dem Ehepaar Hering wohnen. Sie wollten uns helfen, eine passende Unterkunft zu finden. Das Wichtigste war aber zunächst, mit unserem Predigtdienst zu beginnen, damit wir nicht mit den Stunden in Rückstand gerieten.

Am Morgen des 3. Juli lieh ich mir von Ida Hering warme Unterwäsche, denn es waren, trotz Hochsommer, nur wenige Grade über Null. Pünktlich um 9 Uhr begann unser erster Dienst in unserer neuen Zuteilung.

Wir waren sehr angenehm überrascht, dass wir fast nur freundliche Menschen an den Türen trafen. In Niedersachsen ist die Mehrheit der Einwohner evangelisch. Sie waren in ihrer Einstellung viel toleranter als die Menschen im erzkatholischen Oberbayern der 60er Jahre. Wir konnten viele nette Gespräche führen. Sie wollten auch wissen, woher wir kamen. Der bayerische Dialekt gefiel vielen. Wir versuchten uns dann zur allgemeinen Heiterkeit auch mal in Plattdeutsch. Von diesen ersten Erfahrungen in unserem neuen Gebiet waren wir sehr angetan.

Mit Hilfe von Otto Hering fanden wir eine kleine Mansardenwohnung. Zwei Zimmer, Küche und eine Toilette ohne Bad mit Ofenheizung zum Preis von 60 Mark im Monat. Kurt Mankus, der Holzhändler, half uns mit seinem Transporter und seinen Mitarbeitern den Bahn-Container zu entladen.

Noah kaufte bei einem Raumausstatter Tapeten-Restrollen für 50 Pfennig je Rolle. Damit tapezierte er unsere Mansarde. Jede Wand hatte zwar nun ein anderes Muster, aber was machte das schon. Es war sauber und sah irgendwie sehr originell aus. Da wir keine Schränke hatten, besorgten wir uns bei einem Gemüsehändler Apfelsinenkisten. Auch die bekamen ein Make-up mit den schönsten Tapeten. Aufeinander gestapelt waren es sehr ‚exklusive' Regale.

Nach und nach lernten wir auch die Menschen unserer Versammlung näher kennen. Jeder von ihnen hatte eine besondere Biographie. Sie vertrauten uns ihre Sorgen an. Wir hörten zu und waren für sie da.

Es dauerte wirklich nicht lange, bis wir ihre Herzen erobert hatten. Die Älteren von ihnen nahmen uns an Kindesstatt an. Schwester Mühlenpfort zum Beispiel kochte jede Woche einmal für uns. Es gab dann Erbsen und

Möhren mit Kartoffelpüree und falschem Hasen. Als ich ihr beim Abspülen zur Hand gehen wollte, erklärte sie mir erst einmal, wie man das richtig macht. Erst alles Geschirr sortieren. Zuerst die Gläser, dann das Besteck spülen. Na ja, so ungefähr mache ich es bis heute noch.

Das Ehepaar Allrutz lud uns immer an dem Tag ein, wenn wir in Bodenfelde im Dienst waren und Noah am Abend das Bibelstudium anhand eines Buches der Wachtturm-Gesellschaft leitete. Sie bauten in ihrem Garten Maggikraut an. Das kannte ich bis dahin noch nicht. Aber die Fleischsuppe, die Schwester Allrutz kochte, schmeckte so lecker davon. In meiner Küche ist Maggikraut auch heute noch ein unentbehrliches Gewürz.

Die Menschen waren liebenswert. Doch das zwischenmenschliche Problem zwischen Otto und Kurt ließ sich nicht so einfach lösen. Es gab unschöne Konfrontationen. Nach einer offiziellen Besprechung mit dem Kreisaufseher wurden alle Beteiligten von ihren Dienstämtern entbunden. Plötzlich war Noah, im Alter von nur 25 Jahren, der Verantwortliche für alle Aufgaben innerhalb der Versammlung. Er hatte ein enormes Pensum an Lehraufgaben, Vorträgen und Verwaltungsaufgaben zu bewältigen. Noah war nie nachlässig in seiner Arbeit. Er engagierte sich mit Eifer und Überzeugung für unseren Gott. Das bemerkten auch die reisenden Aufseher, die unsere Versammlung im Auftrag der Wachtturm-Gesellschaft besuchten.

Bei dem ersten Kreiskongress, der in Northeim stattfand, wurde Noah die Abteilung Freiwillige Dienste übertragen. Das ist eine der wichtigsten Abteilungen. Noah musste alles rund um den Ablauf des Kongresses organisieren. Wenn es einem in den Sinn kam, dass das Klavier auf die Bühne sollte, dann sorgte Noah dafür, dass das Klavier auf die Bühne gebracht wurde. Aber auch die übrigen Arbeitsgebiete mussten funktionieren: Die Spülküche brauchte Helfer, die Küche, die Essenausgabe, die Abteilung Erfrischungen, die Reinigung, der Transport, der Bühnenaufbau, die Abteilung Erste Hilfe, der Ordnungsdienst … Grundsätzlich wurden alle Arbeiten durch freiwillige Helfer geleistet. Es wurde als ‚Vorrecht' betrachtet und streng darauf geachtet, dass die Freiwilligen auch einen christlichen Leumund hatten. Der Kreisaufseher war sehr zufrieden mit dem reibungslosen Ablauf. Noah ist nicht nur ein begnadeter Lehrer, er ist auch ein wahres Organisationsgenie. Deshalb sagte unser Kreisaufseher – auch ein ehemaliger KZ-Häftling und berüchtigt dafür, wie fundamentalistisch er die ‚Wahrheit' vertrat: ‚Mach weiter so, auf dich warten noch mehr Aufgaben.' Noah wusste, dass er damit die Ernennung zum Kreisaufseher meinte. Er war sehr stolz auf diese Aussicht.

Mich erschreckte die Nachricht allerdings etwas. Es hätte bedeutet, dass ich nie ein richtiges eigenes Zuhause haben würde. Die Kreisaufseher haben etwa 20 Versammlungen je Kreis zu betreuen, mit denen sie zweimal im Jahr jeweils eine Woche zusammenarbeiten und die organisatorischen Angelegenheiten kontrollieren. Sie sind maximal drei Jahre in einem Kreis, dann wird wieder gewechselt. Eine Anzahl Kreise werden zu einem Bezirk zusammengefasst. Ich weiß nicht mehr, wie groß damals die Bezirke waren. Das richtete sich nach der Zahl der ‚Verkündiger' – so nennen wir die Versammlungsmitglieder, die regelmäßig einen Bericht über ihre Tätigkeit abgeben. Damals gab es zweimal pro Jahr einen Kreiskongress und einmal im Jahr für jeden Bezirk einen Bezirkskongress.

Die Aussicht, immer in fremden Betten zu schlafen und immer wieder die Nähe von fremden Menschen zuzulassen, erschreckte mich. Doch ich erinnerte mich an den Bibelspruch: ‚Die Kraft, die über das Normale hinaus geht, kommt von Gott und nicht von Menschen.' Wenn Gott uns für diese Aufgabe gebrauchen will, werde ich bereit sein, dachte ich bei mir. Schließlich kam alles ganz anders. Zunächst mussten wir den kältesten Winter des Jahrhunderts überstehen. Wir ertrugen Temperaturen unter minus 30 Grad Celsius. Die Weser war zugefroren. Das ist sehr selten der Fall. Es gab extrem viel Schnee. Wenn wir in unserem Gebiet in Amelit und Nienover von Haus zu Haus gingen, machten uns die Wohnungsinhaber die Tür nicht mehr auf. Sie wollten den eisigen, schneidenden Wind nicht in ihre Wohnungen lassen.

Wir hatten nur sehr wenig Heizmaterial. Im Herbst hatten wir einen Zentner Briketts und etwas Holz gekauft. Das war sehr schnell aufgebraucht, da unsere Mansarde schlecht isoliert war. Wir bekamen aber bei den Kohlenhändlern keinen Nachschub mehr. Die Eisenbahnzüge konnten nicht mehr fahren. Die Bahngeleise hielten teilweise dem Frost nicht stand. Wir konnten bei einem Händler eine Tüte mit Kohlenstaub erwerben. Es blieb uns nichts anderes übrig, als Zeitungspapier und Illustrierte zu sammeln und damit für kurze Zeit etwas Wärme in die Stube zu bringen.

Frau Below, eine Baptistin, half uns mit Apfelsinenkisten. Sie bewunderte unseren Einsatz für den Glauben und schenkte uns oft angeschlagenes oder etwas angefaultes Obst zum Ausschneiden. Wir verdankten ihr so manchen vitaminreichen Obstsalat als Mittagsmahlzeit.

In den kalten Nächten schliefen wir mitsamt unseren Kleidern und deckten uns mit allem, was wir finden konnten, zu. Aber schließlich wurde es auch nach diesem Winter wieder Frühling. Erst da fragte uns Kurt Mankus, ob wir denn genug Heizmaterial gehabt hätten. In seinem Keller würde das Holz schon vermodern. Wir hätten uns doch etwas bei ihm holen können. Er wusste inzwischen, dass wir nicht käuflich waren. Das sollte uns nur zeigen, wie dumm es sei, sich nicht mit ihm zu verbünden.

Er machte uns auch den Literaturabsatz sehr schwer. Da er finanziell keine Probleme hatte, kaufte er 300 Zeitschriften von jeder Ausgabe und verteilte sie kostenlos im gesamten Gebiet. Wer immer eine haben wollte, bekam eine geschenkt. Wir dagegen hätten einige Pfennige zusätzlich aus dem Verkauf der Literatur zum Lebensunterhalt oder als Kostenzuschuss für die Bahnfahrkarten sehr gut gebrauchen können. Aber als Verkäufer wollten wir auch nicht auftreten. So verschenkten wir in den allermeisten Fällen die Literatur ebenfalls.

Es war aber im Verhältnis zum Zeiteinsatz nicht sehr viel. Also bekamen wir vom Kreisaufseher eine Rüge. Wir sollten mehr ‚zeitschriftengesinnt' sein. Er zeigte uns dann, wie das gehen könnte: Statt zwei Zeitschriften für 50 Pfennig anzubieten, konnte man doch gleich vier Ausgaben für eine Mark abgeben. Das lief auf die Drücker-Methode hinaus. Damit konnten wir uns nicht anfreunden. Der Apostel Paulus sagte schließlich, wir hausieren nicht mit der Botschaft.

Wir erhielten auch noch einen weiteren Minuspunkt. Obwohl wir bei 20 Familien regelmäßig ein Bibelstudium durchführen konnten, hatten wir noch niemanden zur Taufe geführt oder dazu gebracht, uns im Predigtdienst zu begleiten. Der Grund lag zum einen in der Einstellung der Menschen, dass jeder nach seiner Fasson selig werden solle. Gegen ein angeregtes Gespräch über Religion hatten sie nichts einzuwenden. Andererseits hatten Noah und ich nicht die Begabung, auf die Wohnungsinhaber moralischen Druck auszuüben. Wir waren der Meinung, der Glaube ist ein sehr persönliches Verhältnis, das ein Mensch mit Gott aufbaut. Er sollte nicht von außen dazu gedrängt werden.

Es war für mich nicht mehr zu übersehen, dass die Realität nicht so romantisch war, wie ich sie immer in meiner Vorstellung gesehen hatte. Ich war traurig bei dem Gedanken, dass ich keine Kinder haben würde. Die Aussicht, dieses Leben für immer führen zu müssen, belastete mich sehr.

David Ben Gurion sagte einmal: ‚Wer nicht an Wunder glaubt, ist kein Realist.' Ich glaubte immer an Wunder und betete auch ab und zu um ein Kind. Das kann man nun sehen wie man will. Sicher ist eine Schwangerschaft an sich kein Wunder. Für mich war es aber wie ein Wunder, als im Frühling feststand: Mein Gynäkologe hatte sich getäuscht. Ich war schwanger.

Für Noah war das allerdings zunächst keine frohe Nachricht. Seine Lebensplanung war eng mit der Karriere innerhalb der Wachtturm-Organisation verbunden. Wir mussten die Weichen ganz neu stellen. Wo sollte unser Kind geboren werden? War es möglich, hier im Zonenrandgebiet eine Arbeit zu finden, mit der er eine Familie ernähren konnte? Es war wirklich eine Gegend, in der sich Fuchs und Hase gute Nacht sagten. Landschaftlich sehr schön. Auch geruhsam und ohne Hektik. Nicht wie in der Großstadt. Wir nannten es in Anlehnung an Zentralafrika Zentraleuropa. Die Aussicht, eine gute Arbeit zu finden, war aber gleich Null. Auch die medizinische Versorgung war mangelhaft. Gute Ärzte ließen sich lieber in Ballungsräumen nieder.

Ein befreundetes Sonderpionierehepaar aus einer Nachbarversammlung, Helmut und Heidi, hatten inzwischen beschlossen, wieder nach Köln zurückzugehen und eine Familie zu gründen. Allerdings war unsre Versammlung noch nicht gefestigt. Das Gebiet war sehr groß. Ein dringendes

Problem für die Gruppe war die Beschaffung eines würdigen Königreichssaales für die Zusammenkünfte.

Wir hatten die Menschen sehr ins Herz geschlossen. Der Gedanke, sie jetzt einfach wieder zu verlassen, gefiel uns nicht. Die Versammlung brauchte unsere Hilfe. Unsere Zuteilung war, davon waren wir überzeugt, durch Gottes Leitung zustande gekommen. Wir beschlossen nach innigen Gebeten zu bleiben und uns darauf zu verlassen, dass uns Jehova auch als einfache Verkündiger nicht im Stich lassen wird.

Aber auf den nächsten Kreiskongress, für den gerade die Vorbereitungen liefen, freuten wir uns nicht besonders. Wir hätten es lieber vermieden, dem Kreisaufseher zu sagen, dass wir nicht mehr für ‚größere Aufgaben' zur Verfügung standen. Er gehörte zu der Gruppe der KZ-Überlebenden, die überzeugt waren, dass sie für ein kurzes ‚Schlusszeugnis' befreit wurden. Als seine Tochter aus erster Ehe schwanger wurde, machte er ihr die bittersten Vorwürfe. Es wäre verantwortungslos in der Endzeit Kinder zu zeugen, denn Jesus sagte doch: ‚Wehe den Schwangeren und Säugenden in jenen Tagen.' Wir schlichen uns also ziemlich schuldbewusst in sein Büro, um zu beichten.

Umso überraschter waren wir, als das Donnerwetter ausblieb. ‚Was soll ich euch jetzt sagen', war seine überraschende Reaktion, ‚wenn mir altem Esel das auch passiert ist?' Er hatte als Witwer von etwa 60 Jahren eine eifrige Pionierschwester von etwa Ende 30 geheiratet. Seine Frau war ebenfalls im vierten Monat schwanger. Bei späteren Kongressen spielten unsere beiden Mädchen manchmal miteinander. Wir waren sehr erleichtert über den Ausgang unseres Gesprächs.

Solange es nur ging, blieben wir im Sonderdienst. Noah ging zu einer vierwöchigen Schulung in das Zweigbüro nach Wiesbaden. Dort wurde er gründlich in allen Fragen der Organisation und der Lehre geschult. Das verband ihn noch enger mit der Gesellschaft. Er betrachtete die Organisation als unsere Mutter. Es war nichts Ungewöhnliches, von dieser Mutter detaillierte Anweisungen – sie nannten es aber meistens Rat – für alle nur erdenkliche Lebenslagen zu bekommen.

Noah studierte und befolgte jeden ‚Rat' sehr gewissenhaft. Er legte sich ein Ringbuch an, in dem er sämtliche ‚Leserfragen', die im *Wachtturm* oder im monatlichen *Königreichsdienst* veröffentlicht wurden, alphabetisch geordnet sammelte. Noah wurde so eine wandelnde Auskunftei für Wachtturm-Benimm-Fragen. Selbst die Kreisaufseher, die unsere Versammlung besuchten, holten sich aus seiner Kartei die jeweiligen Anweisungen für Probleme, die gerade zu verhandeln waren.

Seine Fragenkartei gab zum Beispiel Auskunft darüber, dass ein ‚Dienstamtgehilfe', der seine Verlobung ohne triftigen Grund auflöst, abernannt wird, oder über das Verbot der Geburtstagsfeier oder das Reinigen des Königreichssaals.

Als triftige Gründe für die Auflösung einer Verlobung von Seiten des Mannes galten zum Beispiel übermäßiger Alkoholgenuss, ein herrisches Wesen der Frau oder die Nichtanerkennung seiner Leitung als Haupt. Auch eine stark ‚ausgeprägte materialistische Einstellung' zählte zu den akzeptablen Trennungsgründen. Zu ‚ausgeprägte materialistisch' zählte beispielsweise der Wunsch, lieber beruflich weiterzukommen, anstatt in den Vollzeitpredigtdienst zu gehen. Wenn die Auflösung der Verlobung aber auf eine unbeständige Persönlichkeit schließen ließ, war er kein Vorbild für die Versammlung und verlor seine Ernennung in ein besonderes Dienstamt.[59]

Unter den Fragen zur Reinigung des Königreichssaales wurde beispielsweise erklärt, wie man Kinder in die Aufgaben einbeziehen kann. Die Schulung der Kinder, wachtturmkonform zu werden, nahm einen sehr breiten Raum ein.

In dem Standardwerk für Organisationsfragen: „Organisiert, Jehovas Willen zu tun" gibt es auf Seite 141 den „Rat" für „Schulaktivitäten":[...] In der Schule sind sie daran interessiert, gut lesen und schreiben zu lernen. Andere Fächer, die in der Grundschule und auch auf weiterführenden Schulen gelehrt werden, können für junge Leute, die geistige Ziele verfolgen, wertvoll sein. ..." Andere zählen dagegen für geistig gesinnte Kinder nicht zu den gewünschten Aktivitäten. Davon sollten sich Kinder fernhal-

---

[59] *Wachtturm* vom 15.09.1975, S. 575, Fragen von Lesern.

ten. „Klassenkameraden und Lehrer mögen zwar nicht immer verstehen, weshalb sie nicht mitmachen, doch was wirklich zählt, ist, dass sie Gott gefallen." Man beachte, dass andere Fächer wertvoll sein *können* und den Zusatz: *„geistige Ziele zu verfolgen"*.

„Also auch hier dasselbe, wie bei der Entscheidung deiner Eltern", empört sich nun Helena. „Statt sich vernünftig auf das zukünftige Leben vorzubereiten, gilt es als besser, mit einem Minimum an Ausbildung zufrieden sein, damit man möglichst schnell und ausschließlich für die Interessen der Organisation zur Verfügung steht!"

„Ja, so ist es wohl gemeint", gab ihr Mara recht. „Doch es wurden auch sehr intime und persönliche Fragen durch entsprechenden ‚Rat' – den man aber als Anweisung gesehen hat – geregelt.

„Aufgrund der Ansichten, die in jüngster Zeit in der Öffentlichkeit allgemein verbreitet werden, sind bei uns eine ganze Anzahl Fragen von Eheleuten eingegangen. Es handelt sich dabei um Fragen über Geschlechtsverkehr, Geburtenkontrolle, Sterilisation und Schwangerschaftsunterbrechung. Wir gehen hier auf diese Fragen ein, soweit wir uns dazu berechtigt fühlen.

Der Stifter der Ehe ist Jehova Gott. Der Schöpfer des Menschen gab Adam eine Frau als Gegenstück. Sollte die Ehe lediglich eine platonische Kameradschaft sein, ohne geschlechtliche Vereinigung des Mannes und der Frau? Nach der Bibel nicht. Sie zeigt, daß Gott zu dem ersten Menschenpaar sagte: ‚Seid fruchtbar und mehret euch und füllet die Erde.' – 1. Mose 1:28.

Das hilft uns erkennen, wie Jehova selbst die Ehe betrachtet. Einer ihrer wichtigsten Zwecke ist die Fortpflanzung oder das Hervorbringen von Kindern (1. Mose 1:28; 2:18). Das sollte nicht durch Jungfernzeugung geschehen, die Fortpflanzung durch Eier, die zur Entwicklung gelangen, ohne daß eine Befruchtung vorausgegangen ist. Nein, damit der Mann und seine Frau Gottes Auftrag nachkommen konnten, war eine geschlechtliche Vereinigung notwendig. [...]. Die Bibel zeigt jedoch deutlich, daß unter Christen nur Verheirateten die geschlechtliche Vereinigung erlaubt ist. Der Schöpfer verurteilt außereheliche Geschlechtsbeziehungen: ‚Gott wird Hurer und Ehebrecher richten.' — Hebr. 13:4.

Da die Geschlechtsgemeinschaft auch das erotische Verlangen befriedigt, erhielten wir verschiedene Anfragen über gewisse Arten der sexuellen Befriedigung. Wir fühlten uns verpflichtet zu antworten, daß es nicht die Sache von Außenstehenden sei, einem Ehepaar vorzuschreiben, wie es sich auf dem intimsten Gebiet der Ehe verhalten sollte. […]
Einige stehen indes auf dem Standpunkt, zwischen Verheirateten sei jede Form der geschlechtlichen Befriedigung gestattet. Diesen Standpunkt stützt die Bibel jedoch nicht. In Römer 1:24–32, wo davon die Rede ist, daß Männer und Frauen unsittlich handeln würden, indem sie unter anderem der gleichgeschlechtlichen Liebe frönen würden, wird von dem ‚natürlichen Gebrauch der weiblichen Person' gesprochen. Die Bibel zeigt somit, daß Gott den perversen Gebrauch der Fortpflanzungsorgane zur Befriedigung sexueller Begierden nicht gutheißt. Das trifft auch auf Ehepaare zu; sie sollten von dem ‚natürlichen Gebrauch der weiblichen Person' nicht abweichen. […] So konnte man zum Beispiel in der *Time* vom 8. August 1969 über die Vereinigten Staaten folgendes lesen: ‚Die Homosexualität ist — auch zwischen Eheleuten — in fast allen Staaten ungesetzlich.' (Wer solche perversen Handlungen noch nicht kennengelernt hat, sollte dankbar sein, denn Jehova Gott ermahnt Christen, ‚Unmündige in bezug auf Schlechtigkeit' zu sein. – 1. Kor. 14:20.)
[…] Wäre dies möglich, wenn man von seinem Partner in selbstsüchtiger Weise verlangen würde, daß er sich an einer die Fortpflanzungsorgane entwürdigenden und auf ihn abstoßend wirkenden Handlung beteiligt, nur um seine eigenen Begierden zu befriedigen? Würde man dadurch Zärtlichkeit und Liebe zum Ausdruck bringen? Kein normaler Mensch würde seinen eigenen Körper oder den seines Partners mißbrauchen oder ihm etwas aufzwingen, was abstoßend auf ihn wirkt.
[…] Eng verbunden mit diesem Thema ist die Frage der Geburtenkontrolle. […] Sind Gottes Diener heute verpflichtet, den Auftrag: ‚Seid fruchtbar und mehret euch, und füllet die Erde', den Gott Noah und seinen Söhnen gab, auf sich persönlich anzuwenden? — 1. Mose 9:1.
Nein, nach der Bibel sind sie heute nicht dazu verpflichtet. Jesus selbst wies darauf hin, daß gewisse Jünger ‚wegen des Königreiches der Him-

mel' nicht heiraten würden. (Matth. 19:10–12) Und der Apostel Paulus erklärte unter Inspiration, daß der ledige Stand größere Freiheiten biete, dem Herrn zu dienen. (1. Kor. 7:32–34, 38) Es gibt auch verheiratete Christen, die sich, um Gott ungehinderter dienen zu können [...] zur Geburtenkontrolle entschlossen haben, [...] dann muß es selbst entscheiden, welche Methode es anwenden möchte. Gewisse Verhütungsmethoden mögen gesundheitsschädigende Nebenwirkungen haben. Das sollte berücksichtigt werden. Ein weiterer Punkt, der in Betracht gezogen werden sollte, ist die Frage, ob eine bestimmte Methode vielleicht *irgendwie einen christlichen Grundsatz verletzen würde.*
Zum Beispiel weiß man noch nicht genau, wie das Intrauterinpessar, manchmal auch ‚Spirale' genannt, wirkt. In einem 1968 erschienenen Bericht der Weltgesundheitsorganisation der Vereinten Nationen hieß es: ‚Ob das Intrauterinpessar bei der Frau die Konzeption verhindert oder nicht, ist noch nicht endgültig nachgewiesen. ... Versuche bei anderen Säugetierarten lassen vermuten, daß die Wirkung des Intrauterinpessars nicht in der Verhinderung der Vereinigung von Ei und Samenzelle [Konzeption] im Eileiter besteht' (Technischer Bericht, Serie Nr. 397, Seite 11). WENN diese Vorrichtung nicht die Empfängnis, wohl aber *später die Entwicklung des befruchteten Eies verhindert, wäre diese Methode vom biblischen Standpunkt aus mit Abort oder Abtreibung* zu vergleichen. [...] Jedes Ehepaar muß die Faktoren selbst abwägen und bereit sein, seine Entscheidung vor Gott zu verantworten.
Eine Maßnahme zur Empfängnisverhütung, die in der Welt von vielen befürwortet wird, ist die *freiwillige Sterilisation*. Durch einen chirurgischen Eingriff kann ein Mann oder eine Frau zum Zweck der Geburtenregelung unfruchtbar gemacht werden. [...]
Im Zusammenhang mit diesem Thema mag es angebracht sein, zum Schluß noch die Abtreibung oder Schwangerschaftsunterbrechung zu erörtern. *In der Welt* wird mit immer größerem Nachdruck eine Reform der Abtreibungsgesetze gefordert. Befürworter einer solchen Reform verlangen, daß ein Arzt eine Schwangerschaftsunterbrechung vornehmen dürfe, wenn er ‚glaube, daß die Fortdauer der Schwangerschaft für die Gesund-

heit oder den Geisteszustand der Mutter eine ernste Gefahr wäre oder daß das Kind mit schweren körperlichen oder geistigen Schäden geboren würde.' [...]Wir nehmen in dieser rechtlichen Frage weder für die eine noch für die andere Seite Stellung, *aber* wir können uns über das äußern, *was die Bibel zu der Frage sagt,* ob eine Schwangerschaftsunterbrechung Christen erlaubt ist oder nicht.

Im großen Ganzen ist zu dieser Frage zu sagen, daß nach der Bibel das Leben eine Gabe Gottes ist und daß es heilig ist. [...] Nach dem Gesetz, das Gott seinem Volk durch Moses gegeben hatte, galt die sich entwickelnde Leibesfrucht als ein Leben oder eine Seele. Gott erklärte: ‚Falls Männer miteinander raufen sollten und sie eine Schwangere tatsächlich verletzen und ihre Kinder wirklich abgehen, aber es entsteht kein verhängnisvoller Unfall, so soll ihm [...] Schadenersatz auferlegt werden [...] Sollte aber ein verhängnisvoller Unfall entstehen, dann sollst du Seele für Seele geben.' (2. Mose 21:22, 23, *NW*) Man beachte, daß Gott nicht sagte, daß dies erst nach einer bestimmten Anzahl von Wochen der Schwangerschaft der Fall sei. Wenn eine Frau empfangen hatte und schwanger war, galt jede Handlung, die zur Tötung des sich in ihrem Mutterleib entwickelnden Kindes führte – das unter normalen Verhältnissen zur bestimmten Zeit als eine Seele für sich gelebt hätte –, als *Mord.*[...] [60]

Vor kurzem wurde eine Meldung veröffentlicht, nach der in einem amerikanischen Bundesstaat die Bestrafung des oralen Geschlechtsverkehrs durch einen Gerichtsbeschluß aufgehoben wurde. Könnte daher ein christliches Ehepaar diese Art des Geschlechtsverkehrs pflegen, sofern beide dies mit ihrem Gewissen vereinbaren können? – USA.

Der Wachtturm dient *nicht dem Zweck, die intimsten Angelegenheiten des Ehelebens zu erörtern.* Handlungen wie die, die in dem erwähnten Gerichtsfall zur Sprache kamen, sind heute aber ziemlich weit verbreitet und allgemein bekannt. In gewissen Schulen werden sogar die Kinder im Sexualunterricht darüber informiert. Wir würden daher *unsere Pflicht* versäumen, wenn wir den biblischen *Rat* zurückhalten würden, der *aufrichtigen Christen* in ih-

---

[60] *Wachtturm* vom 15.03.1970, S. 189–191, Fragen von Lesern.

rem Bemühen helfen könnte, ein sittenreines Leben zu führen, um vom Schöpfer gesegnet zu werden. *Perverse sexuelle Handlungen* waren schon in den Tagen des Apostels Paulus üblich, und wie wir in Römer 1:18–27 lesen können, schwieg er nicht darüber. Wir folgen daher seinem guten Beispiel, wenn wir diese Frage hier behandeln.

Aus dem, was der Apostel Paulus über sexuelle Handlungen schreibt, können wir einen Grundsatz ableiten, der uns hilft, zum richtigen Schluß zu kommen. Er erwähnt den ‚natürlichen Gebrauch der weiblichen Person', den einige zugunsten von etwas ‚*Widernatürlichem*' aufgegeben haben, um so ihre ‚*schändlichen sexuellen Gelüste*' zu befriedigen und ‚*unzüchtige Dinge*' zu treiben. Der Apostel behandelt hauptsächlich *homosexuelle Handlungen*[61] und verurteilt diese. Aber der daraus hervorgehende Grundsatz – daß die sexuelle Befriedigung ‚natürlich' oder ‚widernatürlich' sein kann – ist auch auf die obige Frage anwendbar. (Siehe ferner 3. Mose 18:22, 23.)

Die natürliche Art des Geschlechtsverkehrs zwischen Verheirateten ist schon aus dem Zweck ersichtlich, zu dem der Schöpfer Mann und Frau mit den entsprechenden Organen ausgestattet hat, und es erübrigt sich, hier näher darauf einzugehen, wie diese Organe bei der normalen geschlechtlichen Vereinigung harmonisch zusammenwirken. Wir glauben, die meisten Personen – außer denen, die gelehrt worden sind, in der Ehe sei alles erlaubt – würden normalerweise den oralen und auch den analen Geschlechtsverkehr verabscheuen. [...]

Nein. Das zeigt sich schon darin, daß diese Handlungen in mehreren amerikanischen Bundesstaaten lange Zeit verboten waren; sie galten als Formen der ‚Homosexualität', *auch wenn sie von Verheirateten vorgenommen wurden*. Aus diesem Grund wird ‚Homosexualität' in *Webster's Third New International Dictionary* auch folgendermaßen definiert: ‚Geschlechtliche Vereinigung mit einem Angehörigen des eigenen Geschlechts oder mit einem Tier oder widernatürliche geschlechtliche Vereinigung mit einem Angehörigen des anderen Geschlechts; *besonders:* das Einführen des

---

[61] Mit dieser Formulierung ist nicht nur die Homosexualität an sich gemeint! Vgl. Erläuterungen auf der folgenden Seite.

männlichen Gliedes in den Mund oder After eines anderen.' [...] Die Tatsache, daß die Bezeichnung ‚Homosexualität' heutzutage auf die erwähnten Arten des Geschlechtsverkehrs angewandt wird, zeigt, daß wir nicht unvernünftig sind, wenn wir sagen, diese seien *‚widernatürlich',* und zwar *in höchstem Maße.*

[...] Was sollten Eheleute, die zur Christenversammlung gehören, tun, wenn sie in der Vergangenheit oder noch in jüngster Zeit Handlungen wie die hier beschriebenen begangen haben, weil sie bis jetzt nicht gewußt haben, daß es sich dabei *um ein schweres Vergehen handelt?* Sie können Gott um Vergebung bitten und ihre aufrichtige Reue dadurch beweisen, daß sie keine solch widernatürlichen Handlungen mehr begehen.

[...] Sollten aber künftig Fälle von solchen *in höchstem Maße widernatürlichen Handlungen wie oraler oder analer Geschlechtsverkehr,* vorkommen und den Ältesten zur Kenntnis gebracht werden, so sollten sie versuchen, etwas dagegen zu unternehmen, wie sie das bei anderen schweren Vergehen tun, bevor weiterer Schaden entsteht. [...] Sollte aber jemand die von Jehova Gott *festgelegten Eheregeln willentlich mißachten, dann muß er als gefährlicher ‚Sauerteig', der andere anstecken könnte, aus der Versammlung entfernt werden.* — 1. Kor. 5:6,11–13.

Was sollten aber christliche Frauen tun, die einen ungläubigen Mann haben, der darauf besteht, daß sie sich an solchen widernatürlichen Handlungen beteiligen? Muß sich eine Frau aufgrund der Worte des Apostels: ‚Die Ehefrau übt nicht Gewalt über ihren eigenen Leib aus, sondern ihr Mann' solchen Forderungen unterziehen? (1. Kor. 7:4) Nein, denn diese Gewalt des Mannes ist nur *bedingt.* Gott bleibt stets die höchste Gewalt. (1. Kor. 11:3; Apg. 5:29) [...] Allerdings mag es für eine Frau Schwierigkeiten oder sogar Mißhandlungen mit sich bringen, wenn sie sich weigert, an solchen abscheulichen Handlungen teilzunehmen, aber sie befände sich in diesem Fall in der gleichen Lage, wie wenn ihr Mann von ihr etwas verlangen würde, was mit Götzendienst, mit dem Mißbrauch von Blut, mit Unehrlichkeit oder mit sonst einem Unrecht verbunden wäre.

[...] Da wir wissen, daß eine verderbte Welt nun bald vernichtet wird, können wir an die Worte des Apostels Petrus denken, der schrieb: ‚Da alle diese Dinge so aufgelöst werden, was für Menschen solltet ihr da sein in heiligen Handlungen des Wandels und Taten der Gottergebenheit, indem ihr die Gegenwart des Tages Jehovas erwartet und fest im Sinn behaltet.' Ja, wir sollten uns davor hüten, lediglich zur Befriedigung unserer Leidenschaft irgendwelche abscheulichen Handlungen zu begehen oder uns von anderen dazu verleiten oder zwingen zu lassen. Jedenfalls sollten wir dies tun, wenn wir in der nun so kurz bevorstehenden reinen neuen Ordnung zu leben hoffen. (2. Petr. 3:11, 12; Jud. 7) [...]"[62]

Durch solche Anweisungen, die den ehelichen Verkehr betrafen, gab es eine Fülle von Verhandlungen vor den Rechtskomitees der Versammlungen und viele Gemeinschaftsentzüge. Selbst Bilder in Schlafzimmern gaben bisweilen Anlass zu Anklagen vor dem Rechtskomitee.

Man stellte Fragen zur Geburtenkontrolle: Was ist erlaubt, was verboten. Die Pille danach ist verboten, die Spirale ist verboten, Abtreibung ist verboten, Sterilisation war lange Zeit verboten. Hier möchte ich betonen, dass das Wort ‚verboten' so nicht gebraucht wird. In allen Antworten zu dieser Art Fragen wird zunächst gesagt, dass es dem persönlichen Gewissen überlassen sei. Dieses Gewissen wird aber von der Wachtturm Literatur ‚gut geschult'. Dem aufrichtig gläubigen Zeugen Jehovas ist völlig klar, wie er jeweils wachtturmkonform entscheiden sollte. 1985 erschien wieder einmal eine Abhandlung darüber, dass die Zeit bis Harmagedon verkürzt und es für ‚verantwortungsbewusste' Ehepaare ratsam sei, auf Kinder in der Zeit des Endes zu verzichten. Darin modifizierte man den Rat zu dieser Frage: Das Christentum solle durch Predigen ausgebreitet werden und nicht durch die Fortpflanzung. Paulus ermuntere Christen sogar, nicht zu heiraten oder Eunuchen im geistigen Sinne zu werden. Ehepaare sollten nicht vergessen, dass die verbleibende Zeit verkürzt sei. Ihr Ziel solle es sein, hinsichtlich des Familienlebens ohne Sorgen zu sein.

Da Ärzte die Sterilisation inzwischen wieder rückgängig machen konnten, bliebe die Entscheidung dem Gewissen überlassen, aber sie sollten nicht darüber reden, um andere nicht ‚zum Straucheln' zu bringen. Das empfand

---

[62] In Auswahl zitiert nach: *Wachtturm* vom 15.02.1973, S. 126–128, Fragen von Lesern.

ich als eine unverhohlene Aufforderung zur Heuchelei denen gegenüber, die die vorherigen Argumente ehrlich als ‚von Gottes Geist geleitet' angenommen hatten und nun nicht verstehen konnten, warum sich das um 180 Grad gedreht haben sollte.

Die In-Vitro-Fertilisation war nach wie vor keine Option für einen ‚reifen Christen'. In einer der Versammlungen, in denen wir gedient haben, wurde eine Frau nicht zur Taufe zugelassen, weil sie in einem Labor arbeitete, das diese Methode für Paare mit Kinderwunsch praktizierte. Das versteht sich von selbst. Es sollten ja schon auf natürliche Weise möglichst keine Kinder entstehen, damit man unbeschwert predigen konnte. Künstlich gezeugte Kinder waren ein zusätzlicher Affront. Zumindestens sehe ich das heute so. Die offiziellen Erklärungen waren aber andere: Es durften keine befruchteten Eier zerstört werden.

Könnten Christen die freiwillige Sterilisation — da es heißt, sie könne heutzutage von Ärzten rückgängig gemacht werden — als eine Form der Geburtenkontrolle wählen?

Dass das ungeborene Leben heilig ist wird mit dem Gesetz Mose begründet: 2. Mose Kapitel 21 Vers 22: „Und falls Männer miteinander raufen sollten und sie eine Schwangere tatsächlich verletzen und ihre Kinder wirklich abgehen, aber es entsteht kein tödlicher Unfall, so soll ihm unbedingt gemäß dem, was der Besitzer der Frau ihm auferlegen mag, Schadenersatz auferlegt werden; und er soll ihn durch die Schiedsrichter geben. 23 Sollte aber ein tödlicher Unfall entstehen, dann sollst du Seele für Seele geben."[63]

Thema: „Billigt Gott die künstliche Besamung?":[64] „Wenn sich heute eine christliche Frau im Einverständnis mit ihrem Mann künstlich Samen von einem unbekannten Spender übertragen läßt, müßten Mann und Frau aus der Versammlung des Volkes Jehovas ausgeschlossen werden, weil Gott diese Art künstlicher Besamung mißbilligt. (Vergleiche 3. Mose 20:10.) Der Mann, der mit der künstlichen Samenübertragung einverstanden war,

---

[63] *Wachtturm* vom 01.05.1985, Fragen von Lesern.
[64] *Erwachet* vom 22.11.1974.

gab in Wirklichkeit seine Frau einem anderen Mann, und die Frau gab sich jener Person hin, um Mutter eines Kindes dieses Mannes zu werden, mit dem sie nicht von Gott in einer Ehe ‚zusammengejocht' war (Matth. 19:4–6). Es ist Ehebruch, obwohl keine körperliche Vereinigung stattfand und trotz der Tatsache, daß der Ehemann, der sein Einverständnis gegeben hatte, das Kind adoptierte (1. Kor. 5:1–13)."[65]

Allerdings würde mir jetzt ein Zeuge Jehovas vehement widersprechen. Bei uns ist nichts ‚verboten' wir handeln alle freiwillig, entsprechend unserem gut geschulten Gewissen, wird er behaupten. Damit hat er auch recht. Der ‚Schulung unseres Gewissens' widmet die Wachtturm-Organisation einen sehr breiten Raum.

Zunächst werden immer Argumente vorgebracht, denen man ehrlich zustimmen kann. Im Fall der Geburtenkontrolle zum Beispiel wird gesagt, dass Gott das Leben bereits im Mutterleib als heilig betrachtet. Als Vergleich wird die Anweisung im Gesetz des Moses zitiert, einen Menschen zu töten, der eine Schwangere so schlägt, dass das Kind stirbt. Die Argumente werden so geschickt unterbreitet, dass man sie als den ‚vom Geist geleiteten, göttlichen Willen' akzeptieren muss. Danach kommt die Schlussfolgerung, ‚ein reifer Christ, mit einem gut geschulten Gewissen, wird die richtige Entscheidung treffen'. Aber bei der richtigen Entscheidung gibt es keine Wahlmöglichkeit. Es ist nur eine Möglichkeit offen, wenn man *sein reines Gewissen* vor Gott bewahren möchte.

Buchstäblich Hunderte von Themen werden in der Rubrik *Fragen von Lesern* behandelt. Wobei es niemand nachprüfen kann, welche Fragen tatsächlich von „Lesern" stammten und welche von der Leitung als Vehikel benutzt wurden, um ihre Regeln zu den Gläubigen zu transportieren. Es gibt kaum einen Bereich des Lebens, zu dem es nicht detaillierte Abhandlungen und den ‚Rat' des ‚treuen und verständigen Sklaven' gibt. Wenn aber dieser Rat im *Wachtturm* veröffentlicht wurde, war er weltweit bindend. Nur seine bedingungslose Befolgung konnte der Beweis unserer Loyalität sein. Es

---

[65] Ich empfinde es sehr demütigend, die künstliche Befruchtung der Frau als „Besamung" zu bezeichnen. Man fühlt sich mit Pferden und Kühen auf eine Stufe gestellt.

war selbstverständlich, dass man damit verstand, auch Jehova und Christus zu gehorchen. Diese beiden Bereiche werden immer miteinander verbunden.

Wir wurden also geschult, in jeder Lebenslage unser ‚Gewissen' zu fragen, was im *Wachtturm* steht, und nicht auf unsere eigenen Gefühle zu hören. Es war nicht wichtig, was wir wirklich wollten oder fühlten. Nicht *wir* konnten beurteilen was richtig oder falsch ist, sondern nur die ‚Leitende Körperschaft'.

Das Versprechen Gottes ‚Ich werde mein Gesetz in ihr Herz schreiben' galt nicht für den einfachen Christen. Wenn ich in meinem Herzen etwas anderes gelesen habe, dann war meine Meinung falsch. Ich musste in diesem Punkt der *Wachtturm*-Lehre den Vorrang geben.

So ist für den Dienst eines ernannten Dieners in der Versammlung zum Beispiel der Lebenswandel seiner Frau und seiner Kinder entscheidend. Nur wenn auch dieser ohne Fehl und Tadel ist, kann er sein Dienstamt behalten.

Ende der 60er Jahre begannen Frauen, Hosenanzüge zu tragen. Es galt als extrem weltlich, diese Mode mitzumachen. Bis heute ist es nicht gerne gesehen, wenn eine Frau mit Hose eine Versammlung besucht. Eine junge Schwester in der Versammlung Holzminden wollte sich diesem Diktat nicht beugen. Sie kaufte sich einen sehr schicken, absolut nicht anstößigen Hosenanzug. Weil ihr Mann nicht auf seine Frau einwirken konnte, dass sie demütig und freiwillig auf diese ‚unschickliche' Kleidung verzichtete, wurde er von seinem Dienstamt entbunden.

> „Es wird oft viel über die Frage diskutiert, was in bezug auf Kleidung ‚schicklich' oder ‚unschicklich' ist. Können wir denn irgendwelche Regeln dafür aufstellen? Wenn nicht, warum wird soviel Besorgnis deswegen geäußert? – USA.
>
> Die Bibel selbst gibt keine eingehende Beschreibung in bezug auf das, was eine ‚schickliche' Kleidung ist. Andererseits versieht sie uns mit allem, was wir brauchen, damit wir völlig davon überzeugt sein können, daß unsere Kleidung schicklich ist. Wie denn?

Im allerersten Buch der Bibel wird uns ein Maßstab gegeben. Dort zeigt der Bericht, daß die Kleidung für die beiden ersten Menschen in ihrem sündlosen Zustand kein Problem bedeutete. Erst nach ihrer Übertretung, als sie Scham und Schuld zu empfinden begannen, bekleideten sie sich. Womit? Der Bericht sagt, daß sie sich ‚Lendenschurze' aus Feigenblättern machten. (1. Mose 3:6, 7) Ist dies der für uns geltende Maßstab?
Nein, denn Gott sah diese Kleidungsstücke offenbar als unpassend an. Obwohl er die beiden Menschen als willentliche Übertreter seines Gesetzes aus dem Garten, ihrem Heim, hinaustat, hielt Gott es in seiner unverdienten Güte doch für angebracht, sie mit Kleidung zu versehen. In 1. Mose 3:21 lesen wir: ‚Und Jehova Gott ging daran, für Adam und für seine Frau lange Gewänder aus Fell zu machen und sie zu bekleiden.' Somit behandelte der Schöpfer diese Menschen – obwohl sie Gesetzesübertreter waren – nicht nur mit Würde, *sondern gab dadurch auch einen Maßstab für die Kleidung des Menschen*. *[...]*
Er zeigt, daß die Gewänder ‚lang' waren im Gegensatz zu den kurzen ‚Lendenschurzen'. Somit waren sie für den Leib nicht nur eine dürftige, sondern eine gute Bedeckung.
Ebenfalls zu Besorgnis führt die Gefahr, daß man *einen anderen durch Unsittlichkeit zum Straucheln bringen* könnte. Christus Jesus hat gesagt: ‚Wer irgend aber einen von diesen Kleinen, die glauben, straucheln macht, für den wäre es besser, wenn ihm ein Mühlstein, wie er von einem Esel gedreht wird, um den Hals gelegt und er tatsächlich ins Meer geworfen würde.' (Mark. 9:42) Irgendjemand, der Kleidung trüge, *die dazu bestimmt ist, in einer anderen Person Leidenschaft zu erwecken,* könnte *sich schuldig machen,* einen Mitchristen zu Fall zu bringen.
Natürlich gibt es Personen, die Regeln hinsichtlich der Kleidung aufstellen können. Wer sind sie? Die Ehegatten und Väter. Alle Glieder der Hausgemeinschaft eines Mannes tragen seinen Namen und werfen durch das, was sie tun, ein gutes oder schlechtes Licht auf seinen Namen. Als das von Gott eingesetzte Familienhaupt kann dieses richtigerweise eine gewisse Kleidung als anstößig untersagen.

> Sehen wir auch, welch schwierige Aufgabe Eltern heute haben, wenn sie danach trachten, ihre Kinder vor der weitverbreiteten Kriminalität zu schützen? [...]
> Was ist über *die Ältestenschaft oder die Körperschaft der Aufseher in einer Versammlung* zu sagen? [...] Doch können sie *ihre eigene Erkenntnis, ihr Verständnis und ihre Weisheit bei der Beurteilung anwenden, ob jemand offensichtlich ein schlechtes Beispiel gibt oder sich nicht gemäß den biblischen Grundsätzen in bezug auf die Kleidung verhält.* Sie können beschließen, eine solche Person nicht dadurch in den Vordergrund zu rücken, daß sie ihr Aufgaben geben, wie sie sie anderen zur Vertretung der Versammlung in deren Zusammenkünften oder um ihr zu dienen, erteilen."[66]

In allen Erklärungen, die uns gegeben wurden, schien es, als hätten wir eine Wahl. Aber der Tenor war: Jehova hat dir doch deinen freien Willen und dein Denkvermögen gegeben, damit du *dich freiwillig dazu entschließen kannst, ihm zu gehorchen*. Alle Anweisungen der Wachtturm-Gesellschaft werden somit als Gottes Wille vermittelt und man gehorchte – weil es (angeblich) Jehova so will. Ungehorsam zog die entsprechenden Konsequenzen nach sich.

Überhaupt wurde der Kleidung immer sehr viel Bedeutung beigemessen. Die Minimode war in den 60er Jahren selbstverständlich weltlich und unschicklich. Es gab aber fast nichts anderes in den Geschäften zu kaufen. Ich hatte mir ein sehr hübsches rotes Kleid gekauft. Es bedeckte jedoch meine Knie nicht vollständig. Ich setzte an der Taille und am Saum einen 15 Zentimeter breiten dunkelblauen Streifen an. Es sah zwar scheußlich aus, war aber sehr vorbildlich. Schwester Hering kaufte mir zur Belohnung dafür auch noch eine hübsche Bluse.

In Göttingen brachte man an der Wand im Königreichssaal die Abbildung einer schicklich gekleideten Schwester an. Wenn die Rocklängen der Schwestern mit dieser Abbildung übereinstimmten, waren sie schicklich gekleidet. Mir zeigte die Frau eines Kreisaufsehers: Wenn ich mich hinknie und der Rocksaum den Boden berührt, dann ist es eine schickliche Länge.

---

[66] *Wachtturm* vom 01.07.1972, S. 414, Hervorhebung durch die Vfn.

Für die Männer galt die Vorschrift, in Anzug, Krawatte, weißem Hemd und glattrasiert als Vortragsredner aufzutreten. In einigen Versammlungen besaßen sie einen Vorrat an weißen Hemden im Königreichssaal, falls ein Gastredner einmal mit einem farbigen Hemd erscheinen sollte. Er konnte sich dann für seinen Vortrag vorschriftsmäßig kleiden. In Traunstein bat man einmal einen Vortragsredner, seinen Bart abzurasieren oder es würde ihm nicht erlaubt, seinen Vortrag zu halten.
In Nürnberg sollte auf einem Bezirkskongress ein biblisches Drama aufgeführt werden. Die Mitwirkenden studierten ihre Rollen in den Heimatversammlungen ein. Bei der Generalprobe entdeckte der Bezirksaufseher einen Ältesten, der mit Bart gekommen war. In seiner Versammlung war er akzeptiert, weil der Bart seine extremen Hautprobleme verdeckte. Der Bezirksaufseher bestand aber darauf: ‚Der Bart muss ab.' Es gab beinahe einen Eklat, denn die gesamten Mitwirkenden wollten die Aufführung boykottieren. Um Schlimmeres zu vermeiden, rasierte dieser Älteste abends seinen Bart ab. Allerdings musste ihm für die Aufführung ein künstlicher Bart angeklebt werden, denn er stellte den betagten Abraham dar."
„Also entschuldige, wenn ich dich unterbreche", fiel ihr Helena ins Wort, „aber für mich ist diese Schilderung so surreal, so unglaublich verbogen, dass ich nicht weiß, wie ich das in meinen Kopf bekommen soll."
„Und doch ist es tatsächlich genau so gewesen", bekräftigte Mara. „Dieser Älteste gehörte zu unserer Versammlung in Schwandorf. Er erzählte uns die Geschichte persönlich. Ich war damals auch schockiert. Wir sagten daraufhin scherzhaft zueinander: Wenn der treue und verständige Sklave auf die Stühle im Stadion Reisnägel legt, wird sich ein deutscher Zeuge Jehovas mit der Bemerkung darauf setzen: Der Sklave wird schon wissen was er tut." Alle lachten herzhaft und befreiend.
Mara fuhr fort: „Jede einzelne dieser Begebenheiten ist ein extremer Einzelfall. Doch die Summe der unzähligen Vorkommnisse dieser Art zeigt deutlich, zu welchen grotesken Haltungen der permanente Gewissensdruck einzelne Menschen bringen kann. Man verliert jegliche vernünftige Kontrolle und fühlt sich nur in der extremen Anwendung der Anweisun-

gen noch würdig. Doch nicht jeder ist stark genug, das auf Dauer auszuhalten.
Es gab während der Königreichsdienstschule, die Noah in Wiesbaden besuchte, eine Diskussion ob es dem Schweizer Bruder, einem Ladiner, erlaubt sei, seinen traditionellen Ohrring zu tragen. Im Prinzip war man der Meinung, dieser Schmuck sei heidnischen Ursprungs. Der Bruder durfte aber die Schulung beenden, ohne sein Dienstamt zu verlieren. Doch in den Versammlungen wurde geregelt, wie viele Ringe oder Piercings wer wo tragen durfte. Oder man beantwortete die Frage: Hat eine berufstätige Frau das Recht, über ihr eigenes Einkommen selbst zu bestimmen?
Themen wie Geschlechtsverkehr während der Menstruation, manuelle Stimulation des Partners, Ehe zwischen verschiedenen ‚Rassen' wurde im *Wachtturm* 1974 kommentiert. Ist Masturbation ein schriftgemäßer Scheidungsgrund? Fragen und Antworten zu dieser Thematik gibt es unzählige. Oft sind sie skurril.
Natürlich durfte der Bereich Freizeitgestaltung nicht ausgelassen werden. Wie ist die richtige Ansicht zu Entspannung? Darf man außer mit seinem Ehepartner auch mit Partnern vom anderen Geschlecht tanzen? Welche Tänze sind unsittlich und entartet? Welche Bewegungen beim Tanzen sind zu aufreizend? Welche Musik ist für das christliche Gewissen akzeptabel? Ist Glücksspiel erlaubt? Welche Sportarten sollte ein Christ vermeiden? Es gibt einfach nichts, wofür keine Antwort in den Veröffentlichungen zu finden wäre.

> *„Habt Salz in Euch!*
> Abs. 21: Dazu müssen wir wirklich eine Selbstkontrolle über die buchstäblichen Glieder unseres Leibes, die auf der Erde sind, ausüben. Wir müssen uns beispielsweise zurückhalten, mit unseren Augen pornographische Schriften zu lesen oder schmutzige Filme oder Fernsehsendungen anzusehen oder mit unseren Händen zu stehlen oder unsittliche Handlungen zu begehen oder das Verlangen unserer Füße durch aufreizende Tänze oder dadurch zu befriedigen, daß wir uns in Gesellschaft eines ‚Freundes dieser Welt' an Orte der Versuchung begeben. Wir müssen unsere Liebe zu den ‚Dingen in der Welt' – ‚die Begierde des Fleisches

und die Begierde der Augen und die auffällige Zurschaustellung der Mittel, die jemand zum Leben hat' – in geistigem Sinne töten (1. Joh. 2:15–17; Spr. 6:16–19)."[67]

Breiten Raum nahmen auch die Fragen zur weltlichen Arbeit ein. Sie musste sich unserem Predigtdienst und den Aktivitäten für die Versammlung unterordnen. Danach entschied man, ob man Überstunden leisten konnte. Schichtarbeit anzunehmen bedeutete in der Regel, für ein Dienstamt untauglich zu sein, da man Zusammenkünfte versäumen musste. Nur wenige konnten mit Arbeitskollegen eine Vereinbarung treffen, jeweils an dem Tag der Zusammenkunft, die Schicht zu tauschen. Eine Beförderung lehnten viele ab, um nicht in der Gefahr zu stehen, durch die vermehrte Verantwortung im Beruf weniger Zeit und Kraft für die Versammlung zu haben. Mein Vater vertrat diese Einstellung. Er nahm es in Kauf, dafür meine Mutter mit einer sehr bescheidenen Witwenrente zurückzulassen.

Ich könnte diese Fragenliste endlos fortführen. Du meintest am Anfang, ich übertreibe, wenn ich sage, der Einfluss auf das Leben des Zeugen Jehovas sei extrem groß. Er ist umgeben von Regeln und Vorschriften in jeder Lebenslage. Siehst du das immer noch als Übertreibung an?"

„Wenn ich ehrlich bin, fühle ich mich fast erschlagen von der Menge, die du jetzt genannt hast. Wenn das nur ein kleiner Bruchteil des Ganzen ist, dann ist es einfach unvorstellbar für jemanden, der das nicht erlebt hat. Trotzdem kann ich mir immer noch nicht vorstellen, wie das praktisch abläuft. Liest ein Zeuge Jehovas immer zuerst die Antwort auf eine Leserfrage, wenn er etwas tun möchte?"

„Nun ja, was jeder einzelne Zeuge Jehovas in jedem Fall tut, kann ich natürlich nicht sagen. Aber ich kann dir Beispiele nennen, wie das bei uns und unseren engsten Freunden war. Ich will dir von der Beerdigung meiner Tante erzählen. Sie war evangelisch und die Trauerfeier sollte in der Friedhofskapelle in Weilheim nach evangelischem Ritus abgehalten werden. Vonseiten der Zeugen Jehovas waren wir fünf Personen. Die übrigen circa

---

[67] *Wachtturm* vom 15.11.1977.

80 geladenen Gäste gehörten den verschiedensten Glaubens- und weltanschaulichen Richtungen an.
Wir Zeugen Jehovas befragten den *Wachtturm* vom 15. Mai 2002. Die Antwort auf die Leserfrage: ‚Wäre es für einen Christen ratsam, in einer Kirche einer Beisetzungsfeierlichkeit oder einer Trauung beizuwohnen?' Der erste Satz der Antwort lautet: ‚Jede Beteiligung an falscher Religion missfällt Jehova und muss vermieden werden.'
Hier wird bereits in der Fragestellung unterschwellig suggeriert, dass nur Zeugen Jehovas wahre Christen sind. Im ersten Satz der Antwort dann der Hinweis, dass ‚die Beteiligung Jehova missfällt und vermieden werden muss'. In den folgenden Ausführungen wird in der Möglichkeitsform ausgeführt, dass Zeremonien wie ein Gebet, das Kreuzzeichen und andere religiöse Handlungen biblischen Lehren widersprechen könnten. Dann die investigative Gewissensfrage: ‚Wäre es nicht unvernünftig, sich einem solchen Zwang auszusetzen?' Beachte, die unterschwellige Drohung, dass man dabei unter ‚Zwang' stehen könnte.
Der nächste Abschnitt verstärkt diese Aussage. Es wird das Beispiel einer Glaubensschwester genannt, die von ihrem ‚ungläubigen (beachte – ein Katholik oder Protestant ist ungläubig!) Ehemann gedrängt wird'.
Der Druck auf die Entscheidung wird noch verstärkt in der weiteren Ausführung: ‚[...] Sie könnte sich auch dazu entschließen, nicht mitzugehen, weil sie befürchtet, sie werde womöglich dem gefühlsmäßigen Druck nachgeben und in Bezug auf göttliche Grundsätze Zugeständnisse machen. [...] Wofür sie sich entscheidet, ist ihr überlassen. Jedenfalls sollte sie im Herzen feststehen und ein reines Gewissen bewahren.' Spürst du den erhobenen Zeigefinger auch bei der Aussage, sie kann sich entscheiden?"
Helena nickte zustimmend.
„Dieses ‚ihr überlassen' wird auch durch den folgenden Abschnitt wieder relativiert. Sie solle bedenken, dass es peinlich und unliebsam sein könne – das wird also offen zugegeben –, wenn sie nicht den Kopf senkt – beachte: bereits das Senken des Kopfes, das jeder Trauernde instinktiv tut, gilt als missbilligter Akt der falschen Anbetung – oder lediglich ein Beobachter ist.

Dies solle sie aus Rücksicht auf seine Gefühle mit ihrem Mann besprechen.
Damit die Bedenken aber sicher zementiert sind, kommt in dem folgenden Absatz die Mauer, die niemand überwinden kann, das Gewissen des Mitgläubigen: ‚Nicht übersehen darf man allerdings, wie es Mitgläubige berühren könnte, wenn wir einem sogenannten Gottesdienst (beachte das sogenannte!) in einem religiösen Gebäude beiwohnen. Könnte dadurch das Gewissen einiger verletzt werden? Könnten sie in ihrer Entschlossenheit geschwächt werden, sich an keiner götzendienerischen Handlung zu beteiligen?'
Es ist also niemandem freigestellt, sein eigenes Gewissen zu befragen, sondern es geht um das eventuelle Gewissen irgendeines Mitgläubigen. Dann kam zum Schluss noch die Drohung, dass Angehörige Druck ausüben könnten und die Feststellung: ‚Die Umstände mögen allerdings so geartet sein, dass er durch seine Anwesenheit aller Wahrscheinlichkeit nach mehr Schaden anrichtet als Gutes bewirkt, soweit es das eigene Gewissen oder dasjenige anderer betrifft. Wie dem auch sei, ein Christ sollte sich unbedingt vergewissern, dass er durch seine Entscheidung nicht seinem Bemühen zuwiderhandelt, vor Gott und Menschen ein gutes Gewissen zu bewahren."'

> *„Wäre es für einen Christen ratsam, in einer Kirche einer Beisetzungsfeierlichkeit oder einer Trauung beizuwohnen?:* Jede Beteiligung an falscher Religion missfällt Jehova und muss vermieden werden (2. Korinther 6:14–17; Offenbarung 18:4). Eine kirchliche Bestattungsfeier ist ein sogenannter Gottesdienst, bei dem in einer Predigt unbiblische Lehren und Vorstellungen vertreten werden, wie die von der Unsterblichkeit der Seele und dem Leben im Himmel als Lohn für alle guten Menschen. Möglicherweise machen die Anwesenden dabei auch das Kreuzzeichen und vereinen sich mit dem Priester oder Geistlichen im Gebet. Zu einer von einem Geistlichen in der Kirche oder anderswo durchgeführten Trauungszeremonie mögen Gebete und religiöse Handlungen gehören, die der biblischen Lehre widersprechen. Dadurch, dass sich ein Christ bei einem solchen Anlass in der Gesellschaft von Menschen befindet, die sich alle an einem Ritus der

falschen Religion beteiligen, steht er unter einem gewissen Zwang und es fällt ihm womöglich schwer, sich nicht daran zu beteiligen. Wäre es nicht unvernünftig, sich einem solchen Zwang auszusetzen? Was ist, wenn sich ein Christ verpflichtet fühlt, einer Trauerfeierlichkeit oder einer Trauung in einer Kirche beizuwohnen? Vielleicht wird eine christliche Ehefrau von ihrem ungläubigen Mann gedrängt, ihn zu einem solchen Anlass zu begleiten. Könnte sie einfach als stiller Beobachter mit ihrem Mann der Feierlichkeit beiwohnen? Vielleicht beschließt sie aus Rücksicht ihm gegenüber, mitzugehen, fest entschlossen, sich an keiner religiösen Handlung zu beteiligen. Sie könnte sich auch dazu entschließen, nicht mitzugehen, weil sie befürchtet, sie werde womöglich dem gefühlsmäßigen Druck nachgeben und in Bezug auf göttliche Grundsätze Zugeständnisse machen. Wofür sie sich entscheidet, ist ihr überlassen. Jedenfalls sollte sie im Herzen feststehen und ein reines Gewissen bewahren (1. Timotheus 1:19).

Es wäre auf alle Fälle vorteilhaft, ihrem Mann zu erklären, dass sie aus Gewissensgründen weder an einer religiösen Handlung teilnehmen, noch ein Kirchenlied mitsingen, noch bei einem Gebet den Kopf senken könne. Möglicherweise kommt ihr Mann angesichts dessen zu dem Schluss, dass sich durch die Anwesenheit seiner Frau für ihn unliebsame Situationen ergeben könnten. Vielleicht entschließt er sich, allein hinzugehen, sei es aus Liebe zu seiner Frau, aus Achtung vor ihrem Glauben oder um peinliche Situationen zu vermeiden. Besteht er allerdings darauf, dass sie ihn begleitet, könnte sie das lediglich als Beobachter tun.

Nicht übersehen darf man allerdings, wie es Mitgläubige berühren könnte, wenn wir einem sogenannten Gottesdienst in einem religiösen Gebäude beiwohnen. Könnte dadurch das Gewissen einiger verletzt werden? Könnten sie in ihrer Entschlossenheit geschwächt werden, sich an keiner götzendienerischen Handlung zu beteiligen? Wie der Apostel Paulus mahnend schreibt, sollten wir uns ‚der wichtigeren Dinge vergewissern [...], um bis zum Tag Christi lauter zu sein und nicht andere zum Straucheln zu bringen' (Philipper 1:10).

Geht es bei dem Anlass um nahe Verwandte, so üben Angehörige womöglich noch zusätzlich Druck aus. Ein Christ muss hierbei alles, was dabei eine Rolle spielt, sorgfältig abwägen. Unter bestimmten Voraussetzungen kommt er vielleicht zu dem Schluss, dass sich aus seiner Anwesenheit als Beobachter bei einer kirchlichen Beisetzungsfeierlichkeit oder einer Trauung keinerlei Schwierigkeiten ergeben. Die Umstände mögen allerdings so geartet sein, dass er durch seine Anwesenheit aller Wahrscheinlichkeit nach mehr Schaden anrichtet als Gutes bewirkt, soweit es das eigene Gewissen oder dasjenige anderer betrifft. Wie dem auch sei, ein Christ sollte sich unbedingt vergewissern, dass er durch seine Entscheidung nicht seinem Bemühen zuwiderhandelt, vor Gott und Menschen ein gutes Gewissen zu bewahren."[68]

„Wie arrogant das für mich klingt!", rief Helena entrüstet aus. „Die Anwesenheit in einem religiösen Gebäude schon als Götzendienst zu verunglimpfen, ich kann es nicht fassen!"
„Ja, aber so steht es wortwörtlich in der Antwort auf diese Leserfrage", betonte Mara. „Als wir diesen ‚Rat' betrachtet hatten, wollte einer aus unserer Gruppe auf keinen Fall in der Kirche anwesend sein. Für zwei war es aber zu peinlich, das öffentlich zu demonstrieren. Sie zogen sich in einen abgelegenen Teil des Friedhofes zurück. Als sich die Trauergemeinde dann zum Grab begab, schlossen sie sich dem Zug unauffällig an. Eine Person kam erst zum Friedhof, als die Feierlichkeiten fast zu Ende waren. Ich wollte die Trauerfeier unbedingt beobachten. Aber es war nicht möglich – wegen des Gewissens der anderen – in die Kapelle zu gehen. Also stellte ich mich außen vor die offene Tür. Ich hielt die fragenden, verwunderten, verständnislosen, kritischen Blicke der anderen Trauergäste aus und hörte der Pfarrerin zu. Sie hielt eine sehr gute und tröstende Ansprache, die sie auf einige Texte aus den Psalmen stützte und betete das Vaterunser. Nichts davon war unchristlich oder dämonisch. Meine Verwandten waren allesamt sehr tolerant und großzügig. Niemand setzte uns unter Druck

---

[68] *Wachtturm* 15.05.2002, S. 28.

oder versuchte irgendwie uns zu einer ‚götzendienerischen' Handlung zu veranlassen. Ich kann ihnen nur meinen Dank und ein aufrichtiges Lob aussprechen."
„Wenn ich mir die Atmosphäre vorstelle ...", sagte Helena sehr betroffen. „Wie bedrückend muss es für alle Beteiligten gewesen sein! Deine Verwandten hatten doch sicher nicht die geringste Ahnung, warum ihr so gehandelt habt."
„Da hast du sehr recht", bestätigte Mara. „Weil uns so viele ‚Gewissenskonflikte' eingeredet wurden, gingen wir auch nur sehr selten zu Familienereignissen. Das sehe ich jetzt als die erklärte Absicht der Wachtturm-Organisation. Der Kontakt nach außen sollte so weit wie irgend möglich vermieden werden.
Steven Hassan erklärt es in seinem Buch *Ausbruch aus dem Bann der Sekten* sehr plausibel. Er sagt, dass es diejenigen, denen es gelungen ist, Kontakte zu Außenstehenden zu halten, auch leichter gelingt, sich von der Kontrolle der Psyche zu lösen.[69]
Ich will dir noch ein Beispiel von einer Hochzeitsfeier erzählen. Ein Opernsänger kam in unserer Versammlung bis zur Taufe. Alle waren sehr glücklich und stolz darüber. Seine Geschwister aber waren darüber sehr unglücklich. Er heiratete seine langjährige Freundin, die sich kurz zuvor ebenfalls taufen ließ. Das war entsprechend den Ordensregeln unabdingbar. Während der Zeit, bis beide ihr Bibelstudium abgeschlossen hatten und zur Taufe zugelassen wurden, wurde ihnen auferlegt, sich nicht zu treffen. Auch sollten sie möglichst wenig miteinander telefonieren, um nicht in Versuchung zu geraten. Diese extremen Auflagen belasteten beide sehr. Sie taten mir aufrichtig leid. Aber dagegen zu protestieren wäre sehr gefährlich gewesen. Man hätte sie womöglich nicht zur Taufe zugelassen.
Zur Hochzeitsansprache in unserem Königreichssaal waren auch die Verwandten des Opernsängers eingeladen. Diese hätten gerne wenigstens ein Minimum an Tradition gepflegt, indem die beiden Nichten – ca. 5 und

---

[69] Steven Hassan: *Ausbruch aus dem Bann der Sekten. Psychologische Beratung für Betroffene und Angehörige*, Rowohlt (1993), S. 64.

6 Jahre alt – Blumen vor dem Brautpaar streuten. Das wurde von den Zeugen kategorisch verweigert. Als die Geschwister des Bräutigams dann unmittelbar nach dem Ende der Ansprache den Saal verließen, hörte ich Bemerkungen wie: ‚Na ja, was will man von *Weltmenschen* anderes erwarten?'

Ich habe solche Dinge nicht nur einmal erlebt. Immer stellte sich bei mir ein Error-Gefühl ein. Das kann doch nicht richtig sein. Wie lieblos reden diese Menschen? Warum fühlen sie sich so erhaben über andere?"

„Ich verstehe jetzt deine Veranschaulichung mit dem Kokon sehr gut. Man kann die Mitglieder dieser Glaubensgemeinschaft buchstäblich als Eingeschlossene bezeichnen." Fassungslos schüttelt Helena den Kopf.

„Ja, genau das ist die richtige Beschreibung", bestätigt Mara. „Ich kann mich nicht wirklich in deine Welt hineinversetzen", sagte sie ehrlich. „Ich habe hier, weit weg von meinem Alltag, nur wenige Augenblicke eine Ahnung von Freiheit verspürt. Aber ob ich eines Tages meine Vergangenheit abschütteln kann, weiß ich jetzt noch nicht. Aber ich will dir gerne weiter mein Leben in der Vergangenheit als *Eingeschlossene* beschreiben." Mara sagte es mit einem Lächeln und betonte es extra.

„Im Juli 1963 durften wir noch einen großen Bezirkskongress in München besuchen. Die Kosten wurden von der Wachtturm-Gesellschaft getragen. Wir konnten unsere Familie und die früheren Freunde wieder treffen. Das freute uns sehr. Erst ab September nahm Noah bei der Firma *Ilse Möbel* eine Stelle als Hilfsarbeiter an.

Meine Schwangerschaft verlief ohne Komplikationen. Aber je näher der Termin für die Entbindung kam, desto mehr plagte mich die Ungewissheit, wie das alles vor sich gehen sollte. Es gab keinerlei Geburts-Vorbereitungs-Kurse oder Schwangerschafts-Gymnastik. Was mir meine wohlmeinenden Glaubensschwestern alles erzählten, verstand ich zum Teil nicht oder es verstärkte nur noch meine Panik, weil sie von allerlei Komplikationen zu berichten wussten. Ich fühlte mich ziemlich verlassen. Da ich es auch nicht gewohnt war, über intime Dinge mit jemandem zu sprechen, versuchte ich mir nichts anmerken zu lassen. Ja, es war oft so, dass ich um Rat gefragt wurde, weil ich so kompetent wirkte.

Der 27. November 1963 war ein trüber Herbsttag. Noah ging um 6.30 Uhr zur Arbeit. Kurz nachdem er weg war, spürte ich ein leichtes Ziehen im Rücken, wie schon einige Tage zuvor. Doch plötzlich platzte die Fruchtblase. Ich hatte keine Ahnung, wie ich darauf reagieren sollte. Ich machte also ganz normal meine Tagesarbeit, allerdings immer öfter unterbrochen von deutlichen Wehen. Als Noah am Abend nach Hause kam, brachte er mich in die Klinik. Die Hebamme untersuchte mich und stellte fest, dass es wohl bei mir als Erstgebärender noch ein paar Stunden dauern würde bis zur Entbindung.

Sie ging daraufhin erst einmal nach Hause. Noah war genauso hilflos wie ich. Er dachte, wenn es noch Stunden dauert und man nicht mehr tun kann als warten, kann er auch nach Hause gehen. So blieb ich also allein in dem großen, kalten Kreissaal zurück.

Verängstigt wie ich war, habe ich mich so sehr verkrampft, dass am Ende die Wehen ausblieben. Als die Hebamme am Morgen wieder kam, hatten wir beide unsere liebe Not. Ich sollte ohne Presswehen pressen. Das tat ich. So heftig, dass die Adern in meinen Augen platzten. Sie waren völlig blutunterlaufen. Ich sah zum Fürchten aus. Auch die Hebamme bewältigte mit mir eine schwere Geburt. Aber als schließlich unser Mädchen das Licht der Welt erblickte, blau wie eine Zwetschge, weil sich ihre Nabelschnur um den Hals gewickelt hatte und die Sauerstoffzufuhr behindert war, fing sie trotzdem an zu atmen. Sie lebte! Das bezeichne ich auch als eines der Wunder, die ich erlebte. Es gehört zu den schönsten Augenblicken meines Lebens.

Ich durfte noch einige Stunden im Kreissaal mit ihr zusammenbleiben, um sie zu wärmen. Damals war Rooming-in noch nicht in Mode. Man hatte Angst vor allerlei Infektionen und trennte Mutter und Kind. Ich war sehr glücklich mit meiner kleinen Prinzessin Belinda.

Einige Wochen nach der Geburt von Belinda gab es einen Skandal um eine Todgeburt. In demselben Krankenhaus hatte man die Mutter falsch betreut und das Kind starb noch vor der Entbindung im Mutterleib. Wir wussten bei unserer Entscheidung zu bleiben, dass wir nicht die optimalste ärztliche

Versorgung haben würden. Nun waren wir umso mehr davon überzeugt, dass unser Gott für uns gesorgt hatte."

Mit Helena ging bei dieser Schilderung die Ärztin durch. Sie konnte es nicht fassen, dass solche Nachlässigkeiten mitten in Deutschland passieren konnten. Sie schimpfte über manche Mängel im Gesundheitswesen. Aber Franz legte beruhigend seinen Arm um ihre Schultern. „Bleib ganz ruhig. Du bist raus aus dem System. Jetzt gibt es nur noch positive Gedanken."

Helena lachte: „Du hast gut reden, bist immer dein eigener Herr gewesen. Aber du hast recht. Jetzt habe ich einen schönen Urlaub und will mich nicht aufregen. Außerdem ist es schon wieder so spät geworden. Morgen ist ja auch noch ein Tag. Leider der letzte im Urlaub. Wir wollen noch einen Fitnesstag einlegen, mit Massagen und Sauna und Schwimmen."

„Ja, man merkt gar nicht, wie schnell die Zeit vergeht", schaltet sich Noah ein, „Mara und ich haben vor, eine längere Wanderung am Strand entlang zu machen. So schnell kommen wir nicht mehr ans Meer. Das muss man genießen."

So wünschten sie sich noch eine gute Nacht und viel Spaß für den nächsten Tag und gingen in ihre Zimmer.

Beruf und Berufung – ein schwieriger Spagat

Der letzte Abend ihres Urlaubs verlief schon wie ein liebgewordenes Ritual. Sie genossen wieder das üppige Buffet, erzählten sich die Eindrücke des Tages und waren bester Laune, weil sie wieder einen schönen und sonnigen Tag entspannt genießen konnten.
Franz und Helena verwöhnten sich von Kopf bis Fuß mit türkischer Massage, Sauna und Schwimmen. Sie ließen die Seele baumeln und freuten sich des Lebens. Noah und Mara unternahmen eine wunderschöne Wanderung am Strand. Sie liefen abwechselnd barfuß in Sand und Meer, kletterten einen steilen Pfad hinauf in einen Pinienwald, der bis an den Rand der Felsen reichte, die steil ins Meer abfielen. Nach jeder Biegung des Weges gab es eine andere, atemberaubende Sicht auf das Meer und eine kleine vorgelagerte Insel. Sie freuten sich an den Frühlingsblumen, dem Strandflieder, dem Ginster, an allem, was die Sonne bereits zum Blühen gebracht hatte. An einer Stelle, die übersät war mit Felsen und Kratern – Spuren von Vulkanausbrüchen vor Urzeiten –, rasteten sie und beobachteten amüsiert das emsige Spiel der Vögel. Ihr Weg führte sie vorbei an Ruinen aus alter Zeit, Zeugnissen der Gewalt der Erdbeben und modernen Bauruinen, die unvollendet und trist den Blick auf die Landschaft versperrten.
Aber Helena waren auch an diesem Abend die Neuigkeiten des Tages nicht genug: „Gestern hast du von der Geburt deiner Tochter erzählt. Wie hat sich dein Leben danach verändert? Mehr als bei uns ‚Normalen'?"
„Am Tag nach Belindas Geburt fiel der erste Schnee", setzte Mara ihren Lebensbericht fort. „Der Winter stand vor der Tür. Wir hatten zwar dieses Mal mehr Kohlen gekauft, aber ohne Badezimmer war es sehr aufwändig, genügend warmes Wasser zu bekommen, um das Baby zu baden und die Windeln zu waschen. Wir konnten mit ihr nicht zu Familie Beutel gehen, bei der wir einmal in der Woche baden durften.
Es wurde notwendig, eine neue Wohnung zu suchen. Noah beantragte eine Betriebswohnung bei *Ilse* und bekam sie sehr bald bewilligt. Es waren zwei Zimmer in einem Neubau mit Etagenheizung und einem richtigen Badezimmer. Sehr komfortabel im Vergleich zu den Wohnungen, in denen wir

bis zu dieser Zeit lebten! Die Miete kostete 90 Mark im Monat. Noah verdiente circa 480 Mark. Wir wollten unsere tapezierten Apfelsinenkisten gerne durch ein paar einfache Küchenschränke ersetzen. Das ging nur mittels Darlehen und Ratenzahlung. Leider stellten wir bald fest, dass der Verdienst als Hilfsarbeiter nicht ausreichen würde, wenn wir weiter auch einen vollen Einsatz für die Versammlung bringen wollten."

„Willst du damit sagen, dass es zu teuer war, als Zeuge Jehovas in Uslar zu leben?", hakte Helene nach.

„Nein, es war eher die Art, wie wir unsere Berufung als Diener für die Versammlung verstanden", erwiderte Mara. „Ich will es an einem Beispiel erklären: Etwa die Hälfte der Zeugen, die zu unserer Versammlung gehörten, wohnte in Bodenfelde und Lippoldsberg. Um die Belastung für den Besuch aller Zusammenkünfte gerecht zu verteilen, legte Noah das Studium des Wachtturms auf den Sonntagvormittag nach Bodenfelde und die Dienstzusammenkunft auf den Freitagabend nach Uslar. Also kamen einmal pro Woche die aus Uslar nach Bodenfelde und einmal die aus Bodenfelde nach Uslar. Noah war der Leiter des Wachtturm-Studiums. Um nach Bodenfelde zu kommen, hätten wir entweder mit der Bahn fahren müssen oder mit dem Fahrrad. Die Bahnfahrkarte war bei unseren geringen Einkünften zu teuer. Noah bastelte daher für Bela ein Fahrradkörbchen. Er besorgte sich Rohrstangen und bog sie zu einem Körbchen, das er an seinen Fahrradlenker hängen konnte. Das Körbchen umwickelte er mit dem Teddystoff meines Wintermantels, den er in Streifen zerschnitt. So wurde das Körbchen warm und weich. Wir hängten Bela da hinein – sie konnte damals noch nicht sitzen – und fuhren so mit den Fahrrädern zu den Zusammenkünften nach Bodenfelde."

„Wenn ich mir das bildlich vorstelle – ein Baby hängt bei Wind und Regen in einem Körbchen am Fahrradlenker!", rief Helena aus. „Mit den heutigen Babysitzen mag das ja gehen. Aber in einer solchen Konstruktion …" Helena schüttelt verwundert den Kopf.

„Das war auch für uns nicht normal und wir wollten es unbedingt ändern", antwortete Mara. „Wir brauchten ein Auto oder wenigstens ausreichend Geld für den Zug. Die einzige Möglichkeit, etwas mehr als den Durchschnitt zu verdienen, sahen wir in der Arbeit als Vertreter bei einer Versicherung. Sie wurden damals sehr gesucht. Noah bewarb sich bei einer großen, privaten Krankenversicherung. Ihr Bezirksdirektor umwarb ihn sehr. Er zeigte ihm Umsatzlisten seiner zukünftigen Kollegen, die mehrere tausend Mark im Monat Provision bei der Vermittlung eines Vertrages für die private Krankenversicherung verdienten. Die ersten drei Monate, während der Einarbeitungszeit, würde er ein Festgehalt von 2.500 Mark bekommen, das dann monatlich sinken und schließlich durch die Provisionen ersetzt werden sollte. Es war zwar eine Tätigkeit, die Noah in der Seele zuwider war, aber es schien die einzige Möglichkeit, in unserem Gebiet zu bleiben und unseren Lebensunterhalt zu verdienen. So unterschrieb er den Vertrag.

Wir kauften einen gebrauchten *DKW Junior* auf Kredit. Außerdem mussten wir die Betriebswohnung wieder räumen und zogen nach Bodenfelde in ein Reihenhaus. Das war für mich die Erfüllung eines Traumes. Es war anfangs sehr spartanisch eingerichtet. Wir schliefen auf einer Doppelbettcouch. Der Nähmaschinentisch ohne Nähmaschine, den wir von Glaubensbrüdern geliehen bekamen, war gleichzeitig unser Küchentisch. Nachbarn gaben uns gebrauchte Schränke. Das waren unsere Wohnzimmermöbel. Aber ich freute mich über den eigenen kleinen Garten, in dem Noah gleich eine Sandkiste für Belinda baute. Die ruhige Ortsrandlage war ideal, denn wir planten noch ein zweites Kind und waren froh, dass sie viel Platz und Möglichkeiten zu unbeschwertem Spielen haben würden.

1964 beschloss meine Schwiegermutter, gemeinsam mit meiner noch ledigen Schwägerin nach Uslar zu ziehen. Sie wollte in der Nähe ihrer Enkelkinder sein. Wir fanden eine Zwei-Zimmer-Wohnung in der Innenstadt von Uslar für sie und übernahmen die Aufgabe, uns auch um sie zu kümmern. Der Sonntagnachmittag gehörte fortan der Oma. Da sie als Kriegerwitwe nur eine kleine Rente hatte und meine Schwägerin arbeitslos war, drehte sich das Gespräch oft um den Geldmangel.

Noah hatte in seiner neuen Arbeit wenig Erfolg. Die Aufgabe, den Leuten etwas zu verkaufen, was sie gar nicht haben wollten, überforderte ihn ständig. So wenig, wie er als Hausierer Wachtturm-Literatur verkaufen wollte, so wenig fand er Gefallen daran, Versicherungen zu verkaufen. Anstelle von mehreren tausend Mark im Monat hatten wir schließlich nur einige hundert Mark. Als die Krankenversicherung eine Kampagne startete, bei der Altverträge umgestellt werden mussten, indem für chronische Erkrankungen hohe Risikozuschläge fällig wurden oder das Risiko nicht mehr versichert war, konnte Noah nicht mehr weitermachen. Manches alte Mütterchen mit einer bescheidenen Rente verlor genau für die Erkrankung, für die sie ärztliche Hilfe brauchte, den Versicherungsschutz. Einige Kollegen Noahs verdienten mit den Beitragserhöhungen sehr viel Geld. Noah aber bekam für September 1966 genau 80 Mark Provision.

Vier Wochen später erwarteten wir die Geburt unseres zweiten Kindes. Zu allem Unglück ging auch noch unser Auto kaputt. Es waren zwar nur die Stirnräder – wie wir später durch Zufall erfuhren, aber der Mechaniker suggerierte uns, alles wäre zerstört und eine Reparatur nicht mehr rentabel. Er verkaufte uns ein neues Auto auf Kredit. Aber mit unseren Finanzen sah es sehr düster aus.

Am 28. Oktober 1966 wurde unser Stammhalter geboren. In Hofgeismar war ein hervorragender Frauenarzt tätig. Dort gab es keine Komplikationen. Die Hebamme war immer in meiner Nähe. Wir waren sehr glücklich, als wir unseren Jonathan in die Arme schließen konnten. Er war ein sehr ruhiges Baby. Nur die Fertignahrung vertrug er nicht. Ich kochte ihm stattdessen Haferflockenbrei und er gedieh prächtig.

Noah brauchte dringend eine neue Arbeit. Die Sparkasse drohte mit Einschränkungen, wenn wir wieder überziehen mussten. Eigentlich hatte er genug von Versicherungen, aber als er die Chance bekam, für die *Brandkasse Provinzial* zu arbeiten, sahen wir das als einen Wink des Himmels. Diese Versicherung war eine halbstaatliche Gesellschaft und die Feuerversicherung eine Pflichtversicherung. Anzubieten, was Menschen wirklich brauchen, das war für Noah kein Problem. Da konnte er sie mit gutem Gewissen und nach bestem Wissen beraten.

Als Brandkassenkommissar war er selbständig, aber er hatte eine Grundversorgung durch die Bestandsprovision. Praktisch jedes Haus in seinem

Gebiet war auch sein Kunde für die Sachversicherung. Lebens-, Unfall-, Kfz-, Haftpflicht- und Krankenversicherungen konnte er zusätzlich abschließen, wenn sie gewünscht wurden. Dafür bekam er dann eine gute Extra-Provision.

Der Beginn seiner Tätigkeit nach der Einarbeitung war die jährliche Beitragserhebung für die Feuerversicherung. Die Rechnungen dafür mussten im Januar verteilt werden. Wir hatten aber kein Geld für das Porto. Also machten wir uns auf den Weg und verteilten sie alle eigenhändig auf Schusters Rappen. Noahs Anteil an der Inkassoprovision war finanziell unsere Rettung in letzter Minute.

In dieser Zeit hörte ich von der Möglichkeit, aus der Invalidenversicherung meines im Krieg gefallenen Schwiegervaters eine Rente für die Großmutter zu beantragen. Sie ließ sich von der VDK beraten und konnte daraufhin eine sehr hohe Nachzahlung bekommen. Uns gab sie damals einige tausend Mark als „Provision". Davon kauften wir endlich einen Küchentisch, eine Eckbank und eine Musiktruhe. Das war schon ein besonderer Luxus. Einen Fernseher hatten wir aber noch nicht.

Wir waren sehr glücklich in Bodenfelde. Die Brüder verehrten uns und liebten unsere Kinder. Es war wie in einer Großfamilie. Ich nahm mir viel Zeit, um mit den Kindern zu spielen. Es galt als ‚untheokratisch' die Kinder in den Kindergarten zu geben. Sie wären ja dann unter ‚weltlichem' Einfluss und mit den ‚babylonischen Festen' wie Weihnachten, Ostern oder Geburtstag konfrontiert. Davor wollten wir sie natürlich schützen.

Aber ich machte alles mit ihnen, was sie auch im Kindergarten gemacht hätten: singen, basteln, tanzen, spielen und in der Natur auf Entdeckungsreisen gehen. Vor allem Lesen und Schreiben wollte ich ihnen beibringen. Ich malte Worte wie Mama, Papa, Haus, Maus, Auto und so weiter auf DIN-A4-Blätter. Diese versteckte ich irgendwo. Das Suchen und Finden der richtigen Worte war ein Sieg, der stolz machte.

Das Buch *Gretel Pastetel* konnte Bela, unser Bienchen, komplett auswendig. Ich schrieb für sie auch Gute-Nacht-Geschichten, weil Bela von den Märchen mit den Hexen, menschenfressenden wilden Tieren, Zauberern und dem bösen Wolf Albträume bekam. Ich warf das Märchenbuch in den

Müll und erzählte ihnen lieber das Schneemärchen oder den Uhrenstreik und vieles andere.
Auch Pixi-Bücher kaufte ich. Das waren Jonathans Lieblingsbücher. Wenn wir im Salamander-Geschäft Schuhe kauften, gab es immer ein Buch mit den Abenteuern von Lurchi, dem Salamander. Ich musste die Geschichten so oft vorlesen, bis die beiden sie auswendig konnten. Dann saßen sie in ihrer Spielecke und lasen sich selbst vor.
Sie konnten viele Kinderlieder singen: Schneeflöckchen, Weißröckchen, Im Märzen der Bauer, Der Mond ist auf gegangen, Alle Vöglein sind schon da, Ein Vogel wollte Hochzeit machen usw. Wir sangen auch das Alphabet und kauften eine Schallplatte mit dem gesungenen Einmaleins. Zu dieser Melodie tanzten die Kinder ausgiebig und mit Hingabe. Überhaupt hatten sie enormes Rhythmusgefühl. Wenn ich mit dem Löffel ihren Kakao umrührte und dabei klapperte, wackelten sie im Takt mit den Hüften.
Sooft Noah sich freimachen konnte, fuhren wir zusammen in den Solling, an die Weser, nach Silberborn, in den Reinhardtswald, zur Odertalsperre, zu Burgen oder ins Hallenbad nach Derental. So vergingen ein paar schöne Jahre wie im Flug. An Urlaubsreisen dachten wir nie. Als Belinda 1971 eingeschult wurde – ihre Schule lag direkt hinter unserem Haus –, konnte sie bereits gut lesen und schreiben. Ihre Lehrerin bewahrte sie aber davor, die Schule als Ort der Langeweile zu empfinden. Sie beschäftigte sie als ‚Hilfslehrerin'. Bela durfte ihr bei kleinen Aufgaben assistieren, von denen sie begeistert war und voller Stolz zu Hause berichtete. So war der Start in die Welt der Schule sehr positiv.
Das war die eine Seite unseres Lebens. Aber wir blieben ja in diesem Gebiet, um die Versammlung zu stärken. Diese Aufgabe nahm in unserem Alltag einen breiten Raum ein. Wir wurden für die Verkündiger so etwas wie Vater und Mutter – obwohl wir so jung waren.
Du musst bedenken, in welcher Zeit wir lebten: Es waren die 60er Jahre. Flower power, Woodstock, Studentenrevolten kennzeichneten den neuen Zeitgeist. Man wollte die verstaubten Regeln des Establishments abschütteln. Die Jugend suchte nach neuen Idealen. Wer sich nicht der RAF oder der Hipi-Bewegung anschließen wollte, interessierte sich für Religion. Mun

war sehr populär. In Amerika wurden innerhalb weniger Jahre Hunderte neuer Sekten gegründet. Der ‚verständige Sklave' der Zeugen Jehovas erkannte die Zeichen der Zeit. Er präsentierte die Zeitrechnung, die 1975 das Ende aller Ungerechtigkeit auf Erden verkündete. Alle diese Königreiche, gegen die die neue Generation Sturm lief, sollten zermalmt und vernichtet werden, um dem wiederhergestellten Paradies Platz zu machen.

1968 gab die Wachtturm-Gesellschaft ein neues offizielles Buch für die Heimbibelstudien mit dem Titel *Die Wahrheit, die zu ewigem Leben führt* heraus. Es enthielt in Kapitel 11 eine Zeitrechnung mit Grafik: Die Generation, die 1914 erlebt hatte, wird das Ende des bösen Systems erleben. Das Buch erhielt mit der Zeit den Namen *Die blaue Bombe*. Es traf so genau den Zeitgeist, dass es zu einer rasanten Zunahme der Zeugenmitgliederzahl kam.

In der Zeit von 1870 bis 1968 – bis zum Erscheinen des Buches – gab es weltweit insgesamt circa 1.156.000 Zeugen Jehovas. Von 1968 bis zum Jahre 1975, dem erwarteten Ende, stieg die Zahl um mehr als 1.000.000 auf rund 2.180.000 getaufte, aktive Zeugen. Auch in der Versammlung Uslar gab es ‚Mehrung' – wie wir eine zahlenmäßige Zunahme an ‚Verkündigern' bezeichneten.

Noah musste sich für jede Zusammenkunft auf mindestens 30 bis 45 Minuten Programm vorbereiten. Er stellte an sich selbst und an andere hohe Ansprüche. Besonders, was die Qualität der Belehrung betraf. Er hielt nie oberflächliche oder aus dem Handgelenk geschüttelte Ansprachen. Die Bibel war unser wichtigstes Lehrbuch. Der Glaube musste eine feste Grundlage haben. Wenn Kreisaufseher kamen, hörte er oft das Kompliment: ‚Die Versammlung hat ein hohes Niveau.' Die Beurteilung, die Noah in dem entsprechenden Bewertungsbogen erhielt, lautete stets: ‚lehrfähig'. Das war für einen ‚Versammlungsdiener' das höchstmögliche Lob."

„Es gehört aber wohl zu den bittersten Erfahrungen, wenn man in eine Sache sein Herz hineingelegt hat und dann feststellen muss, wie sehr man gerade in dieser Sache getäuscht wurde", bemerkte Helena mit einem mitfühlenden Blick zu Noah.

„Das ist wahr", bestätigte Mara. „Es wird wohl noch lange dauern, bis wir diese Erfahrung wirklich verarbeitet haben. Damals war unsere größte Sorge aber unser Saal für die Zusammenkünfte. Ein feuchter Kellerraum in einem kleinen Flüchtlingshaus war unterstes Niveau. Er war zwar von Bruder Hering von ganzem Herzen und aus Liebe zur Verfügung gestellt worden. Am Anfang bot er mehr als genug Platz für die 12 Personen. Doch nun waren wir bereits 26. Und der kleine Raum neben der Waschküche war wirklich nicht repräsentativ. So war Noah ständig auf der Suche nach einer bezahlbaren Alternative.

Schließlich fand er die Möglichkeit, den Tanzsaal einer Gaststätte in Uslar-Allershausen, in der Schoninger Straße, zu mieten. Der Raum wurde nur 3- bis 4-mal im Jahr für Tanzveranstaltungen und Gemeinderatssitzungen gebraucht. Noah vereinbarte mit dem Pächter, unser Mobiliar zu diesen Anlässen aus dem Saal zu entfernen. Die Einrichtung wurde dementsprechend beweglich gestaltet.

Endlich hatten wir die Aussicht auf genügend Platz für die ‚Mehrung'. Als Noah die Verhandlungen mit der Brauerei führte, hatte er noch keine Ahnung, woher wir das nötige Geld für die Investitionen nehmen sollten. Das ist ein weiteres Beispiel für unser absolutes Gottvertrauen. Es würde schon zur rechten Zeit da sein.

Wir brauchten einen Teppichboden, Tapeten, einen Bühnenvorhang, Lampen und Bestuhlung für 80 Personen. Noah war überzeugt davon, dass die Versammlung wachsen würde, sobald der Platz dafür vorhanden war. Einige Möbel für die Literatur, die Versammlungsbibliothek und die Registratur mussten auch noch angeschafft werden. Vor allem aber würden wir Miete zahlen müssen. Bei Bruder Hering bezahlte die Versammlung nur die Stromkosten. Er hatte einen eigenen Zähler für die Versammlung. Es waren im Jahr kaum mehr als drei Mark, da es zur Beleuchtung nur eine einfache Glühlampe gab und die wurde sofort nach Schluss ausgeschaltet.

Noah teilte bei der nächsten Zusammenkunft der Versammlung die Möglichkeit mit, diesen Saal zu mieten. Er sprach offen über die Kosten, die auf uns zukommen würden und dass sich die Brüder darüber Gedanken machen sollten, ob sie bereit seien, regelmäßig zur Deckung der Ausgaben beizutragen. Er verteilte Zettel, auf denen jeder anonym einen Betrag angeben konnte, den er im Monat dafür aufbringen wollte.

Unser Glaube an ‚Wunder' war auch in diesem Fall nicht auf Sand gebaut. Nach dieser Zusammenkunft erklärte sich Schwester Wend bereit, einige ihrer Aktien zu verkaufen. Sie war eine ehemalige Gutsherrin aus Ostpreußen und galt als sehr verschroben. Mit ihren 80 Jahren pflegte sie im lindgrünen Hosenanzug von Bodenfelde per Anhalter nach Uslar zur Zusammenkunft zu fahren. Noah ließ sie gewähren, denn sie hatte bei ihm einen ‚Altersbonus'. Wir lachten sehr, als sie uns erzählte, der Bürgermeister sei bei ihr gewesen, um ihr zu ihrem 80. Geburtstag zu gratulieren. Sie tadelte ihn indigniert: ‚Was fällt ihnen ein, eine Dame auf ihr Alter anzusprechen!' Aber ansonsten trank sie grundsätzlich mit jedem ihrer Besucher einen Kognak.

Ausgerechnet diese schrullige Schwester sorgte mit ihrer Spende dafür, dass der größte Teil der Kosten für die Einrichtung gedeckt war. Die nötigen Arbeiten wollten wir in Eigenleistung erbringen. Auch die zugesagten Spenden aus der übrigen Versammlung reichten aus. Wir konnten Miete, Strom und Heizung bezahlen.

Es war also – wie wir glaubten – ein Wunder, dass Jehova zu unseren Gunsten die Dinge gelenkt hatte. Es sollte sich herausstellen, dass es ein Wunder mit Schattenseiten war. Unsere Opferbereitschaft wurde noch auf eine harte Probe gestellt.

Zunächst bemühte sich Noah, Hilfe durch Zuzug von Brüdern zu bekommen. Wir hatten ja jetzt reichlich Platz. Im Zweigbüro in Wiesbaden waren wir als Versammlung registriert, ‚wo Hilfe nottut'. Aber Noah wurde von sich aus aktiv. Er setzte sich mit Stadtdienern in Hamburg und Berlin in Verbindung, um auf unsere Situation aufmerksam zu machen. Wir hätten ein sehr großes Gebiet, das noch vor dem drohenden Ende 1975 zu bearbeiten sei und lediglich drei Brüder, die die Aufgaben in den Versammlungen übernehmen könnten. Der Stadtdiener von Berlin informierte die Versammlungen durch ein Rundschreiben, und wir bekamen daraufhin Anfragen von verschiedenen Brüdern, die bereit waren, nach Uslar zu ziehen, um uns zu helfen.

In dieser Zeit liefen die Vorbereitungen zu einem internationalen Kongress in Nürnberg. Bruder Engelbrecht bot uns sein Zelt an. Er nutzte es schon viele Jahre nicht mehr, weil es ihm in seinem Alter zu beschwerlich war zu zelten. Dafür waren wir sehr dankbar, denn es war für uns vier die preiswerteste Unterkunft. Wir konnten uns den Aufenthalt in dem Luxushotel, in dem unser Präsident N. H. Knorr logierte, nicht leisten.

Wir verabredeten mit den Brüdern, die zu uns ziehen wollten, einen Treffpunkt auf unserem Zeltplatz in Nürnberg, um alles Nötige zu besprechen. Wir reisten bereits am Donnerstag, einen Tag vor Kongressbeginn, an. Noah war natürlich wieder für die ‚freiwilligen Dienste' eingeteilt und half, nachdem wir unser Zelt aufgebaut hatten, bei dem Aufbau des gesamten Zeltplatzes. Am späten Vormittag gab es ein sehr heftiges Gewitter mit starkem Wolkenbruch. Dabei stellte sich heraus, dass unser betagtes Zelt undicht war. Das Wasser floss in Strömen in das Zelt und alle unsere Sachen waren durchnässt. Zum Glück war dieser Regen nur ein kurzes Intermezzo. Als die Sonne wieder schien, konnten wir alle Sachen noch rechtzeitig vor Anbruch der Dunkelheit trocknen.

Noah fuhr in die Stadt und besorgte eine sehr große Plastikplane. Damit wickelte er unser Zelt ein. So waren wir vor weiteren Regengüssen geschützt. Wir hatten jetzt ein unübersehbares Zelt: eingewickelt in Plastik mit einem großen Transparent ‚VERSAMMLUNG USLAR'.

In dieser Zeit kündigten die Zeugen Jehova das Ende der Welt für das Jahr 1975 an. Unzählige Vorträge und Veröffentlichungen beschäftigten sich mit der

> „[...] Wichtigkeit, alle Menschen davor zu warnen, damit wir nicht ‚Blutschuld' auf uns laden".[70]
>
> Man formulierte die Antwort auf die Fragen beispielsweise so. Unter „Ist es später als du denkst?" und „Was werden die 1970er Jahre bringen?" heißt es 1969: „Das würde bedeuten, daß es vom Herbst 1969 bis zum Ablauf der 6 000 Jahre Menschheitsgeschichte nur noch sechs Jahre sind. Diese Zeitspanne von sechs Jahren wird offenbar im Herbst 1975

---

[70] *Erwachet* vom 08.04.1969, S. 13 f. und 23.

ablaufen. Ergänzend dazu fand sich eine Graphik die die Zeit von der Erschaffung Adams 4026 v. u. Z. bis 1975 u. Z. darstellte, mit der Feststellung: ‚6 000 JAHRE ENDEN'."

Einige Seiten später heißt es:

„Allerdings hat es in der Vergangenheit Menschen gegeben, die erklärt haben, an einem bestimmten Tag werde die Welt untergehen. Einige dieser Personen scharten Menschen um sich und zogen sich in die Berge oder in ihre Häuser zurück, um das Ende der Welt abzuwarten. Doch es geschah nichts. Das ‚Ende' kam nicht. Sie hatten sich als falsche Propheten erwiesen. Warum? Warum hatten sie sich getäuscht?

Sie hatten versäumt, darauf zu achten, daß alle Beweise vorhanden waren, die erforderlich sind, um die biblische Prophezeiung zu erfüllen. Außerdem hatten diese Menschen die göttliche Wahrheit nicht, und es fehlte der Beweis, daß sie von Gott geführt und gebraucht wurden.

Aber wie ist es heute? Heute stehen die erforderlichen Beweise zur Verfügung, und zwar *alle*. Diese Beweise sind untrüglich!"

Im September 1973 wurde mit der *Königreichsnachricht Nr. 16* eine neue Aktion gestartet. Die Absicht war, in kürzester Zeit Millionen dieser Traktate zu verteilen. Das Thema lautete „Läuft die Zeit für die Menschheit ab?" Zur Untermauerung der Thesen wurde auf die Prophezeiung Jesu verwiesen: „Wahrlich ich sage euch, daß diese Generation auf keinen Fall vergehen wird, bis alle diese Dinge geschehen." Die Erklärung dazu war: „Die Generation, die im Jahre 1914 sah, wie ‚das Zeichen' in Erscheinung zu treten begann, ist heute schon alt. Die Zeit läuft offensichtlich ab."

Bruder Franke – er war eine besondere Autorität als KZ-Überlebender und leitender Bruder im Zweigbüro – hielt zum Beispiel zum Thema ‚1975' eine aufrüttelnde Ansprache an alle, die vielleicht doch leise Zweifel hatten. Er sagte dabei unter anderem:

„Nicht *es könnte sein*, verstehen wir uns richtig. Gemäß dieser *zuverlässigen* Chronologie werden 6.000 Jahre von der Erschaffung des ersten Menschen an, mit dem Jahre 1975 enden und die siebte Periode von 1.000 Jahren Menschheitsgeschichte beginnt im Herbst des Jahres 1975. Es wird hier kein Wort davon gesagt, *es könnte sein*. Sind wir jetzt alle von der gleichen Art Brüder? Haben wir diese feste Verbindung mit dem ‚*treuen und verständigen Sklaven*', dass wir das ohne irgendwelche Hemmnisse bejahen können?"

Auf seine Rede folgte frenetischer Applaus von all jenen, die nun wieder entschlossen waren, dem ‚Sklaven' zu folgen. Durch unzählige solcher Vorträge und Veröffentlichungen in den Wachtturm-Schriften wurden wir darauf getrimmt, immer mehr für die ‚Verkündigung des Königreiches' und immer weniger für die ‚*Angelegenheit der Welt*' zu tun, da der Herbst 1975 Harmagedon, die Vernichtung der bösen Welt und danach den Beginn des Paradieses auf Erden bringen würde. Die eindringliche Frage: ‚Welcher vernünftige Mensch würde ein zum Untergang bestimmtes Schiff noch mit frischer Farbe streichen?' warnte uns davor, auf das zum Untergang bestimmte alte System unnötig Zeit und Kraft zu verschwenden. Diese Vorhersage zu bezweifeln galt als Sakrileg. Viele Zeugen Jehovas legten sich damals Vorräte für die ‚große Drangsal' an, die dem Krieg von Harmagedon vorausgehen sollte.

Unter dem Eindruck dieser Endzeithysterie erklärten sich zwei sehr junge Ehepaare aus Berlin, eine alleinerziehende Schwester mit zwei Töchtern und einem Sohn sowie ein junges Ehepaar aus Hamburg bereit, zu uns nach Uslar zu ziehen. Alle wollten im allgemeinen Pionierdienst stehen und einer Teilzeitarbeit nachgehen. Nur Gott weiß, wie viel Zeit und Kraft und auch finanzielle Mittel wir dafür einsetzten, bis wir für alle eine Wohnung und passende Arbeit fanden.

Es mussten viele Probleme gelöst werden, bis alle eingerichtet waren. Die beiden Mädchen der Schwester wohnten für vier Wochen bei uns. Wir halfen bei den Umzügen und dem Renovieren von Wohnungen. Auch der neue Saal musste renoviert, tapeziert und eingerichtet werden. Noah hatte sehr viel Material zu beschaffen und den Transport zu organisieren. Als Raumausstatter war er natürlich für die Bühnendekoration, die Gardinen, tapezieren, Teppich verlegen und vieles mehr zuständig. Die neuen Helfer sahen ihre Aufgabe zunächst im Predigtdienst, denn sie mussten ja auch über ihren Zeiteinsatz Bericht erstatten. Für den Bericht zählten weder Arbeiten am Königreichssaal noch Hilfen für bedürftige Brüder.

Einige Ansprachen bei den Zusammenkünften konnte Noah an die jungen Brüder delegieren. Auch wurde er in den Verwaltungsaufgaben entlastet. Die Ausgabe und Abrechnung der Literatur oder das Einsammeln der Berichtszettel und führen der ‚*Verkündiger-Dienst-Karten*' in die alle Berichte eingetragen werden mussten, sowie die Kontenführung und den Rechnungsbericht übernahmen jetzt die neuen Helfer. Trotzdem frage ich mich, wie Noah alle seine verbliebenen Aufgaben bewältigen konnte. Damit uns trotz allem Zeit mit der Familie blieb, fuhren wir oft mit ihm nach Hann. Münden, Beverungen oder Karlshafen, je nachdem in welchem der Orte er Kunden besuchte. Ich spielte mit den Kindern an der Weser oder im Wald bis Papas Arbeit erledigt war und dann hatten wir noch etwas gemeinsame Zeit.

Eine Versammlung zu leiten und zu organisieren ist im Prinzip ein Vollzeitjob. Zu Noahs Aufgaben gehörte daneben noch die Mitwirkung bei der Organisation der Kreiskongresse. Die Organisation an sich war Aufgabe des Kreisaufsehers. Noah betreute die Abteilung ‚freiwillige Dienste'. Er musste für die benötigten freiwilligen Helfer sorgen, die in den einzelnen Abteilungen ihre Aufgaben und Zuteilungen hatten.

Wenn der Kreisaufseher seine Dienstwoche in unserer Versammlung hatte, wohnte er bei uns. In dieser Woche traf man sich täglich zweimal für den Predigtdienst und an drei Abenden zu den Zusammenkünften. Regulär sind pro Woche mindestens drei Zusammenkünfte für den Predigtdienst zu organisieren und abzuhalten. Es war ein ungeschriebenes Gesetz, diese auch zu unterstützen. Sie galten als offizielle Zusammenkünfte der Versammlung, auf die die Ermahnung des Apostel Paulus anzuwenden sei: ‚Versäumt euer Zusammenkommen nicht.'

Für Noah war die persönliche Betreuung der Brüder, die teilweise betagt waren und dementsprechend eigne Bedürfnisse hatten, ein ganz besonderes Anliegen, das er nie vernachlässigte. Er besuchte Kranke, half bei Behördengängen, dem Ausfüllen von Anträgen oder Formularen oder fragte bei Einsamen nach, wie es ihnen gehe. Darüber hinaus reiste er als Vortragsredner in die umliegenden Versammlungen, die ihn wegen seiner gewinnenden und nicht dogmatischen Art immer wieder gerne hörten.

Es wird dich bestimmt nicht wundern, dass sich in dieser Zeit wieder Anzeichen von psychosomatischen Beschwerden bei uns einstellten. Noah bekam einen nervösen Magen, ich litt unter ständigen Rückenschmerzen und war oft sehr erschöpft."

„Nein, das wundert mich wirklich nicht. Aber ich frage mich schon die ganze Zeit, wie ich euch behandelt hätte, wenn ihr als Patienten in meine Praxis gekommen wärt", antwortete Helena sehr verwundert über den ausführlichen Bericht ihrer Freundin. Sie dachte bei sich: Ich hätte doch nie im Leben vermutet, dass so junge Leute unter einem solchen Druck von außen stehen.

„Aber zu alledem kam Ende 1970 der zweite Teil unserer Herausforderung", setzte Mara in ihren Bericht fort. „Der Pächter des Gasthauses hatte Streit mit seiner Frau und kündigte bei der Brauerei seinen Pachtvertrag. Für Noah war klar: Nun muss die Versammlung das gesamte Objekt mieten. Die Brauerei war unter der Voraussetzung einverstanden, ihren Mietvertrag aufzulösen, dass wir in diesem Haus kein Bier mehr ausschenkten. Vor allem nicht von der Konkurrenz. Das bedeutete: Das Gasthaus mit seinen 14 Zimmern musste in ein Wohnhaus umgewandelt werden. Außerdem hatten wir das Inventar der Gastwirtschaft zu übernehmen, das der Brauerei gehörte.

Niemand in der Versammlung – außer uns – wäre zu diesem Zeitpunkt in der Lage gewesen, das Wohnhaus zu mieten. Auch für uns war es ein Riesen Problem. Abgesehen von der Tatsache, dass wir ein sehr schönes Reihenhaus in Bodenfelde gemietet hatten, lag Allershausen außerhalb von Noahs Arbeitsgebiet. Es war das Gebiet eines alteingesessenen Brandkassenkommissars, der die Versicherungskunden schon von seinem Vater übernommen hatte. Ein Tausch oder eine Abtretung kam also überhaupt nicht in Frage.

Wieder einmal dachten wir nicht an unsere Interessen, sondern an die der Versammlung. Wir entschieden uns dafür, in dieses riesige, alte Haus nach Uslar-Allershausen zu ziehen. Und wie immer waren wir mit einem Berg an finanziellen Kosten konfrontiert, für die wir keinerlei Rücklagen hatten. Wir nahmen uns einen Kredit bei der Sparkasse nach dem Motto, ‚ob ihr esst oder trinkt oder sonst etwas tut, arbeitet daran mit ganzer Seele als für Jehova getan und nicht für Menschen'. Wir haben es für unseren Gott Jehova getan.

Das gesamte, riesige Objekt stand jetzt also der Versammlung Uslar zur Verfügung. Es diente ihr mehr als 30 Jahre als Ort der Anbetung. Mit unserem Umzug gehörte auch meine Familie zum Inventar dieser Versammlung. Zuvor mussten wir uns aber der Mammutaufgabe stellen und das Gasthaus in ein Wohnhaus umwandeln. Wir tapezierten alle Zimmer. Allein der Flur im ersten Stock war 13 Meter lang. Es waren unzählige Bahnen Tapete zu kleben. In den Zimmern konnten wir die alten Tapeten teilweise nicht entfernen. Die Lehmwände waren so porös, dass große Teile der Wand mitsamt der Tapete abfielen. Als ich anfing, die 52 Fenster zu putzen, glaubte ich, mit dieser Arbeit werde ich bis Harmagedon nicht fertig.

Der Wind blies durch die teilweise morschen Fensterrahmen. Wir steuerten auf die Zeit der Ölkrise zu. Das Heizöl wurde rasant teurer. Noah fertigte vorsorglich aus Holzlatten Rahmen, die er mit Plastikfolie bespannte. Diese Rahmen stellten wir an kalten Tagen in die Fensternischen in der Hoffnung, den Wärmeverlust wenigsten etwas zu verringern.

Nachdem wir auch noch das Treppenhaus, die Türen und Türrahmen gestrichen und die Toiletten, Fußböden und die verrauchten Einrichtungen einer Grundreinigung unterzogen hatten, konnten wir endlich am Rande der totalen Erschöpfung den Umzug abschließen.

Erst nach unserem Umzug informierte Noah seinen Bezirksdirektor und erklärte ihm unsere Gründe. Für die Brandkasse arbeiteten auch andere Zeugen Jehovas. Der Bezirksdirektor kannte unsere Zeitschriften und hatte einige Sympathie für unseren Idealismus. Er machte die Zustimmung zu einer Ausnahmeregelung davon abhängig, wie sich das Versicherungsgeschäft entwickelte. Als Maßstab sollte das erste Quartal 1971 gelten. Konkret stand die Frage im Raum, wie viele Verträge für eine Lebensversicherung Noah in diesem Quartal abschließen würde.

Das war eine echte Gewissensfrage. Wir sollten ja glauben, dass 1975 alles zu Ende sei. Noah und ich schränkten dies zwar für uns ein: Es *könnte* das bedeuten. Wir horteten beispielsweise keine Vorräte für ‚die große Drangsal'. Aber offen verneinen konnten wir die allgemein gültige Lehre nicht. Also suchte Noah nach einem Kompromiss, den er mit seinem Gewissen vereinbaren konnte. Es war klar, dass er niemandem eine Lebensversicherung mit 30-jähriger Laufzeit verkaufen konnte, damit der Kunde im Alter eine gute Rente zu erwarten hatte. Wenn aber ein junger Familienvater zur Absicherung eines Kredites für seine Familie eine Sicherheit brauchte – auch für den Fall, dass er noch vor 1975 stirbt –, dann war dagegen nichts einzuwenden.

Ein besonderer Glücksfall war aber die neue Gesetzgebung in Sachen ‚vermögenswirksame Leistungen', die vom Staat gefördert wurden. In diesem Fall konnte man argumentieren: ‚Es ist egal, ob in Harmagedon das Geld zerstört oder der Lebensversicherungsvertrag unnötig wird, den Steuervorteil hast du in jedem Fall in der Tasche.' Mit diesen Verträgen konnte Noah ein so erfolgreiches Quartal abschließen, wie er es nie zuvor erreicht hatte und auch nie wieder erreichen sollte, denn danach waren ja die Interessen der Versammlung wieder wichtiger.

Damals sahen wir den Erfolg als Segen Jehovas dafür an, dass unsere Entscheidung richtig war. Natürlich war dieser Erfolg auch für unsere Finanzen ein ‚warmer Regen'. Wir leisteten uns jetzt sogar den Luxus eines Fernsehers. Das Nebenzimmer der ehemaligen Gaststube wurde unser gemütlicher Fernsehraum.

Nach unserem Umzug ließen die Kinder leider erste Anzeichen einer emotionalen Überforderung erkennen. Das verstanden wir aber damals noch nicht. Ein Beispiel: Jonathan malte sehr gerne. Er bekam die Reste der vielen Tapetenrollen, die er auf der Rückseite bemalen durfte. Er lag oben im Flur vor der ausgerollten Tapete und malte nur mit schwarzem Stift große Häuser mit sehr vielen Fenstern. Alles war in schwarz. Das große Haus machte ihm Angst. Es gab so viele unheimliche Stellen. Belinda war nach dem Wechsel in die kleine Dorfschule nicht glücklich. Sie reagierte mit fieberhaften Infekten. Ich dachte, Kinder finden ja schnell wieder Freunde. Sie wird sich schon bald eingewöhnen.

Die Versammlung entwickelte ganz im Sinne der Wachtturm-Organisation einen Pioniereifer. Zwölf Verkündiger meldeten sich für den Pionierdienst und arbeiteten jeden Monat 100 Stunden im Predigtdienst, um die Menschen in unserem Gebiet vor der ‚unmittelbar bevorstehenden' Vernichtung in Harmagedon zu warnen. Von den übrigen Brüdern und Schwestern – die Versammlung war inzwischen auf 60 Personen angewachsen – erklärten sich immer wieder einige bereit, als Hilfspioniere wenigstens 75 Stunden pro Monat zu predigen.

Dieser Eifer der Versammlung brachte Noah ein gutes Ansehen bei der Organisation. Er bekam stets Aufgaben in der Kreisorganisation. Für den Kreiskongress, der im Januar in Holzminden stattfinden sollte, wurde Noah die Gestaltung der Bühne übertragen. Als Dekoration wollte er das Gemälde eines geschmiedeten Tores bringen, das den Eingang zum Paradies veranschaulichen sollte, denn es führte in einen herrlichen Park. Ein Helfer in seinem Team war Kunstmaler. Er malte das Bild auf große Platten aus Styropor. Am Donnerstagabend bauten sie die Bühnendekoration auf. Sie dekorierten zusätzlich mit Birkenbäumchen, Moos und Pilzen. Es sah sehr schön aus. Sie brachten alles rechtzeitig fertig. In der Nacht bekamen wir einen Anruf, dass die Styroporplatten, die mit Nylonfäden aufgehängt waren, heruntergefallen und zerbrochen seien. Noah machte sich sofort auf den Weg nach Holzminden. Ein Schneesturm wütete. Die Straßen waren noch nicht geräumt und der Weg über Silberborn besonders kurvig. Jeder vernünftige Mensch hätte gesagt: Das geht nicht; es ist zu gefährlich. Noah verschwendete in solchen Momenten keine Gedanken an irgendwelche Gefahren. Er reparierte den Schaden. Ein paar Stunden später konnten alle die wunderschöne Bühne bestaunen.

Für Belinda begann in diesem Winter eine Zeit mit häufigem, hohem Fieber. Unser Hausarzt verschrieb Antibiotika. Er vermutete eine bakterielle Infektion. Auf diese Vermutung legte er sich ohne ausreichende Untersuchungen fest. Offensichtlich dachte er nicht an andere Ursachen, wie beispielsweise eine eventuelle psychische Überforderung des Kindes. Ich selbst wusste damals noch herzlich wenig über Infektionskrankheiten, die Wirkung der verschiedenen Medikamente und ihre Nebenwirkungen. Ich vertraute dem Rat des Arztes. Das wurde uns später beinahe zum Verhängnis. Aber über das ‚Wunder', das uns vor dem Schlimmsten bewahrte, erzähle ich dir vielleicht später noch.

Die Brüder in der Versammlung wussten alle, dass wir sehr viel Platz hatten. Aber sie dachten nicht, *IHR* habt jetzt viel Platz, sondern *WIR* haben viel Platz. Von nun an spielte sich das gesamte Versammlungsgeschehen in unserer Wohnung ab. Den Anfang machte das Fest der Goldenen Hochzeit von Ida und Otto Hering, das bei uns gefeiert wurde.

Wenn der Kreisaufseher die Versammlung besuchte, wohnte er natürlich weiterhin bei uns. Aber es kamen immer zusätzlich Gäste zum Essen. Auch so mancher Grillabend wurde in unserem Garten veranstaltet. Kamen Zeugen Jehovas als Urlaubsgäste aus anderen Ländern, wie zum Beispiel Holland oder England, waren wir die Gastgeber.

Ich war bei einer Legion von Gästen als Gastgeberin und Köchin beliebt. Doch niemand machte sich Gedanken darüber, wie ich die Arbeit bewältigte. Ich wollte Noah den Rücken freihalten, also blieb Haus und Garten mein Reich. Es war eine große Herausforderung für mich, den riesigen Garten, den wir als Brennnesselacker übernommen hatten, ansprechend zu gestalten. Aber es gelang mir gut.

Die Kinder hatten ihren Spielbereich. Ein großer Gemüsegarten lieferte alles, was ich in der Küche – auch für meine Gäste – brauchte in bester, biologischer Qualität. Dann gestaltete ich noch einen großen Blumengarten. Er war der Fundus für die frischen Blumen der Gestecke für die Bühnendekoration. Ich traf die Auswahl so, dass ich das ganze Jahr über etwas Blühendes für die Bühne hatte. Zusammen mit den bereits vorhandenen Apfel- und Zwetschgenbäumen lieferten uns die Johannisbeeren und Erdbeeren auch das nötige Obst für Marmelade, Kompott und vitaminreiche Mahlzeiten.

Ich hatte meine Hoffnungen und Träume. Es sollte alles wunderschön werden. Bela brachte eine Katze von der Schule nach Hause. Sie war ihr angeblich einfach gefolgt. Da sich niemand fand, der sie vermisste, behielten wir sie. Wir tauften sie Pünktchen, denn sie war schwarz und hatte einen weißen Punkt unter der Schnauze. Wir kauften Meerschweinchen und übernahmen von einem Nachbarn ein großes Aquarium, das mein ganz besonderes Hobby wurde. Die Kinder bekamen auch noch zwei Zwerghasen geschenkt. An einem sonnigen, warmen Frühlingstag fühlte ich mich so glücklich, dass ich mich an meine Schreibmaschine setzte und meine Gedanken zum Frieden aufschrieb. Das Leben machte mir damals Freude.

Aber die Anforderungen kosteten mich sehr viel Zeit und vor allem Kraft. Die musste ich dann wohl oder übel beim Predigtdienst einsparen. Dafür hielt der Kreisaufseher Noah regelmäßig eine Standpauke, denn ich war kein Vorbild für die übrigen Verkündiger in der Versammlung. Noah verteidigte mich stets und hinderte die Kreisaufseher daran, mir persönlich Vorwürfe zu machen."

„Soll ich das wirklich glauben, davon musste man den Kreisaufseher abhalten? Konnte er nicht mit eigenen Augen sehen, was du für ein Pensum an Arbeit zu leisten hattest?", wollte Helena wissen.

„Sie hatten ihren Auftrag. Der Predigtdienst musste Vorrang vor allen anderen Dingen haben. Die Arbeit in Haus und Garten und für die Versammlung konnte nicht als Predigtdienst auf den Berichtszettel geschrieben werden. Also war ich keine vorbildliche Verkündigerin", versuchte Mara das Unerklärliche zu erklären.

„1970 heiratete meine Schwägerin. Meine Schwiegermutter war jetzt allein. Das war für sie eine neue Erfahrung, mit der sie zunächst gar nicht zurechtkam. Sie konnte nichts mit sich anfangen und erwartete von Noah, dass er den Platz seiner Schwester einnahm. Wenn ich spontan mit den Kindern Noah zu seiner Arbeit begleitete, beklagte sie sich bitter, dass wir sie nicht mitnahmen. Sie setzte uns moralisch sehr unter Druck. Natürlich sah auch sie, dass wir in einem sehr großen Haus wohnten. Im Frühling 1971 rief sie Noah an und sagte, sie würde jetzt Tabletten nehmen. Sie wolle nicht mehr leben, da sie völlig überflüssig sei.

Wir gaben dem moralischen Druck nach. Das Gebot lautet ja: Du sollst Vater und Mutter ehren. Mir war klar, dass es die schwerste Bürde für mich werden wurde, ihre Ansprüche zu befriedigen. Aber wir sahen keine andere Möglichkeit. An dieser Stelle musste mein ‚gut geschultes Gewissen' meine persönlichen Wünsche zum Schweigen bringen. Auch wenn mir die Vernunft sagte, ‚das wird Spannungen geben'. Ich wusste aus Erfahrung, dass ich es nur schwer ertrug, wenn sie ihren Willen durchsetzen wollte. Doch die ‚grundsatztreue Liebe' und das 4. Gebot verlangten von mir Demut und Selbstbeherrschung. Eine Entscheidung, von der ich heute glaube, dass Gott sie so nicht von uns verlangte. Aber der Gott den die Wachtturm-Zeugen predigen, Jehova, schien seine Diener mit Bürden zu beladen, die oft über ihre Kräfte gingen. Dann sollten sie an den Bibeltext denken: ‚Die Kraft, die über das normale hinausgeht, kommt von Gott und nicht von Menschen.' Ich fügte mich. Aber oft ist gut gemeint das Gegenteil von gut.

Schwiegermutter zog also bei uns ein und ließ keinen Zweifel daran, dass alles auf ihr Kommando zu hören habe. Es sollte so funktionieren wie bei ihrer Tochter. Zuerst übernahm sie das Regiment im Gemüsegarten. Es musste Salat gesät werden. Als wir nicht sofort dafür Zeit fanden, machte sie das mit der Geste einer Märtyrerin selbst. Nachdem die Pflanzen groß genug waren, sollten sie versetzt werden. 200 Salatpflanzen, die alle zur gleichen Zeit ernteneif wurden. Natürlich konnten wir sie nicht alle verbrauchen. Wir konnten sie nicht einmal nach Wiesbaden als Spende schicken, denn es war Salatsaison und Salat gab es dort auch im Überfluss. In der Versammlung waren fast alle Selbstversorger. Es war einfach kein Bedarf für so viel Salat.

1971 ließ ich sie gewähren. Noah und ich hatten uns für ein drittes Kind entschieden. Ich wurde im Juni schwanger und musste mich darauf konzentrieren, dass es dem Baby und mir gut ging.

Meine dritte Schwangerschaft kostete mich sehr viel Kraft. Die viele Arbeit, die Sorgen und die Spannungen zehrten an meinen physischen und psychischen Kräften. Ich war oft extrem müde und erschöpft und hatte vor allem immer häufiger starke Schmerzen an der Wirbelsäule. Oft konnte ich vor Schmerzen kaum gehen. Wenn wir zusammen in den Wald fuhren, blieb ich im Auto sitzen und sah zu, wie Noah mit den Kindern spielte.

Das Zusammenleben mit der Großmutter war eine echte Herausforderung, denn sie hatte ihre Vorstellung davon, wie das Leben zu laufen hatte und war es als alleinerziehende Kriegerwitwe gewohnt, niemanden fragen zu müssen. So hatte sie auch oft ihre eigene Ansicht darüber wieweit sie den Regeln des ‚treuen Sklaven' folgen wollte oder nicht. Sie entschied grundsätzlich selbst, in welchem ‚Dienstzweig' sie tätig sein wollte. Von Haus zu Haus gehen war nichts für sie. Den Straßendienst akzeptierte sie hin und wieder. Bei den Zusammenkünften für den Predigtdienst war sie nie anwesend. Aber die Beteiligung an freiwilligen Arbeiten, wie Putzen oder Hilfen für Betagte lehnte sie ab. Das wäre etwas für die Jungen. Heute sage ich: ‚Schade, dass ich nicht viel mehr auf ihre Intuition gehört habe.' Sie hatte den Mut zu freiem Denken. Das betrachtete ich damals aber als ‚sündige Neigung'. Ich dagegen war unglaublich stark wachtturmgeprägt und wollte alles genau so machen, wie es der ‚treue und verständige Sklave' von mir, der Frau eines ‚Ältesten' erwartete. Das führte zwangsläufig zu Meinungsverschiedenheiten. Zur Apfelernte brachte es Oma fertig, dass ich gegen die ‚Nummer neun' sündigte. ‚Nummer neun' ist die neunte Eigenschaft, die in Galater 5,22 von Paulus als Frucht des Geistes aufgezählt wird. Wir Frauen von Ältesten hatten in allem vorbildlich zu sein, indem wir die christlichen Eigenschaften in unserem Leben praktizierten. Ich weiß nicht, ob du dir vorstellen kannst, wie viel Druck es bedeutet, alles was passiert, ob es dich ärgert, freut oder traurig macht, mit ‚Selbstbeherrschung' zu tragen?", wollte Mara von Helena wissen.

„Ich denke, dass kann auch gefährlich werden und zu unkontrollierten emotionalen Ausbrüchen führen", antwortete Helena nachdenklich.

„Genau das passierte: Mir riss damals der Geduldsfaden. Schwiegermutter wollte unbedingt, dass an einem bestimmten Tag die Äpfel geerntet werden, weil die Schweine des Nachbarn unter den Bäumen weideten und das Fallobst auffraßen. Das war mir nur recht, denn ich konnte ohnehin nicht so viel Obst verwerten. Aber Oma ärgerte es. Noah hatte an diesem Tag einen wichtigen Geschäftstermin. Weil für Oma aber die Apfelernte wichtiger war als alles andere, ging sie durch das Dorf und borgte sich am anderen Ende von einem Bauern eine Leiter. Allen Leuten, denen sie begegnete, sagte sie: ‚Ich alte Frau muss auf die Bäume steigen und die Äpfel ernten, weil die Jungen dazu zu faul sind.'

Als ich das hörte, explodierte ich. Ich schrie sie an: ‚Ob sie denn kein Herz hat? Sie ist es nicht wert, Mutter genannt zu werden, wenn sie nicht sehen kann, wie viel ihr Sohn um die Ohren hat, und dass er sich doch für alle zerreißt.' Es war ziemlich heftig. Es war erstaunlich, dass Oma nicht zurückgeschrien hat, wie sie das bei ihren Disputen mit ihrer Tochter immer tat. Von mir hatte sie noch nie erlebt, dass ich so ausrastete. Ich bemühte mich immer gewissenhaft ‚die Früchte des Geistes hervorzubringen' – zumindest stets in Gegenwart anderer.

Nach diesem Streit schaltete sich Noah mit einem Machtwort ein. Er berief sich auf ein Grundgesetz der Wachtturm-Organisation das lautete: Der Mann ist das Haupt der Familie und die Frauen sind den Männern untertan. Er bestimmte, das Oma einen eigenen Gartenanteil bekam, in dem sie schalten und walten konnte, wie sie wollte, aber in seiner Familie hätte er das Sagen. Ich muss ihr zugutehalten, dass sie sich Mühe gab, mit mir auszukommen. Aber auch sie war in sich selbst gefangen. Kleine Sticheleien und Triumphe konnte sie sich nicht verkneifen. Wenn ich zum Beispiel nicht zu Hause war und es kam Besuch, führte sie die Gäste im Haus herum und machte überall auf nicht erledigte Arbeiten aufmerksam. Doch das will ich nun nicht der Wachtturm-Gesellschaft anlasten. Zwischenmenschliche Probleme zwischen Schwiegertöchtern und Schwiegermüttern gibt es nicht nur einmal. Ich bin aber überzeugt, dass ich mich mit meiner Schwiegermutter ganz gut arrangiert hätte, wenn ich ihr und vor allem auch mein Verhalten nicht ständig mit dem ‚Rat' des ‚Sklaven' kontrolliert hätte. Dadurch fühlte ich mich stets im ‚Recht' und sie machte meiner Meinung nach dauernd ‚Fehler'. Rückblickend bedauere ich auch diese verlorene Zeit.

Nach der Geburt unseres Jüngsten, den wir Felix nannten, weil es der Glückliche bedeutet und auch weil wir glücklich waren, fühlte sich Oma nicht zuständig zu helfen. Das war bei meiner überkritischen Haltung ihr gegenüber durchaus verständlich. Wenn ich am frühen Morgen in den Garten ging, um noch etwas zu erledigen bis das Baby wach wurde, bot sie mir nie an, Felix zu wickeln oder zu füttern, damit ich weiter arbeiten konnte. Sie kam ans Fenster und rief: ‚Das Kind schreit, kümmere dich darum.' Wenn ich mich hin und wieder verabredete, um in den Predigtdienst zu gehen, damit ich mein Stundenziel erreichte, bat ich sie, auf die Kinder aufzupassen. Doch wenn ich nach Hause kam, war garantiert etwas passiert und es gab Tränen.

In ihrem Gartenanteil baute sie viel mehr Gemüse und Salat an, als sie für sich verbrauchen konnte. Was übrig war, weckte sie für ihre Tochter ein. Die Marmelade und das Gemüse gönnte ich meiner Schwägerin. Ich finde es normal, dass eine Mutter für die Tochter sorgt. Ich hatte ja selbst mehr als genug im Garten. Aber der Stromverbrauch belastete unser Haushaltsbudget sehr. Das war Geld, das wir nicht übrig hatten. Der Unterhalt des großen Hauses verschlang Unsummen. Wir gerieten immer mehr in finanzielle Probleme.

Dabei war Oma bestimmt nicht geizig. Sie hatte uns damals von ihrer Rentennachzahlung eine stattliche Summe abgegeben. Sie hatte nur keine Vorstellung, mit welchen Kosten wir konfrontiert waren. Sie sagte immer, ‚das Bisschen, das ich als einzelne Person verbrauche, fällt doch gar nicht ins Gewicht'. Sie wollte lieber gemäß dem Rat des ‚Sklaven' ihr Schärflein für die Königreichsinteressen spenden. Sie ließ sich dazu mit Bibeltexten wie: ‚Jeder tue so, wie er es in seinem eigenen Herzen beschlossen hat', oder ‚Einen fröhlichen Geber hat Gott lieb', oder ‚Ob ihr esst oder trinkt oder sonst etwas tut, arbeitet daran als für Jehova getan und nicht für Menschen' animieren. Ihr Sparbuch war kein Konto bei der Bank, sondern der Spendenkasten im Königreichssaal. Die Vertreter der Wachtturm-Gesellschaft, die bei uns ein- und ausgingen, wie Bezirksaufseher, Kreisaufseher, Sonderpioniere oder Mitarbeiter des Zweigbüros, die sogenannten Bethelbrüder, wurden allesamt großzügig mit ihren freiwilligen Gaben unterstützt. Damit hatte ich nicht die geringste Chance auf etwas Unterstützung zu den Miet-, Heiz-, oder Stromkosten. Ich hätte mich gefühlt, als würde ich Jehova persönlich etwas wegnehmen. Oma erkaufte sich aber mit dieser Art ‚Dienst für das Königreich' eine gewisse Narrenfreiheit. Man drückte da, bei einer so lieben, großzügigen, älteren Schwester, schon mal ein Auge zu.

In „Fragen junger Leute praktische Antworten" werden im Kapitel „Was ist, wenn meine Familie arm ist?"[71] folgende Antworten gegeben: „Armut ist natürlich ein relativer Begriff, der nicht in jedem Land das Gleiche bedeutet. [...] Hast du allerdings für die Schule nichts Anständiges zum Anziehen und musst du auf etwas so Selbstverständliches wie fließendes Wasser verzichten, ist es ein schwacher Trost, dass andere noch ärmer dran sind." (165)

Dieser Aussage kann man grundsätzlich nicht widersprechen. Der Zusammenhang mit dem Leitbild der armen Witwe bleibt allerdings offen.

„Jesus beobachtet, wie die Reichen etwas für den Tempel spenden. Dabei fällt ihm in der Menge eine arme Witwe auf, die ‚*zwei kleine Münzen* von ganz geringem Wert' gibt (Lukas 21:2) Jesus lobt ihre Großzügigkeit. Warum? Weil die anderen ‚von ihrem Überfluss eingeworfen [haben]; sie aber hat von ihrem Mangel alles eingeworfen, was sie hatte, ihren *ganzen Lebensunterhalt*' (Markus 12:44).

Hast du dieselben Prioritäten wie diese Frau? Bist du bereit, für Gott Zeit und Geld einzusetzen? Du kannst ähnlich wie die arme Witwe beispielsweise etwas *für den Königreichssaal spenden*. Außerdem kannst du deine Zeit und dein Geld dafür verwenden, *anderen von Jehova Gott zu erzählen*. Jehova entging der kleine Betrag nicht, den die Witwe für ihn gespendet hatte, und er war dankbar dafür. Auch über dich wird er sich freuen, wenn du ihn an die *erste Stelle* setzt (Matthäus 6:33)" (166)

Der Schrifttext lautet: „So fahrt denn fort, zuerst das Königreich und SEINE Gerechtigkeit zu suchen, und alle diese [anderen] Dinge werden euch hinzugefügt werden." (NWÜ) Doch was zählt, ist, dass selbst der Ärmste noch „alles, was er hat" spenden kann.

Am meisten verletzte es mich, wenn Oma sich hinter den Kindern versteckte. Sie verstand es immer, mich so darzustellen, als würde ich den Kindern etwas Gutes vorenthalten oder nicht gönnen. Wenn ich zum Beispiel bemerkte, dass es Jonathan von zu vielen Gummibärchen schlecht

---

[71] Aus: Wachtturm Bibel und Traktat Gesellschaft (Hg.): *Fragen junger Leute praktische Antworten*, Bd. 2, An zweiter Stelle wird das Leitbild „der armen Witwe" genannt. Die Seitenzahlen sind in Klammern hinter dem jeweiligen Beitrag eingefügt.

wurde und er sich übergeben musste, bat ich sie, ihm keine Gummibärchen oder Süßigkeiten zu geben. Dann steckte ihm Oma theatralisch ‚heimlich' eine ganze Tüte zu – nicht ohne sich zu vergewissern, dass ich es doch bemerkte. Zu Jonathan sagte sie aber: ‚Pst, sag's nicht deiner Mama.'

Ich beobachtete, dass Jonathan bei der Fernsehserie *Trampas* solche Angst hatte, dass er sich bei spannenden Szenen hinter dem Sessel in Sicherheit brachte. Ich bat Oma, ihn diese Sendung nicht mehr anschauen zu lassen. Dann machte es Oma eine diebische Freude, ihn jetzt erst recht zu rufen, wenn *Trampas* kam. Das war wieder so ein typischer Fall von Missachtung des ‚Rates', der uns vor dem schlechten Einfluss des Fernsehens warnte. Genau davor hatten wir unsere Kinder zu bewahren. Aber Oma sah überhaupt nichts Schlechtes darin, gemeinsam mit ihrem Enkel eine spannende Sendung anzusehen. Die Kinder hatten kein Unterscheidungsvermögen. Sie waren daran interessiert, dass ihre Wünsche sofort befriedigt wurden. Das Tauziehen zwischen mir und Oma führte schließlich dazu, dass Jonathan der Überzeugung war, wir – seine Eltern – sind eine Gefahr für ihn. Er besorgte sich die Telefonnummer vom Jugendamt, damit er dort anrufen kann, wenn wir ihm etwas antun wollen. Angst wurde zum beherrschenden Lebensgefühl für meinen Großen. Es war sehr schwer, an ihn heranzukommen. Sein allgemeines Misstrauen wurde immer ausgeprägter.

Belinda konnte Oma nicht so in ihren Bann ziehen. Sie neigte eher dazu, bockig zu sein. Dann stritt sie sich eher mit Oma. Sie war älter und suchte sich Bezugspersonen außerhalb der Familie. In der Nachbarschaft hatte sie bald eine Schulfreundin. Sie war aber auch empfänglicher für meine Gesten der Zuneigung. Sie freute sich, wenn ich aus dem Garten einen schönen Blumenstrauß in ihr Zimmer stellte oder als ich ihr eine eigene Nähmaschine schenkte. Wir machten dann gemeinsam Handarbeiten. Das genossen wir beide.

Mit Schwiegermutter musste ich mich irgendwie arrangieren. Klagen hatten keinen Zweck. Das Mitgefühl war stets auf ihrer Seite. Sie war die Mutter, die Ältere und allein. Überhaupt: Man muss doch Verständnis haben. Zu Außenstehenden war sie immer besonders liebenswürdig und großzügig.

Ich fühlte mich zunehmend erschöpft. Unser Hausarzt machte sich Sorgen um mich. ‚Das ist alles zu viel für Sie', meinte er. Er verschrieb mir Anabolika. Für meine Rückenschmerzen bekam ich Schmerztabletten in den verschiedensten Variationen und jeweils im 100-Stück-Pack.
Noah versuchte die Quadratur des Kreises. Die Versammlung war seine Berufung. Die Arbeit seine Last der Verantwortung, die ihn sehr bedrückte. Seine Familie war sein Lebensinhalt. Ihr galt seine ganze Liebe.
Er nahm mir, soviel es nur ging, Aufgaben ab. Ich ging fast nicht mehr aus dem Haus. Wenn es etwas zu besorgen gab, kümmerte er sich zwischen zwei Kundenbesuchen darum. In der Versammlung blieb die Verantwortung auf seinen Schultern. Die vielen Probleme mit Mankus und anderen verfolgten ihn oft bis in den Schlaf. Auch hatte er immer Zeit und ein offenes Ohr für die Sorgen und Probleme der Brüder. Ein Ältester hatte allen Ansprüchen zu genügen. Über ihn durfte es keine Klagen geben. Wer, wenn nicht er, sollte dem Bild eines perfekten Glaubenden entsprechen und anderen ein Vorbild sein können? Gegenüber den Bedürfnissen der Versammlung hatten unsere privaten Ansprüche zurückzustehen. Dementsprechend sparten wir immer an unseren persönlichen Bedürfnissen, am Urlaub, dem Besuch von Konzerten oder Sportveranstaltungen. Ich sparte an Kleidung und Friseur und nähte für mich und die Kinder alles selbst. Es hieß ‚die Interessen des Königreiches an die erste Stelle zu setzen'.
Aber der Verkauf von Versicherungen war so gar nicht seine Welt. Er musste sich täglich neu aufraffen und motivieren. Manchmal sagte er: Morgen muss ich schon früh losfahren. Aber dann zögerte er es doch noch bis zum Mittagessen hinaus und fuhr erst am Nachmittag. Für mich war es auch eine Herausforderung. Ich musste sehr flexibel sein und schnell etwas zum Essen auf den Tisch bringen, wenn er seine Pläne änderte. Das kostete uns beide viele Nerven.
Jeden Monat, wenn die Rennlisten – so nannten sie die Tabellen mit den Umsatzzahlen für jeden Vertreter – kamen, war es wieder zu wenig Umsatz im Vergleich zu den Kollegen. Der Bezirksdirektor übte Druck aus. Noah hätte ja gerne mehr Umsatz gebracht, doch bei fremden Menschen läuten

und etwas verkaufen, sei es eine Versicherung oder einen Wachtturm, war ihm in der Seele zuwider.

Sorgen hatten wir zunehmend auch mit Bela. Sie litt wieder häufiger an fieberhaften Infekten. Immer wieder musste sie Antibiotika nehmen. Sie hasste es und weinte oft. Hätte ich damals schon eine Ahnung von psychosomatischen Reaktionen gehabt, wäre uns beiden wohl einiges erspart geblieben.

Zum Glück machte ihr das Leben nach dem Wechsel in die Hauptschule nach Uslar wieder mehr Freude. Sie brachte gute Noten nach Hause und hatte gute Lehrer, die sie sehr förderten. In der 4. Klasse, im Schuljahr 1973/74, litt sie sehr häufig unter den Fieberanfälle. Sie fehlte insgesamt an 144 Schultagen. Trotzdem wurde sie unter Vorbehalt versetzt, weil ihre Noten immer noch überdurchschnittlich waren. Schließlich diagnostizierte ein HNO-Arzt stark vereiterte Mandeln. Er empfahl, sie unbedingt entfernen zu lassen, weil die Eiterungen ein ständiger Krankheitsherd seien."

„Ein vernünftiger Vorschlag", stimmte Helena zu. „So eine Mandeloperation ist ja auch keine große Sache, nicht wahr?"

In diesem Moment meldete sich Franz zu Wort: „Wenn sich die Damen noch weiter so angeregt unterhalten wollen, dann können wir beiden vernachlässigten Männer doch noch eine Runde Billard spielen gehen. Habt ihr etwas dagegen? Es lohnt sich doch heute nicht, ins Bett zu gehen. Um ein Uhr wird bereits das Frühstücksbuffet serviert und um zwei Uhr sind wir ja schon auf dem Weg nach Antalya zum Flughafen."

„Oh, ja, ihr Armen", lachte Helena. „Das ist aber eine gute Idee. Ihr spielt Billard und wir beide setzten uns gemütlich in die Lobby, lassen uns türkischen Tee servieren, damit wir wach bleiben, und können noch weiter reden." Damit waren alle einverstanden.

Helena und Mara bestellten sich türkischen Tee und Mara griff den Gesprächsfaden wieder auf. „Normalerweise ist eine Mandeloperation wirklich kein Problem. Aber wer kann schon garantieren, dass es keine Komplikationen gibt. Als ich das Wort ‚Operation' hörte, hatte ich sofort panische Angst vor der Bluttransfusion."

„Ach ja, das berühmte Thema Bluttransfusion", sagte Helena. „Ich habe Jehovas Zeugen unzählige Male in meiner Praxis versichern müssen, dass ich kein Blut verwende."
„Heute ist es auch kaum noch ein Problem. Die meisten Ärzte gehen ohne Weiteres auf unsere Wünsche ein. Doch in den siebziger Jahren war das Thema an der Uni-Klinik in Göttingen eine Frage des Prestiges zwischen Ärzten und Zeugen Jehovas. Wenn eines der Kinder der Zeugen in die Uni-Klinik gebracht wurde, veranlasste man manchmal sogar nachts, um drei oder vier Uhr, einen Richter den Eltern das Sorgerecht zu entziehen, damit man dem Kind Blut geben konnte. Ein leitender Kinderarzt hatte persönlich eine starke Anti-Zeugen-Haltung. Ein Elternpaar aus der Versammlung Northeim musste in dieser Zeit ihr Kind in die Uni-Klinik bringen. Der Kinderarzt ordnete sofort an, eine richterliche Verfügung zu beantragen.
Die Eltern erzählten mir, wie verzweifelt sie damals waren. Sie beteten inständig, dass Jehova nicht zulassen solle, dass dem Kind Blut gegeben wird. Der Kinderarzt wurde an jenem Tag schwer krank – ich weiß nicht mehr ob es ein Herzinfarkt oder Schlaganfall war –, aber er konnte nicht mehr an die Klinik zurückkommen. Das Kind der Brüder ist dann ohne Blut von einem anderen Arzt behandelt worden und wurde auch wieder ganz gesund.
Ich sprach natürlich mit dem HNO Arzt über meine Sorgen. Er legte seinen Arm um meine Schultern und sagte: ‚Bitte machen Sie sich keine Sorgen. Ich habe noch nie ein Problem bei einer Mandeloperation gehabt. Aber ich verspreche ihnen, ich werde ihren Wunsch respektieren. Ihr Kind bekommt keine Bluttransfusion und wird auch nicht in die Uniklinik nach Göttingen gebracht.' Ich war zuversichtlich und beruhigt und wir stimmten der OP zu.
Zusammen mit unseren Gebeten brachten wir unsere Kleine also ins Krankenhaus. Wir machten die Stationsschwester auf unseren Wunsch aufmerksam, dass Belinda keine Bluttransfusion bekommen solle. Die Schwester lachte lauthals: ‚Bei einer Mandel-OP, da braucht man doch keine Bluttransfusion und bei unserem Doktor schon gar nicht.'"

Tatsächlich verlief die OP ohne Komplikationen. Als Bela auf ihrem Zimmer war, gingen wir erleichtert nach Hause. Umso größer war unser Schrecken am nächsten Tag. Wir wollten sehen, wie es unserem kleinen Hascherl geht und sie war nicht mehr da. Sie hatte in der Nacht einen Blutsturz gehabt. Ihr Arzt war unmittelbar nach der OP in den Urlaub gefahren. Aber er hatte verfügt, dass, sollte es irgendeine Komplikation geben, unser Mädchen sofort nach Göttingen in eine Privatklinik gebracht wird. Diese Klinik wurde von einem mit ihm befreundeten Arzt geleitet. Er war von unserem Doktor informiert.

Daher verlegte man Bela noch in der Nacht mit dem Notarztwagen und Blaulicht an unserem Haus vorbei, in dem wir ahnungslos schliefen, nach Göttingen. Wir fuhren natürlich sofort zu ihr. Als wir dort ankamen und ein kreidebleiches Häufchen Elend in dem großen, weißen Bett liegen sahen, blieb uns fast das Herz stehen. Aber man hatte die Blutung bereits gestillt. Belinda bekam zum Aufbau Eisenpräparate und durfte so viel Eis essen wie sie nur wollte. Ich zweifelte keinen Augenblick daran, dass mir Jehova dieses Kind nicht nehmen würde. Er ließ sie mir bei der Geburt durch ein Wunder am Leben. Er würde sie auch jetzt wieder beschützen. Das war für mich einfach normale Logik – und so war es schließlich auch. Sie erholte sich sehr schnell wieder. Nach ein paar Tagen konnten wir sie überglücklich wieder nach Hause holen."

„Ich verstehe ehrlich gesagt nicht, warum die Zeugen Jehovas so vehement gegen eine Bluttransfusion sind und sie dabei scheinbar, wie du mir jetzt erzählt hast, auch das Leben ihrer Kinder aufs Spiel setzen. Erklär es mir näher", bat Helena.

„Die Zeugen Jehovas stützen sich auf zwei Haupttexte aus der Bibel. Zum einen gab Gott nach der Sintflut dem Überlebenden Noah die Erlaubnis, Tiere zu Nahrungszwecken zu töten. Um auf die Heiligkeit des Lebens hinzuweisen und darauf, dass das Leben von Gott gegeben wurde, gab er das Gebot, das Blut als Symbol des Lebens zur Erde ausfließen zu lassen. Es sollte mit Erde bedeckt werden und durfte nicht gesammelt oder auf-bewahrt werden. Fleisch, das nicht ausgeblutet wurde, durfte also nicht gegessen werden. Um zu unterstreichen, dass Blut heilig ist, musste es später unter dem Gesetz des Moses auf den Opferaltar gesprengt werden und es wurde bei rituellen Reinigungszeremonien in Verbindung mit der Priesterschaft verwendet. Im neuen Testament wird dieses Verbot, Blut zu essen noch einmal durch das erste Konzil der Apostel in Jerusalem wiederholt und bestätigt. Jehovas Zeugen halten dieses Gebot als ein weltweit gültiges, heiliges Gesetz.

In dem Handbuch *Unterredungen anhand der Schriften* wird das so erklärt:[72]

„Bluttransfusionen
Schließt das biblische Verbot auch Menschenblut ein?
Ja, das ist der Fall, und die ersten Christen verstanden das auch so. In Apostelgeschichte 15:29 wird geboten, ‚sich von Blut zu enthalten'. Es heißt nicht, man solle sich lediglich von *Tierblut* enthalten. (Vergleiche 3. Mose 17:10, wo das Essen ‚irgendeiner Art Blut' verboten wurde.) Tertullian (der die Glaubensansichten der ersten Christen schriftlich verteidigte) erklärte: ‚Denn das Verbot des Blutes werden wir weit mehr vom Menschenblut verstehen können' (*Bibliothek der Kirchenväter*, 2. Auflage, Bd. 24, S. 418).

Gibt es alternative Behandlungsmethoden für den Fall, daß ein Patient die Verwendung von Blut ablehnt?

Oftmals kann eine einfache *Kochsalzlösung,* die *Laktat-Ringer-Lösung* oder *Dextran* als Plasmavolumenexpander verwendet werden, und diese stehen in fast allen modernen Krankenhäusern zur Verfügung. Bei diesen Ersatzstoffen werden sogar die mit einer Bluttransfusion verbundenen Risiken vermieden. In der Zeitschrift *Canadian Anaesthetists' Society Journal* (Januar 1975, S. 12) hieß es: ‚Die Risiken der Bluttransfusion sind die Vorteile der Plasmaersatzmittel: die Vermeidung von Infektionen durch Bakterien oder Viren, von Transfusionsreaktionen und einer Rh-Sensibilisierung.' Jehovas Zeugen haben aus religiöser Sicht nichts gegen die Verwendung blutloser Plasmaexpander einzuwenden.

---

[72] Wachtturm Bibel und Traktat Gesellschaft (Hg.): *Unterredungen anhand der Schriften*, S. 77–80, Unterthema Blut.

Jehovas Zeugen erhalten sogar eine bessere medizinische Behandlung, weil sie sich kein Blut geben lassen. In einem Artikel für die Zeitschrift *American Journal of Obstetrics and Gynecology* (1. Juni 1968, S. 395) gab ein Arzt zu: ‚Wenn man sich in der Situation befindet, ohne die Möglichkeit einer Transfusion operieren zu müssen, wird man dazu neigen, bessere Arbeit zu leisten. Man ist dann mehr darauf bedacht, jedes blutende Gefäß abzuklemmen.'

Jeder chirurgische Eingriff kann erfolgreich ohne Bluttransfusion durchgeführt werden. Das schließt Operationen am offenen Herzen, Hirnoperationen, die Amputation von Gliedmaßen sowie die totale Entfernung krebsbefallener Organe ein. Im *New York State Journal of Medicine* (15. Oktober 1972, S. 2527) schrieb Dr. Philip Roen: ‚Wir haben nicht gezögert, trotz der verweigerten Blutersetzung jegliche notwendigen chirurgischen Eingriffe vorzunehmen.' Dr. Denton Cooley vom Herzinstitut Texas sagte: ‚Uns beeindruckten die Ergebnisse [bei der Verwendung blutloser Plasmaexpander] an Zeugen Jehovas so sehr, daß wir begannen, das Verfahren bei all unseren Herzpatienten anzuwenden' (*The San Diego Union,* 27. Dezember 1970, S. A–10). ‚Die ›blutlose‹ Chirurgie am offenen Herzen, die ursprünglich für erwachsene Zeugen Jehovas entwickelt wurde, weil deren Religion Bluttransfusionen verbietet, ist jetzt erfolgreich bei schwierigen Herzoperationen an Säuglingen und Kindern angewandt worden' (*Cardiovascular News,* Februar 1984, S. 5)."

Obwohl Jehovas Zeugen in ihren Veröffentlichungen häufig betonen, dass es sich um eine persönliche Gewissensentscheidung des Einzelnen handelt, lassen doch die Erklärungen und die innerorganisatorische Handhabe keinen Zweifel darüber, welche Entscheidung man zu treffen hat. Ja, in dem oben angeführten Nachschlagewerk werden sogar die Argumente vorgegeben, mit denen man sich gegenüber dem medizinischen Personal oder im Predigtdienst zu verteidigen hat:

„*Ihr wollt ja von Bluttransfusionen nichts wissen.*

Darauf könnte man erwidern: ‚Zeitungen berichten gelegentlich über Zeugen Jehovas, die, wie man meint, in der Gefahr stehen zu sterben, wenn sie keiner Bluttransfusion zustimmen. Haben Sie das gemeint? [...] Warum nehmen wir wohl diesen Standpunkt ein?' *Dann könnte man hinzufügen:* (1) ‚Lieben Sie Ihre Frau [Ihren Mann] so sehr, daß Sie bereit wären, Ihr Leben für sie [ihn] zu riskieren? [...] Werden nicht auch Männer, die ihr Leben für ihr Vaterland aufs Spiel setzen, als Helden betrachtet? Es gibt aber jemanden, der größer ist als irgendeine Person oder Sache hier auf Erden, und zwar Gott. Sollte man nicht aus Liebe zu ihm und aus Loyalität zu seiner Herrschaft bereit sein, sein Leben aufs Spiel zu setzen?' (2) ‚Hier geht es eigentlich um die Loyalität Gott gegenüber. Gottes Wort sagt uns, wir sollten uns von Blut enthalten [Apg. 15:28, 29].'

Oder man könnte sagen: ‚Es gibt viele Dinge, die heute an der Tagesordnung sind und von denen sich Jehovas Zeugen fernhalten — zum Beispiel Lügen, Ehebruch, Diebstahl, Rauchen und, wie Sie erwähnten, die Verwendung von Blut. Weshalb? Weil wir unser Leben nach Gottes Wort ausrichten.' *Dann könnte man hinzufügen:* (1) ‚Wußten Sie, daß die *Bibel* sagt, man solle sich ›von Blut enthalten‹? Ich würde es Ihnen gern zeigen [Apg. 15:28, 29].' (2) ‚Vielleicht erinnern Sie sich, daß Gott unseren Ureltern, Adam und Eva, sagte, sie könnten von jedem Baum im Garten Eden essen mit Ausnahme eines Baumes. Sie waren jedoch ungehorsam, aßen von der verbotenen Frucht und verloren alles. Wie töricht! Heute existiert natürlich kein Baum mit einer verbotenen Frucht. Doch nach der Flut der Tage Noahs wurde der Menschheit von Gott wiederum ein Verbot auferlegt. Diesmal hatte es mit Blut zu tun [1. Mo. 9:3, 4].' (3) ‚Es geht also eigentlich um die Frage: Setzen wir Glauben in Gott? Wenn wir ihm gehorchen, steht uns ewiges Leben in Vollkommenheit unter seinem Königreich in Aussicht. Für den Fall, daß wir sterben, hat er uns eine Auferstehung versprochen.'

Angenommen, ein Arzt sagt: „*Sie werden ohne Bluttransfusion sterben.*'
Darauf könnte man erwidern: ‚Wenn die Situation wirklich so ernst ist, kann dann der Arzt garantieren, daß der Patient nicht stirbt, wenn er Blut erhält?' *Dann könnte man hinzufügen:* ‚Es gibt aber jemanden, der einem Menschen wieder Leben geben kann, und zwar Gott. Wäre es nicht auch Ihrer Meinung nach eine schlechte Entscheidung, wenn jemand Gott angesichts des Todes den Rücken kehrt, indem er sein Gesetz übertritt? Ich

glaube fest an Gott. Sie auch? Sein Wort verheißt denen, die Glauben in seinen Sohn setzen, eine Auferstehung. Glauben Sie das? [Joh. 11:25].'

Oder man könnte sagen: ‚Das mag heißen, daß er persönlich nicht weiß, wie er den Fall ohne Verwendung von Blut behandeln soll. Wenn möglich, versuchen wir, ihn mit einem Arzt in Verbindung zu bringen, der die notwendige Erfahrung besitzt, oder wir nehmen die Dienste eines anderen Arztes in Anspruch.'"

Aber bei genauerem Hinsehen erkennt man, dass die Wachtturm-Organisation ihren Anhängern sehr wichtige Fakten verschweigt. Zum Ersten ist es nicht verboten das *Rest*-Blut im Körper des ausgebluteten Tieres zu essen. Denn das Leben, also die Menge Blut, die das Tier am Leben gehalten hat, wurde ja vorschriftsmäßig symbolisch dem Besitzer, nämlich Gott, zurückgegeben. Es wäre also unlogisch zu behaupten, wir dürfen kein Blut essen. Richtig ist: Die Bibel enthält Gebote, die es verbieten Fleisch von nicht ausgebluteten Tieren zu essen und Blut zur Zubereitung von Nahrung zu sammeln.

Der zweite Punkt ist, dass das Gebot nur das *Essen* von Fleisch zur Nahrung betraf. Du bist Ärztin. Ich muss dir ja nicht erklären, dass Blut ein Organ ist. Wenn man eine *Bluttransfusion* gibt, ist es in Wirklichkeit eine *Organtransplantation*. Denn das Blut, das in die Venen fließt, kann vom Körper *nicht wie Nahrung* verarbeitet werden. *Es bleibt als Organ Blut* in seiner Funktion bestehen. Eine Vorschrift über die medizinische Verwendung von Menschenblut gibt es in der Bibel nicht.

Aber die Wachtturm-Organisation behauptet, eine Bluttransfusion sei gleich einer künstlichen Ernährung über die Venen oder sie sagt, wenn ein Alkoholiker keinen Alkohol mehr trinken darf, kann er ihn ja auch nicht über die Venen zu sich nehmen. Sie vermischt Essen und Transplantation und veranlasst so ihre gutgläubigen Anhänger im Vertrauen auf die ‚Wahrheit' zu dem Zirkelschluss wir müssen uns vom Blut – egal in welcher Form – enthalten.

Damit verhindert sie, dass die Gläubigen nach ihrem eigenen Gewissen entscheiden, ob sie dieses fremde Organ haben möchten oder nicht. Sie verhindern auch, dass man sich zum Beispiel dafür entscheidet, das eigene

Blut für eine notwendige Operation zu sammeln. Ja, manche erlauben nicht einmal die Verwendung eines „cell-saver", weil sie fürchten, der Blutkreislauf könnte während der OP unterbrochen sein."

„So hat mir das bisher noch niemand erklärt", erwiderte Helena erstaunt. „Es ist sehr schade, dass in vielen Fällen keine sachliche Auseinandersetzung mit der Materie erfolgt, sondern es gleich emotional oder gar polemisch wird".

„Ja, da hast du vollkommen recht. Ich habe es sehr oft erlebt, dass die Ärzte sehr kooperativ sind, wenn man ihnen vernünftig erklärt, warum man eine bestimmte Behandlung nicht akzeptieren kann. Borniertheit können nicht nur die Zeugen Jehovas für sich reklamieren.

Doch viele der Zeugen Jehovas gehen leider davon aus, dass sie den Ärzten grundsätzlich nicht vertrauen können. Daran sind meiner Meinung nach die Veröffentlichungen in der Wachtturm-Literatur und viele Vorträge, die von fundamentalistisch eingestellten Rednern gehalten werden, nicht ganz unschuldig.

Bei uns in Uslar aber ging der Lebenskampf an allen Fronten weiter. Mit der Zeit halfen mir keine Schmerzmittel mehr. Ich konnte das normale Essen immer schlechter vertragen. Ich ging zu einem Heilpraktiker. Seine Therapie war wirksamer als meine Tabletten. Doch sie war leider auf Dauer zu teuer.

Im September 1973 musste schließlich auch Jonathan in die Schule gehen. Wir hatten ihm ein zusätzliches Jahr zu Hause gegönnt, weil er sehr introvertiert und auch ängstlich war. Aber mit fast sieben Jahren war nichts mehr zu schieben. Der Ernst des Lebens begann auch für ihn. Doch Lesen und Schreiben wollte ihm einfach nicht gelingen. Soviel er auch übte, die Buchstaben standen immer verkehrt herum und er schaffte es nicht, zusammenhängende Worte zu lesen.

Zufällig las ich dann in der Zeitung einen kurzen Artikel über neueste Forschungen zu Legasthenie. Die dort beschriebenen Symptome passten genau auf meinen Sohn.

Eine Psychologin in Göttingen unterzog ihn verschiedenen Tests und stellte eindeutig fest, dass Jonathan Legastheniker ist. Das war für mich wichtig. Ich hatte nun eine plausible Erklärung für die Schwierigkeiten unseres Sohnes. Ich achtete fortan immer darauf, dass ihm nicht eine Schuld zugewiesen wurde, die nicht begründet war, denn bei weitem nicht alle Lehrkräfte hatten sich mit den damals noch sehr neuen Erkenntnissen vertraut gemacht.

Aber wenigstens zu Hause konnte unser Sohn mit absolutem Rückhalt rechnen. Er brauchte keine Angst zu haben, wenn es im Diktat oder beim Lesen wieder einmal eine 6 gab. Allmählich lernten wir mehr über das Wesen der Legasthenie und konnten damit immer besser umgehen."

„Womit mal wieder bewiesen ist, wie wichtig Bildung und Fortbildung ist", sagte Helena mit Nachdruck.

„Ja genau, das trifft nicht nur für einen Bereich des Lebens zu", bestätigte Mara entschieden.

„Zu der Sorge um Jonathans Schulprobleme kam noch meine wachsende Angst vor den regelmäßigen Besuchen der Kreisaufseher in unserer Versammlung hinzu. Sie werden von der Wachtturm Gesellschaft in die Versammlungen gesandt, um die Versammlungskonten zu überprüfen. Sie fragen nach besonderen Problemen, die die Behandlung durch ein Rechtskomitee erfordern. Es ist ihre Aufgabe zu prüfen, ob es Nachwuchs für die Ernennung von neuen Dienern gibt. Sie geben eine Beurteilung der ernannten Diener und Ältesten ab und empfehlen sie gegebenenfalls für weitere Aufgaben wie Sonderpioniere oder Beauftragte in der Kreiskongress Organisation.

Die Woche ist aber immer eine besondere Woche der Predigttätigkeit. Es wird auch überprüft, ob die Eltern ihre Kinder mittels Bibelstudium anhand der Wachtturm-Schriften belehren. Sie testen oft das entsprechende Wissen der Kinder.

Noah geriet immer stärker unter Druck, mich zu mehr Predigtdienst zu veranlassen, damit ich als Vorbild in der Versammlung gelten konnte. Da ich das durchaus gerne getan hätte, aber einfach nicht die Kraft dafür aufbringen konnte, weinte ich oft vor Verzweiflung.

Einige Kreisaufseher durchschauten aber auch die Lage. Sie erkannten die Bedeutung meiner Arbeit in Haus und Garten und für die persönlichen Bedürfnisse der Brüder und Schwestern.
Wir hatten Tag und Nacht ein offenes Haus für jeden, der Hilfe brauchte. Egal, ob wir ein junges Elternpaar trösten mussten, weil ihr Baby mit offenem Rücken geboren wurde und keine lange Überlebenschance hatte. Oder wir begleiteten sie, wenn sie das geliebte Kind zu Grabe tragen mussten. Wir gaben verzweifelten Müttern Rat, wie sie mit ihren Kindern zurechtkommen sollten, besuchten Kranke oder Betagte, schlichteten Streitigkeiten oder halfen bei Renovierungen oder Umbauarbeiten.
Ich erinnere mich an den Kreisaufseher Gärtner, das war sein Spitzname, weil er bei seinen Vorträgen als Veranschaulichung immer Symbole aus dem Garten verwendete. Ein sehr warmherziger Mann. Er sagte nach einem Treffpunkt – dieser Ausdruck war im Zeugenjargon die Zusammenkunft vor dem Start in den Predigtdienst, bei der einige Anweisungen gegeben und Verabredungen getroffen werden, die korrekt: Zusammenkunft für den Predigtdienst heißt, – zu Noah: ‚Habe ich dir schon gesagt, dass du ein sehr guter Ältester bist?' Damit zog er die Tür hinter sich zu und war weg in den Predigtdienst – und das, obwohl wir beide an diesem Tag nicht mitgehen konnten.
Als er bei uns war, lief gerade die Haupternte im Garten. Ich war sehr mit dem Verarbeiten und Sterilisieren der Gemüseernte beschäftigt und musste zusätzlich das Mittagessen für uns alle vorbereiten. Es sollte Gänsebraten mit Blaukraut und Knödel geben. Die Gans war aber nicht sauber gerupft. Ich stand am Arbeitstisch und zupfte mühsam die Federstummel einzeln mit der Pinzette heraus. Der ‚Gärtner' kam zu mir in die Küche und stellte mir einen Kassettenrekorder auf den Tisch. Er sagte: ‚Während du hier arbeitest, kannst du dir diesen Vortrag anhören. Ich finde ihn sehr interessant.' Der Vortrag war sehr gut. Ich erinnere mich noch heute an die Erfahrung einer Schwester aus dem dritten Reich. Sie wurde mehrfach in der Nacht von der Gestapo heimgesucht. Bei einem erneuten Besuch betete sie inständig zu Jehova: Ich kann nicht mehr, bitte lass nicht mehr zu, dass sie in meiner Wohnung wüten. In jener Nacht sahen sich die

Männer nur ganz kurz um und gingen dann wieder. Sie verabschiedeten sich sogar noch freundlich.

Eine andere Schwester berichtete, dass sie ins KZ eingeliefert wurde. Ihre beiden Töchter hat man ihr genommen. Sie flehte zu Jehova: Ich kann jetzt nichts mehr für meine Kinder tun. Ich vertraue sie dir an. Nach dem Ende des dritten Reiches bekam sie ihre Mädchen wohlbehalten wieder. Sie machten Erfahrungen, bei denen sie ganz sicher spürten, dass sie von Jehova beschützt wurden.

Diese Zuversicht, dass Jehova an uns persönlich interessiert ist, selbst wenn wir uns schwach fühlen und gar nichts tun können, brauchte ich damals so sehr. Der Grund und unser Motiv uns alle Bürden aufzuladen war ja, es für Jehova zu tun. Hätten wir doch damals schon danach gefragt, ob das neue Gebot der Liebe, das Christus in die Welt gebracht hat, wirklich einen Wachtturm-Konzern autorisiert, schier Unmögliches von Gläubigen zu verlangen. Natürlich hörten diesen Vortrag vielleicht Tausende Brüder und vergaßen ihn längst wieder. Aber dass ich ihn in diesem Moment unter diesen Umständen hören konnte, empfand ich als eine Gabe liebender Güte, an die ich mich noch immer erinnern kann.

Ein Ehepaar war bei uns zu Gast und der Bruder sagte jeden Morgen beim Frühstück: ‚Und denkt daran, viel essen macht dumm.' Beim ersten Mal stutzte ich und fragte mich, was er uns wohl sagen will. Aber er war kein Kostverächter. Spätestens als die Dienstwoche um war, und er am Montagmorgen beim Frühstück erklärte: ‚Heute braucht ihr nicht mehr daran zu denken, denn heute brauchen wir nicht arbeiten, da können wir auch dumm sein', hatten wir den Witz verstanden.

Kreisaufseher haben immer Montag ihren freien Tag. Wir hatten sie ohnehin bereits ins Herz geschlossen. Seine Frau brachte mir bei, wie man Sauerkraut kocht, so dass es nicht bläht. Auch zeigte sie uns, was eine Prärieauster ist. Das war allerdings nicht so unser Geschmack. Sie hatte auch ein feines Gespür dafür, dass es uns finanziell nicht besonders rosig ging, obwohl wir nie über Geld sprachen. Als mein Bügeleisen während ihrer Besuchswoche den Geist aufgab, schenkte sie mir das ihre.

Auch der ‚Holländer', ein Junggeselle, wurde in seiner unkomplizierten Art ein Freund. Er genoss es, die reifen Zwetschgen direkt vom Baum zu pflücken oder bei mir in der Küche zu sitzen und mit mir zu plaudern, während ich die zwei Zentner Möhren verarbeitete, die ich in jenem Herbst geerntet hatte. Der Vorrat an eingeweckten Möhren reichte für mehrere Jahre. Zum Glück waren auch meine Eltern zur gleichen Zeit zu Besuch und Mutti ging mir bei der Arbeit zur Hand. Noah war für 14 Tage nach Wiesbaden zur Königreichsdienstschule eingeladen worden. Es war das denkwürdige Jahr 1974. Viele glaubten, dass bis Harmagedon vielleicht nur noch ein paar Monate vergehen würden. Seltsamerweise fragten wir uns nicht, wozu die ‚Ältesten' so kurz vor Harmagedon noch diese Schulung benötigten. Zumal kein spezielles Überlebenstraining für die ‚Große Drangsal' oder die Neuorganisation nach ‚Harmagedon' stattfand.

Bei all dem Trubel durften wir unser Nesthäkchen nicht vergessen. Er brauchte auch unsere Aufmerksamkeit. Felix war ein echter Klettermaxe. Er kletterte mit zwei Jahren über den Zaun zum Nachbarn. Die Abgrenzung war doppelt so hoch wie der Knirps. Ich hätte das nicht geschafft, aber Felix wollte mit den Tieren spielen. In einem unbeobachteten Moment ist er einfach rüber. Auf Spielplätzen war er nicht zu halten. Wenn es etwas zu Klettern gab, wollte er immer bis zum höchsten Punkt. Ich fürchtete oft, dass er da runterfällt.

Einen echten Schock versetzte er mir im Herbst 1974, als sein Papa zur Schulung war, der Kreisaufseher bei uns wohnte und meine Eltern zu Besuch da waren. Meine Mutter und ich konzentrierten uns auf das Verarbeiten der Möhren. Ich wusste kaum wo mir der Kopf stand.

Plötzlich hörte ich, dass draußen auf der Straße ein Mann immer wieder sagte: ‚Halte dich gut fest. Klettere wieder zurück.' Ich schaute aus dem Fenster und sah, dass ein Autofahrer auf der Straße stehengeblieben war und mit jemandem im ersten Stock sprach. Dann hörte ich unseren Felix sagen: ‚Ich muss meinen Ball holen.' Wie der Blitz rannte ich die Treppe hinauf und in sein Mansardenzimmer. Ich sah, wie er sich an dem Fensterrahmen mit beiden Händen festhielt und seine Beine in Richtung Dachrinne hingen. Im Reflex packte ich ihn bei den Händen, zog ihn ins Zimmer und im gleichen Reflex versohlte ich ihm erst einmal den Hintern. Er war natürlich genauso erschrocken darüber, welche Folgen seine gute Absicht hatte. Er wollte doch nur den Ball aus der Dachrinne holen.

Als ich mich wieder etwas beruhigt und mit einem Stoßgebet dafür gedankt hatte, dass er nicht abgestürzt war, erklärte ich ihm sehr eindringlich, dass er so etwas nie wieder tun darf.

Normalerweise sollte es für mich selbstverständlich sein, meine Kinder mit ‚der Rute der Zucht' zu erziehen. Viele Artikel in der Wachtturm-Literatur und eindeutige Titelbilder auf den Zeitschriften zu diesem Thema erklärten uns eindringlich, dass das ein Ausdruck der Liebe sei.

Thema: „Haben eure Kinder Vertrauen zu euch?", Unterthema: „Wie man sich das Vertrauen seiner Kinder erhalten kann":

Absatz 24: […] wenn ihr möchtet, daß eure Kinder Vertrauen zu euch haben, dann müßt ihr euer ganzes Vertrauen auf Jehova setzen und seinen weisen Rat und seine Belehrung bei der Erziehung eurer Kinder anwenden. […]

25 Wenn die Erziehung ihren Zweck erfüllen soll, muß sie mit der entsprechenden Zucht und Zurechtweisung verbunden sein. Beginnt damit, wenn die Kinder noch klein sind, denn dann werden sie später die Probleme, die andere Kinder haben, nicht haben. Es steht geschrieben: ‚Erziehe den Knaben seinem Wege gemäß; er wird nicht davon weichen, auch wenn er alt wird.' ‚Allerdings scheint jede Züchtigung für die Gegenwart nicht erfreulich, sondern betrüblich zu sein; nachher aber trägt sie denen, die durch sie geübt worden sind, eine friedsame Frucht ein, nämlich Gerechtigkeit.' – Spr. 22:6; Hebr. 12:11. Zögert nicht, bei der Züchtigung die Rute zu gebrauchen. ‚Narrheit ist gekettet an das Herz des Knaben; die Rute der Zucht wird sie davon entfernen.' ‚Wenn du ihn mit der Rute schlägst, wird er nicht sterben. Du schlägst ihn mit der Rute, und du errettest seine Seele von dem Scheol.' — Spr. 22:15; 23:13, 14."[73]

Hier widersprach mein Bauchgefühl meinem ‚gut geschulten Gewissen' immer heftig. Heimlich abonnierte ich die Zeitschrift *Eltern* und prüfte

---

[73] Zitat aus dem *Wachtturm* vom 01.01.1972, S. 15–16.

auch ‚weltliche' Ansichten. Natürlich las ich sie immer mit der Mahnung im Hinterkopf: ‚Die Weisheit der Welt ist Torheit bei Gott.' Doch mir wurde klar, dass ich meine Kinder nicht dressieren wollte. Das kann man mit Hunden tun. Kinder sollen selbstbewusst werden und wissen, dass auch sie einen freien Willen haben. Um aber den ‚Anforderungen des treuen und verständigen Sklaven' gerecht zu werden, musste ich einen gangbaren Ausweg finden. Also verlieh ich, solange meine Kinder noch das dicke Windelpaket an ihrem Popo hatten, meinem Willen Nachdruck, indem ich einen breiten Kochlöffel nahm und damit auf das Windelpaket klatschte. Das machte zwar ein dramatisches Geräusch, aber ich konnte sicher sein, dass sie nichts davon spüren würden. Mehr als eine einmalige Wiederholung war nicht nötig. Fortan genügte es völlig, die Besteckschublade heftig raus- und reinzuschieben. Das Besteck klapperte bedrohlich und die Kinder waren sofort ganz brav.

Dass die Kinder meine List lange nicht durchschauten, konnte ich ein paar Jahre später mit Schmunzeln an einer Episode erkennen. Unser Felix war in der ersten Klasse. Er hatte sich über eine Entscheidung seiner Lehrerin geärgert und wollte sich an ihr rächen. Bei seinem ziemlich dummen Streich wurde er erwischt. Nun war er überzeugt, dass der Kochlöffel tanzen würde. Zur Vorsorge stopfte er sich ein Sofakissen in die Hose. Er war völlig verblüfft, dass die Folge nicht der Kochlöffel, sondern eine ernsthafte Aussprache war. Ich wollte wissen, warum, was er sich dabei gedacht hatte und wieso er auf eine solche Idee kam. Zur ‚Strafe' musste er sich bei seiner Lehrerin entschuldigen. Mit ihr hatte ich aber noch eine Aussprache unter vier Augen, bei der ich sie auf ihre Rolle und Verantwortung in dieser Sache aufmerksam machte. So hatten alle ihre Lektion gelernt und es gab nie wieder Anlass zu Klagen. Felix war von dieser Erfahrung so überrumpelt, dass er noch heute davon erzählt.

Wenn die Kinder während der Zusammenkünfte unruhig waren, bin ich einfach mit ihnen in den Nebenraum gegangen, um den Grund zu erfahren und sie wieder zu beruhigen. Sie dafür zu schlagen, ist mir nicht in den Sinn gekommen. Ich habe Eltern verachtet, die das ihren Kindern antaten.

Nach den zwei Wochen Schulung in Wiesbaden fehlte Noah natürlich ein halber Monat Produktion für die Brandkasse. Das war nicht gut für die Rennlisten, aber auch nicht gut für unser Bankkonto. Der Trost der Wachtturm-Gesellschaft lautete: ‚Ihr habt euch damit Schätze im Himmel gesammelt und Jehova vergisst nicht, was ihr in seinem Namen getan habt.'
Meine Gesundheit verschlechterte sich zusehends. Der Hausarzt wusste keinen Rat. Zum Heilpraktiker konnte ich nicht gehen, weil ich kein Geld hatte. Noah hatte Angst um mich. Er dachte, wenn er zu einer Versicherung wechselt, die ihm ein festes Grundgehalt garantierte, plus Abschlussprovision, kämen wir finanziell besser zurecht und könnten uns bessere Medikamente leisten. Er gab, zum Unverständnis seiner Versicherungskollegen, seinen halbstaatlichen Status bei der Brandkasse auf und nahm eine Stelle bei einer anderen Versicherung an. Was sie versprochen hatten, klang verlockend. Doch nach vier Wochen wusste mein ‚Starverkäufer', dass er vom Regen in die Traufe gekommen war.
Zufällig eröffnete in dieser Zeit die Firma *Teppichdomäne* ein Startunternehmen. Das war die Chance für Noah, in seinem erlernten Beruf zu arbeiten. Er bewarb sich und wurde als Facharbeiter auch eingestellt.
Jetzt hatte sogar ich die Möglichkeit, hin und wieder bei Sonder-Verkaufsaktionen an Wochenenden mitzuhelfen und etwas Geld dazuzuverdienen. Nur leider löste das meine gesundheitlichen Probleme nicht. Auch Bela hatte wieder hohes Fieber und eitrige Geschwüre. Noah war der Meinung, er muss uns aus unserer belastenden Situation herausholen.
Als er davon hörte, dass die Teppichdomäne in Camberg im Taunus eine Filiale eröffnete und einen erfahrenen Mitarbeiter als Unterstützung für die Filialleitung suchte, traf er sehr spontan die Entscheidung, dass er sich für diesen Posten bewerben würde. Doch aus eigenem Willen sein zugeteiltes Gebiet einfach verlassen und noch dazu Ende des Jahres 1974, wagte er nicht. Er betete um ein Zeichen. Wir wollten am Wochenende nach Camberg fahren und an einem Tag zwei Wohnungen suchen. Es war klar, dass seine Mutter wieder in eine eigene Wohnung ziehen sollte. Wenn uns das glückte, dann würde er sich für Camberg bewerben.

Es gelang uns. Wir fanden zwei schöne 3-Zimmer-Wohnungen. Im Vergleich zu dem, was wir in Uslar zurücklassen würden, war eine 3-Zimmer-Wohnung winzig. Doch Noah war überzeugt, wenn ich weniger Arbeit hätte, würde ich mich gesundheitlich wieder erholen. So kam es, dass wir ‚kurz vor Harmagedon' einen ganz neuen Lebensabschnitt begannen.

Hier unterbrach sie Helena und fragte: „Was mich wundert: Du erwähnst keine Todesängste in dieser Zeit. Du hattest drei Kinder. Hattet ihr nicht furchtbare Angst, was mit ihnen passiert?"

„Du hast das sehr gut beobachtet", bestätigt Mara. „Tatsächlich hatten Noah und ich nie Angst vor Harmagedon. Irgendwie wartete ich immer darauf, dass im Wachtturm steht: ‚Der Geist hat uns jetzt geoffenbart, dass wir dieses oder jenes zu unserer Rettung tun müssen.' Da so etwas nie veröffentlicht wurde, erwartete ich auch nicht, dass Harmagedon kommt. Mein Spruch war: Wenn Jehova uns Eltern retten kann, dann kann er auch unsere Kinder beschützen. Er lässt sie auf keinen Fall im Stich. Allerdings erzählte Belinda einmal, dass sie sich sehr vor Harmagedon gefürchtet hat und nachts auch Albträume deswegen hatte.

Der Entschluss, nach Camberg zu ziehen, veränderte unseren weiteren Lebensweg tatsächlich sehr. Wir waren jetzt nicht mehr in einem Gebiet, in dem Hilfe dringend benötigt wurde, sondern in unmittelbarer Nähe des Zweigbüros in Wiesbaden. Doch davon ein andermal. Da wir beide jetzt hier zusammensitzen, ist ja klar, dass Harmagedon nicht gekommen ist. So gab es auch ein Leben danach."

„Leider ist jetzt schon Mitternacht", sagte Helena bedauernd, als sie auf ihre Armbanduhr blickte. „Wir müssen wohl oder übel die letzten Vorbereitungen für unseren Rückflug treffen. Wenn ich euch beide jetzt richtig einschätze, war das Leben danach auch nicht langweilig. Gerne würde ich auch noch den Rest der Geschichte erfahren, wie euer neuer Lebensweg ausgesehen hat. Bestimmt treffen wir uns zu Hause einmal wieder."

„Mir hat es gut getan, alle diese Erinnerungen einmal auszusprechen", gab Mara zu. „Ich würde mich freuen, wieder von dir zu hören. Ihr habt ja unsere Telefonnummer. Verabschieden können wir uns noch in München."

Sie umarmten sich kurz und gingen in ihre Hotelzimmer, um die restlichen Dinge zu packen und sich auf die Rückreise vorzubereiten.

Kraftstation Camberg

Einige Wochen nach dieser Reise erhielt Mara einen Anruf von Helena: „Wir möchten euch einladen. Noah kann mit Franz in den Forst gehen. Er ist ja ein begeisterter Waldläufer. Wir beide setzen uns bei einer Tasse Kaffee und Kuchen auf die Terrasse und du kannst mir die Fortsetzung deiner Lebensgeschichte erzählen. Ich habe mich oft gefragt, wie ihr die Zeit nach 1975 verkraftet habt, nachdem doch alle Erwartungen nicht erfüllt wurden."
Mara hatte auch sehr viel an ihre Gespräche mit Helena gedacht. Sie nahmen die Einladung gerne an. Sie trafen sich ein paar Tage später.
Das Haus von Helena und Franz lag sehr idyllisch am Ortsrand. Es war gediegen, aber nicht protzig eingerichtet. Die Verkleidung der Wände war aus hellem Holz, ebenso die Holztreppen- und -geländer sowie die Möbel. Die Einrichtung verbreitete eine gemütliche Atmosphäre. Mara fühlte sich wohl. Auf der geräumigen Terrasse, die zu einem großen Garten führte, erwartete sie ein liebevoll gedeckter Kaffeetisch.
Solange die Männer noch dabei waren, drehten sich die Gespräche um Alltägliches. Mara und Noah lobten den wunderschönen Garten. Helena berichtete, wie sie versuchte, die ungewohnte Freizeit mit Nützlichem zu füllen. Franz und Noah verließen die Frauen nach einer halben Stunde. Franz brach zu einem seiner regelmäßigen Kontrollgänge auf und Noah begleitete ihn.
Als die beiden Freundinnen allein waren, konnte Helena ihre Ungeduld nicht mehr verbergen. „Ich bin ja so gespannt, wie ihr euch auf die neue Situation eingestellt habt. War der Ortswechsel möglich und hat es dir gesundheitlich genützt?"
Mara lächelte. „Neugierig bist du ja gar nicht …", sagte sie scherzhaft. „Aber ich will dich nicht auf die Folter spannen. Wir haben es geschafft, an einem Tag zwei Wohnungen zu finden. Wir fuhren durch die Straßen der Stadt und fragten überall, wo wir Fenster ohne Gardinen sahen, ob eine Wohnung zu vermieten sei. Die Wohnung, die wir für uns mieteten, lag im ersten Stock. Das Wohnzimmer war schön groß. Wir wollten es als

Wohn-Schlafzimmer einrichten. Das Schlafzimmer sollte Belinda bekommen und die beiden Buben mussten sich das Kinderzimmer teilen. Im Vergleich zu dem, was wir bisher hatten, war es winzig. Aber es musste einfach genügen.

Auch für Oma fanden wir eine sehr schöne, helle, Drei-Zimmer-Wohnung. Oma musste damit einverstanden sein, ohne sie vorher gesehen zu haben. Aber sie bereute es nicht. Sie verstand sich später sehr gut mit den anderen Mietern im Haus und fühlte sich dort wirklich wohl.

Wieder hatten wir in kürzester Zeit eine gigantische Arbeit zu bewältigen. Zuerst brauchten wir für Noah die Zusage des Arbeitgebers, dass er die Stelle in der Filiale bekommen würde. Wir hatten aber keine Zweifel. Unser Wohnungs-Test war erfolgreich verlaufen. Was sollte da noch schief gehen?

Als nächstes musste die Nachmiete für das Haus in Uslar geklärt werden. Ein Ehepaar, das seinerzeit von Berlin aus zu uns gezogen war, um uns zu helfen, hatte inzwischen zwei Kinder. Sie hatten sich in Bodenfelde eine Wohnung eingerichtet und neu renoviert. Trotzdem waren sie bereit, alles wieder aufzugeben und nach Uslar-Allershausen zu ziehen. Sie waren genauso idealistisch wie wir. Auch ihre ganze Unterstützung galt dem, was wir Theokratie nannten.

Für den Umzug nahmen wir uns nur vier Wochen Zeit. Die Brüder der Versammlung Uslar fühlten sich von uns verraten. Niemand sagte: ‚Ihr habt uns und der Versammlung 12 Jahre eures Lebens, eurer Kraft und eurer finanziellen Mittel gegeben.' Nein. Sie warfen uns vor: ‚Ihr lasst uns im Stich.' Entsprechend spärlich war dann auch die Hilfe, die wir erhielten. Unsere Nachmieter und ein alleinstehender Bruder halfen uns aber nach Kräften, den Hausrat zu reduzieren. In drei Zimmer passte nicht mehr so viel hinein. Wir nahmen dennoch am Ende viel zu viel mit.

Die vielen überzähligen Möbel – die meisten hatten wir von der Brauerei abgelöst – konnte unser Nachmieter für sich verwenden. Er musste ja auch das Haus irgendwie möblieren.

An den Feiertagen im Dezember tapezierten wir die Wohnung in Camberg. Inzwischen hatten wir erfahren, dass in derselben Straße, in Haus Nr. 8,

zwei Familien wohnten, die ebenfalls Zeugen Jehovas waren. Sie hatten mehrere Kinder. Das war eine Freude für uns. Fünf Spielkameraden in der Nähe zu haben, erleichterte unseren Kindern den Neuanfang. Ein Bruder besuchte uns kurz, während wir tapezierten. Er schaute uns eine Weile zu und sagte dann: ‚Man spürt so eine Harmonie bei euch. Ihr versteht euch gut nicht wahr?' Ja, wir verstanden uns blind.
Und zugleich trog der Schein. Damals funktionierte ich eher wie ein Roboter. Ich konnte immer nur das Nächstliegende erledigen. Nicht viel überlegen, nur weiter, wir müssen es schaffen. Eigentlich hatte Noah Sehnsucht nach unserer alten Heimat. Er liebte die Berge, die Schlösser und Seen von Oberbayern. Als er eine schöne Bildtapete von Schloss Neu Schwanstein entdeckte, kaufte er sie als Dekoration für unsere Schlafecke.
Zwischen den Feiertagen bewältigten wir mit nur einem Helfer aus Uslar den Umzug für beide Haushalte. Es war der Wahnsinn. Am 2. Januar 1975 trat Noah seine neue Arbeit an. Noah musste neu beginnen.
Aber nicht nur Noah, sondern auch unsere beiden Schulkinder wurden mit einem Neuanfang konfrontiert. Daran dachten wir eher wenig. Wir gingen wie immer davon aus, dass sie die Dinge genauso sehen wie wir. Wir bereiteten sie nicht schonend darauf vor. Sie wurden einfach ins Auto verfrachtet und von jetzt auf gleich waren alle Freunde, alles Vertraute, der viele Platz zum Leben weg.
Heute frage ich mich: Wie konnten wir nur so unsensibel sein? Ausgerechnet die, die wir doch am meisten liebten, hatten wir nicht im Blick!
Sie reagierten auch sofort auf diesen schweren Einschnitt. Selbst Felix, obwohl er erst drei Jahre alt war und vielleicht am wenigsten unter den Veränderungen litt, brauchte wieder Windeln. Erst nach Wochen konnte ich ihn überreden, wieder die Toilette zu benutzen. Ich versprach ihm das große Lastauto aus dem Supermarkt – wenn er wieder ein großer Junge sein will.
Jonathan kam in eine neue Schule. Von Legasthenie hatte seine Lehrerin noch nichts gehört oder wollte davon nichts wissen. Sie stand kurz vor der Pensionierung und hatte keinen großen Ehrgeiz mehr, auf neue Erkenntnisse einzugehen. Jeden Tag brachte unser Philosoph weinend sein Heft

mit einem dicken roten Stempel und durchgestrichener Arbeit nach Hause. Ich hatte eine Mordswut im Bauch. Aber gegen die Borniertheit dieser Frau war ich machtlos.

Zudem spürten die Kinder in Jonathans Klasse natürlich sofort, dass er in der Lehrerin keinen Rückhalt hatte. Er war ihnen innerlich fremd. Sie behandelten ihn wie einen Eindringling und begannen, ihm Prügel anzudrohen. Manchmal liefen sie ihm auf dem Weg nach Hause nach. Er hatte wieder sehr viel Angst.

Um ihm Mut zu machen, nahm ich ihn in den Arm und erzählte ihm die Geschichte von Hagar und Ismael aus der Bibel. Sie waren in der Wüste und Hagar, die Mama, dachte, nun müssten sie sterben, weil sie kein Wasser mehr hatten. Sie setzte ihren Sohn unter einen Dornbusch und ging ein Stück weg von ihm, weil sie nicht mit ansehen wollte wie er stirbt. Ismael betete dann zu Jehova. Da kam ein Engel zu Hagar und sagte ihr, dass sie nicht sterben, sondern noch lange leben werden und Ismael wird noch viele Nachkommen haben. Ich sagte ihm, dass Jehova besonders auf kleine Kinder hört, die zu ihm beten und er beschützt sie. Jonathan glaubte mir.

Wie glücklich war ich, als er am nächsten Tag aus der Schule nach Hause kam und freudig erzählte: ‚Die Jungen wollten mich heute wieder verhauen. Sie waren zu fünft. Ich bin dann stehengeblieben und habe zu Jehova gebetet, dass er mir helfen soll. Da sind die Jungen plötzlich auch stehengeblieben. Sie haben mich eine Weile angeschaut und dann sind sie weggelaufen.'

Ich war so froh über diese Wendung. Seine Körpersprache signalisierte den anderen keine Furcht, sondern Überlegenheit. Das nahm den Schulkameraden den Mut. Unser Sohn hatte Ruhe vor ihnen. Dennoch fand er keine Freunde in dieser Schule. Er war ein Außenseiter und entwickelte sich zunehmend zu einem Nonkonformisten.

Belinda war 11 Jahre alt und durchlitt die Vorpubertät. Es war inzwischen ihr vierter Schulwechsel. Ich glaube, ihr schadete der erneute Wechsel psychisch am meisten. Sie war sicherlich frustriert. Andererseits liebte sie uns. Wir waren ihre Eltern. Tief im Inneren verbot sie sich, uns zu kritisieren. Auch aus Sicht der Zeugen Jehovas war es ihr nicht gestattet, an unserer Liebe zu ihr zu zweifeln. So war sie zwischen ihren negativen und positiven Gefühlen hin und her gerissen.

Sie war ganz sicher – ohne dass es ihr selbst bewusst war oder dass wir es wahrnahmen – von negativen Gefühlen belastet. Ihr Glück war Lena, ein Kind der Nachbarfamilie. Sie gehörte zur Musikkapelle der Versammlung und ermutigte Bela, Flöte spielen zu lernen, damit sie auch mitmachen kann. Es war eine neue Freundin. Aber Bela hatte kein Vertrauen mehr in dauerhafte Bindungen. In der Schule fand sie einen Jungen sehr sympathisch, der uns unheimlich war – weltlich und noch dazu mit irgendwelchen politischen Ideen. Wir wollten nicht, dass sie mit ihm Umgang hatte. Aber je mehr wir versuchten es zu verhindern, desto mehr drängte sie zu ihm.

Plötzlich hatte sie wieder hohes Fieber. Unsere Nachbarn empfahlen uns Dr. Schnelling, einen Kneipp-Kurarzt. Ich bat ihn um einen Hausbesuch. Als er Bela untersuchte, sah er ihre Geschwüre. Er fragte: ‚Hat sie schon einmal Antibiotika genommen?' ‚Ja', sagte ich ‚in ihrem kurzen Leben schon mehr als ich womöglich in meinem ganzen Leben nehmen werde.' ‚Diese Geschwüre zeigen, dass ihr Körper die Medizin nicht verträgt und sie auf diese Weise abstößt. Wir müssen sie entgiften', war seine für mich verblüffende Antwort.

Er verschrieb ihr Naturheilmittel. Die ersten, die Bela bis dahin bekommen hatte. Sie wirkten sehr gut. Bela erholte sich erstaunlich schnell. Plötzlich wurde sie wieder fröhlicher. In der Schule bekam sie wieder beste Noten. Beim Lesewettbewerb schaffte sie es bis in die Bezirksausscheidung. Wir konnten hoffen, dass sie sich eingewöhnt.

Als ich wegen eines neuen Rezeptes zu Dr. Schnelling in die Praxis ging, fragte er mich plötzlich: ‚Und wie geht es ihnen?' Ich war perplex. ‚Das hat mich bisher noch niemand gefragt', antwortete ich ihm überrascht. Dann erzählte ich ihm von meiner übergroßen Müdigkeit und dass ich nur wenige Lebensmittel vertragen kann. Dabei liefen mir, ohne dass ich es verhindern konnte, die Tränen über das Gesicht. Er hörte mir aufmerksam zu. ‚Meine Beine tun auch schrecklich weh', sagte ich. Er wollte sie anfassen. Aber ich wehrte erschreckt ab. Ich hatte Angst vor dem Berührungs-

schmerz. Er ordnete einige Untersuchungen an. Dabei kam heraus, dass die vielen Tabletten wohl meine Leber geschädigt hatten. Ich konnte die Nahrung nicht mehr verwerten. Ich war anscheinend mangelernährt.
Die Therapie war sehr umfangreich. Sie bestand aus Naturheilmitteln, Massagen, Fango, Aufbauspritzen ... Vor allem aber gab er mir Anweisungen für eine Ernährungsumstellung. Die gesamte Behandlung dauerte ein halbes Jahr. Ich lernte so viel von ihm. Damals begann ich, mich für Naturmedizin und Vollwerternährung zu interessieren. Ich kaufte mir viele Bücher, studierte sie und änderte vieles in unserem täglichen Leben."
„Hört sich für mich sehr vertraut an. Das hat der gute alte Pfarrer Kneipp, ganz ohne wissenschaftliche empirische Erhebungen, schon so verordnet", sagte Helena lachend. „Und wie wirksam seine Verordnungen waren", erwiderte Mara ebenfalls lachend.
„Ich werde den Tag jedenfalls nicht vergessen, als ich nach etwa sechs Monaten Therapie einmal aus unserer Haustür trat und plötzlich wurde mir bewusst, dass ich den Himmel wahrnehme. Ich spürte, dass wieder Leben und Kraft in mir war. Ich sah die Wolken an einem blauen Himmel und spürte die Sonne. Es war der Tag, an dem ich mich wie neugeboren fühlte. Es war auch der Tag, an dem ich zu der Überzeugung kam, dass dieser Umzug nach Camberg von meinem Gott gewollt und gelenkt war. Ein Geschenk seiner Liebe für mich.
Warum dachte ich damals nicht ein wenig weiter? Wie viel Gutes bewirkte es doch für mich und für meine Familie, dass ich mich um mein eigenes Wohlergehen kümmerte. Wie gut tat es uns, dass wir Zeit für uns einsetzten. Die ‚Interessen des Königreiches' waren ja nicht völlig vergessen, nur etwas in den Hintergrund gerückt. Leider gönnten wir uns nur diese wenigen Monate Erholung.
Die Verbesserung der Gesundheit unserer Familie war nicht der einzige positive Effekt. Noah hatte jetzt ein regelmäßiges Gehalt. Es war nicht hoch, aber kalkulierbar. Ich konnte die Kosten einteilen, das Darlehen bei der Sparkasse tilgen.
Monat für Monat wurden unsere Schulden und damit unsere Sorgen geringer. Endlich konnten wir uns auch hin und wieder einen kleinen

spontanen Wunsch erfüllen, ohne gleich das Minus auf der Bank zu erhöhen.
Zum Beispiel gingen wir einmal abends zum Essen aus. Als Afrikaner in das Lokal kamen, die geschnitzte Elefanten zum Kauf anboten, schaute ich sie interessiert an. Die Gruppe einer Elefantenfamilie von vier verschieden großen Tieren sollte 60 Mark kosten. Das war viel Geld. Aber weil Noah bemerkte, dass sie mir gefallen, sagte er sofort Ja. Ich musste mich immer davor in Acht nehmen, leichtsinnige Wünsche zu äußern. Mein Noah konnte nie Nein sagen. Diese Elefanten hätten wir mit ein wenig Feilschen sicher auch für 30 Mark bekommen, aber darin hatten wir beide keine Übung. Wenn man jedoch bedenkt, dass sie immer noch meinen Wohnzimmerschrank dekorieren, dann war es eine sehr langlebige Investition und hat sich rentiert.
In der Versammlung Idstein, zu der wir nun gehörten, wurden wir mit offenen Armen aufgenommen. Noah wurde sofort als Ältester bestätigt. Er bekam wieder Aufgaben auf dem Kreiskongress und wurde sehr bald in viele Versammlungen im Umkreis als Vortragsredner eingeladen, obwohl viele andere ‚Älteste' und ‚Bethel Mitarbeiter' zur Verfügung standen.
Eine sehr positive Veränderung ging auch mit unserer Oma vor sich. Sie jammerte nicht mehr darüber, dass sie alleine ist. Sie schloss Freundschaften mit Nachbarinnen und in der Versammlung mit älteren Schwestern. Sie wurde aktiv und selbstständig. Die Kinder gingen gerne zur Oma, aber es war auch gut, wenn sie wieder ihre Ruhe hatte.
Wir hatten wirklich eine erholsame Zeit. Doch nach etwa einem Jahr mehrten sich die Anzeichen, dass es nicht lange so bleiben würde. Ich kannte meinen Mann nur zu gut. Er fragte nicht ohne Grund, ob wir denn jetzt in einer Versammlung sind, die Hilfe braucht, wenn doch so viele Älteste sich die Aufgaben teilen und das Gebiet, in dem man predigen konnte, so knapp ist, dass man alle zwei Wochen zu den gleichen Türen gehen müsste. Es war erst einmal nur ein Gedanke.
Dann kam unsere Heizkosten Abrechnung für die Monate Januar bis März. Wir sollten 1.800 Mark nachzahlen. Das konnte doch nicht richtig sein. Pro Monat 600 Mark Heizkosten Nachforderung! Wir gingen zum Mieter-

bund und wollten Einspruch erheben. Es stellte sich heraus, dass unsere Vermieterin in der Zeit der Ölkrise im Winter 1972/73 Heizöl zu weit überteuerten Preisen gehamstert hatte. Das Öl war angeblich noch nicht verbraucht. Wo sie die enormen Vorräte gelagert hatte, blieb zwar ihr Geheimnis. Aber sie hatte das Recht, den Wucherpreis an ihre Mieter weiterzugeben. Selbstverständlich hatte sie uns nicht gesagt, dass genau dieser Ölpreis der Grund war, warum der Vormieter die Wohnung gekündigt hatte. Zähneknirschend ließ ich mich wieder auf eine Teilzahlung ein. Natürlich wollten wir das Risiko vermeiden, die nächste Abrechnung in ähnlicher Höhe zu bekommen. Es war klar: Wir brauchten schon wieder eine neue Wohnung.

Ein Unglück kommt selten allein, heißt es. So war es auch bei uns. Noah bekam in seiner Firma Probleme. Ostern 1976 eröffnete sein Arbeitgeber eine weitere Firma in Leinfelden. Noah sollte die Organisation und den Verkauf übernehmen. Aber genau zu diesem Zeitpunkt gab es einen Streik in der Druckindustrie. Es erschienen keine Zeitungen und wir konnten die Eröffnungsangebote nicht wie üblich in großen Anzeigen ankündigen.

Bei den vorhergehenden Aktionen drängten die Kunden in den Laden, dass man zeitweise die Türen wegen Überfüllung verschließen musste. Ich konnte damals in acht Stunden nur einmal zur Toilette gehen und hatte keine Zeit zum Essen.

Doch in Leinfelden blieben die Kunden aus. Ein totaler Flop. Es war nicht unsere Schuld. In Noahs Filiale hatte ein neuer Mitarbeiter die Leitung übernommen. Er kam frisch von der Uni. Er war sehr stolz auf das erworbene Wissen, hatte aber keine Erfahrung. Er versuchte, jugendlich-intolerant, seine Position um jeden Preis durchzusetzen. Die Theorie stand für ihn weit über den Niederungen der Praxis. Es gab Streit. Noah wusste, dass er unter diesem Vorgesetzten nicht lange arbeiten würde.

Nach der missglückten Eröffnungsaktion in Leinfelden fuhren wir zu meinen Eltern nach Weilheim. Mein Vater und Noah sprachen länger über die Situation der Versammlung Weilheim. Sie hatten viele Probleme im zwischenmenschlichen Bereich. Streitereien, Eifersucht und Kompetenzgerangel zehrten an den Nerven meines Vaters. Er fühlte sich dem allen nicht mehr gewachsen und bat Noah, wieder nach Weilheim zu kommen, um zu helfen.

Einerseits passte das zu unseren Überlegungen. Andererseits waren wir damals nicht gewohnt, unsere Entscheidungen nach unserem eigenen Willen zu treffen. Wir baten wieder um ein Zeichen. Wir fragten im Zweigbüro an, welche Versammlungen Hilfe-Not-Gebiete waren. Sie nannten uns drei Orte. Dann beschlossen wir, an den Ort zu ziehen, an dem wir gleichzeitig Arbeit und Wohnung finden würden.

Die Versammlungen hätten uns dringend gebraucht. Doch Arbeit und Wohnung zu beschaffen erwies sich überall als unüberwindliches Hindernis. Wir hatten drei Kinder und Wohnraum war immer noch knapp. Und man vermietete lieber an kinderlose Paare. Es gab nur Schulterzucken oder ‚ehrliches Bedauern'.

In Weilheim fragte Noah beim Arbeitsamt nach, ob sie ihm eine Stelle vermitteln könnten. Die machten ihm keinerlei Hoffnung. Sie hatten keine einzige freie Stelle. Selbst wenn sie eine gehabt hätten, käme eine Vermittlung nur für arbeitslos gemeldete Anwärter in Frage. Jemand in ungekündigter Stellung hatte keinen Anspruch auf Vermittlung.

Die Situation war bedrückend, aber wir konnten sie aus unserer Sicht nur schwer verändern. Wir sagten uns: ‚Wenn Jehova will, dass wir wieder nach Weilheim ziehen, dann lenkt er die Dinge so, dass wir Arbeit und Wohnung bekommen.' Wir waren nur zum Wochenende in Weilheim und mussten wieder nach Hause. Noah hatte keinen Urlaub. Deshalb gab er meinem Vater seinen Umschlag mit den Bewerbungsunterlagen und bat ihn, diesen bei der Firma Wurmtaler[74] abzugeben.

Mein Vater sollte die Bewerbungsunterlagen auf gut Glück einreichen. Vielleicht hatten wir ja eine Chance. Tatsächlich wollte Herr Wurmtaler meinen Mann kennenlernen. Er plante eine Geschäftserweiterung. Noah passte zu dem Anforderungsprofil, das er für den Mitarbeiter im Sinn hatte. Noah bekam die Stelle. Nach dem Ende seiner Kündigungsfrist in

---

[74] Firmenname geändert.

Camberg wurde er ab 1. Oktober 1976 Mitarbeiter dieses Einrichtungshauses.
Zufällig zog genau zu diesem Zeitpunkt eine Glaubensschwester aus einer Wohnung am Frischanger aus, weil sie ihr zu teuer war. Mein Vater bewarb sich in unserem Namen um die Wohnung und bekam die Zusage, obwohl der Vermieter uns nicht gesehen hatte und wir die Wohnung auch nicht vorher besichtigen konnten. Aber wir vertrauten wieder einmal blind, dass Jehova das schon richten wird.
Ein weiteres Mal trafen wir kurzentschlossen die Entscheidung für einen Neuanfang, leider wieder ohne unsere Kinder schonend darauf vorzubereiten. Sie mussten erneut alles hinter sich lassen und mitziehen.
Damit wir rechtzeitig vor Schulanfang in Bayern waren, zogen wir zum 1. September um. Noah blieb noch vier Wochen in Camberg bei seiner Mutter wohnen. Sie wollte diesmal nicht umziehen. Erstens gefiel es ihr in Camberg sehr gut und zweitens dachte ihre Tochter daran, ein Haus zu bauen. Oma wollte dann in die Nähe meiner Schwägerin ziehen. Die vier Wochen nutzte Noah dazu, unsere Wohnung in Camberg für die Übergabe zu renovieren. Am Samstagabend fuhr er nach Weilheim, um wenigstens ein paar Stunden mit uns gemeinsam zu verbringen.
Unsere Wohnung am Frischanger war nur ein Notbehelf. Sie war für fünf Personen einfach zu klein. Das Kinderzimmer war so schmal, dass wir für die Jungs Etagenbetten brauchten, damit sie noch Platz hatten, ihre Hausaufgaben an einem kleinen Schreibtisch zu machen. Für Belinda stellten wir in eine Nische im Flur ein Bett. Es war genau gegenüber der Toilette. Das war keine Dauerlösung. Sie bekam später das Schlafzimmer. Noah und ich schliefen im Wohnzimmer auf der Couch. Auch das war nur eine Notlösung.
Wir suchten sehr intensiv nach einer geeigneten Wohnung, die auch bezahlbar war. Doch mit drei Kindern wollte uns niemand haben. Ich schrieb an den Bürgermeister und bat um eine Sozialbauwohnung. Er antwortete mir in einem freundlichen Brief, dass er unsere Situation bedaure und dass wir sicher auch Anspruch hätten, aber er hätte ‚zur Zeit' keine Möglichkeit, uns zu helfen.

Bei unseren abendlichen Spaziergängen kamen wir in der Ammer-Straße an einem Sechs-Familienhaus vorbei, das völlig leer stand. Wir sagten manchmal, da würden wir gerne einziehen. Wir trauten unseren Augen nicht, als wir eines Tages eine Anzeige in der Zeitung lasen, dass in dem Haus Eigentumswohnungen zu verkaufen seien – mit 100 Prozent Finanzierung. Das war unsere Chance. Wir bemühten uns sofort darum. Dank der staatlichen Fördermittel, auf die wir als kinderreiche Familie Anspruch hatten, und mit einer Ausnahme-Genehmigung für die 100-Prozent-Finanzierung, schafften wir es tatsächlich, diese Wohnung zu kaufen. Endlich hatten wir Platz.
Bis die Wohnung dann mängelfrei bewohnbar war, mussten wir zwar noch einen jahrelangen Rechtsstreit führen. Aber wir haben ihn gewonnen. Das war am Ende die Basis für unsere weiteren Lebensentscheidungen."
„Puh", sagte Helena. „Das war ein langes Kapitel. Die Zeit ist wie im Flug vergangen. Bald werden unsere Männer zurück sein. Ich will mal rasch etwas für das Abendbrot vorbereiten." „Aber bitte nicht für uns", bat Mara. „Wir wollen nicht zu spät nach Hause kommen. Für heute ist genug geredet. Findest du nicht auch?"
„Ich kann verstehen, dass du müde bist", gab Helena zur Antwort. „Aber deine Geschichte ist noch nicht zu Ende. Mich interessiert vor allem wie deine Tochter mit dem neuerlichen Wechsel zurechtkam."
„Wirklich nicht sehr gut. Aber diesen Teil unseres Lebens, ich sage manchmal in der Hölle, will ich dir wirklich ein andermal erzählen." „Einverstanden", sagte Helena. „Ich werde mich gedulden." Sie lachte dabei.
In diesem Augenblick kamen die Männer nach Hause und lästerten, ob die Frauen immer noch nicht genug geredet hätten. Nach ein paar scherzhaften Bosheiten, verabschiedeten sich Noah und Mara. Sie ließen eine sehr nachdenkliche Helena zurück.

Weilheim – durch das Tal der Tränen

Ende Juni sagt Noah plötzlich zu Mara: „Ich habe große Lust, einmal wieder zum Angeln zu gehen. Was hältst du davon?" Noah war schon als kleiner Junge mit seinem Großvater beim Angeln gewesen. Doch in all den Jahren, die sie für die Wachtturm-Idee gelebt hatten, war dafür keine Zeit gewesen. Seit sie ihren Kokon verlassen hatten, erinnerten sie sich mehr und mehr an die Zeiten ohne die Verpflichtung zum Predigtdienst. Allmählich nahmen die alten Hobbys wieder mehr Raum in ihrem Leben ein. „Ich finde die Idee großartig", sagte Mara begeistert. „Wir könnten Franz und Helena fragen, ob sie Lust haben uns zu begleiten. Die Hirschauer Bucht wäre doch ein traumhaftes Ziel." Damit war Noah einverstanden. Mara rief gleich bei Helena an. „Habt ihr Lust auf einen Ausflug zum Angeln? Noah kauft eine Tageskarte für ein Boot. Er könnte mit Franz auf den See rudern. Wir beide bereiten ein Picknick vor und vielleicht grillen wir am Abend bei Lagerfeuerromantik." „Das ist eine wunderbare Idee", freute sich Helena über den Vorschlag. Sie verabreden Zeit und Ort. Mara sah aus dem Fenster zum wolkigen Himmel. Wie würde wohl das Wetter am Wochenende sein? Mit dem Wunsch, der sich in ihr formte, verabschiedete sie sich: „Hoffentlich haben wir gutes Wetter."
Am vereinbarten Sonnabend trafen sie sich wie verabredet in Hirschau. Sie strahlten mit der Sonne um die Wette: „Wenn Engel reisen, lacht der Himmel." Noah hatte bereits die Tageskarte mit Angelerlaubnis besorgt. Jetzt galt es nur noch einen gemütlichen Platz für ihr Picknick zu suchen.
Die Hirschauer Bucht war ein sehr romantischer Platz. Die großen Bäume spendeten angenehmen Schatten und die mitgebrachten Kühlboxen lieferten alles für das leibliche Wohl. So schlemmten und plauderten sie in fröhlicher Runde, bis Noah ungeduldig wurde: „Hat denn niemand Lust zu einer Angeltour?" Franz sprang sofort auf. Die beiden ließen die Frauen allein zurück.
Die Zurückgelassenen räumten die Spuren des Picknicks weg und machten es sich auf ihren Decken gemütlich. „Jetzt bin ich schon sehr gespannt, wie

dein Leben weiter verlaufen ist", sagte Helena und sah Mara erwartungsvoll an.

„Kennst du die bekannten Sprüche über Weilheim?", fragte Mara. Helena schüttelte den Kopf. „Von Weilheim sagt man, es liege auf der Hölle", begann Mara die Fortsetzung ihrer Erzählung. „Die Weilheimer meinen, dass das der Grund ist, warum sie viel weniger Schnee haben als andere Orte im Voralpenland. In der Rückschau kommt mir das fast wie ein prophetischer Spruch über unsere Zeit dort vor. Für uns *war* Weilheim die Hölle. Wir kämpften in dieser Zeit massiv gegen Probleme. Noch heute ergeben sich für mich viele Fragen, und ich versuche Antworten zu finden. Wie ich dir schon erzählt habe, machten wir einen großen Teil unserer Entscheidungen von einem Zeichen abhängig, mit dem wir Gottes Willen ergründen wollten. Es gab immer ‚Voraussetzungen', an denen wir uns orientierten. Tatsache ist, dass wir in der gesamten Zeit, in der wir in Weilheim lebten, keinen Frieden hatten. Was wollte Gott uns damit sagen? Welche Lektion sollten wir lernen? Lag es daran, dass wir als Zeugen Jehovas das Ende für 1975 prophezeit und uns damit lächerlich gemacht hatten? Nahm Jehova es uns übel, dass wir damit seinen Namen dem Spott der Leute preisgaben?

In den Versammlungen – nicht nur in der Weilheimer – gab es unter den verantwortlichen Brüdern viele Meinungsverschiedenheiten. Wenn wir uns mit Glaubensbrüdern trafen, drehten sich die Gespräche nur noch darum, wie gewisse Brüder andere durch ihr Tun und Verhalten verletzten. Es gab immer Jäger und Gejagte, Kläger und Beklagte. In der Versammlung Weilheim zum Beispiel gab es die Partei der Einheimischen. Sie gruppierten sich um – ich erfinde jetzt einfach mal Namen, so wie wir es bei unseren Demonstrationen auf der Bühne oft getan haben – um die Familien ‚Angesehen' und ‚Selbstbewusst'. Die andere Gruppe waren die Familien ‚Flüchtling' und ‚Opferbereit'. Das waren die Flüchtlinge und Zugereisten. Jede Gruppe hatte ihre mehr oder weniger eifrigen Gefolgsleute. Da Noah und ich damals noch sehr naiv und ehrlich glaubten, haben wir viel zu lange nicht begriffen, dass es ausschließlich um Macht und Einfluss ging. Keine der ‚Ältesten Besprechungen', denen Noah beiwohnte, verlief ohne

Streit und Meinungsverschiedenheiten. Aber es ging nie um Glaubensfragen. Die waren im *Wachtturm* unantastbar veröffentlicht. Darüber konnte man nicht diskutieren. Wir nahmen es einfach hin, dass der *Wachtturm* es nun so darstellte, als hätten *nur einige wenige* fälschlich an 1975 geglaubt.
Im *Wachtturm* vom 1. Mai 1985 wurde zum Beispiel erklärt: Dass man Harmagedon zu früh erwartete, lag an der besonderen Wachsamkeit. Dort wird am Beispiel des Propheten Habakuk folgendes ausgeführt: „Warum sagte Habakuk: ‚selbst wenn sie säumen sollte', wenn doch Gottes Gericht ‚für die bestimmte Zeit' vorgesehen ist und ‚sich nicht verspäten' wird? Damit sollte offensichtlich gezeigt werden, daß einige Glieder des Volkes Gottes das Gericht früher erwarten würden, als es tatsächlich käme. Warum? Weil ihnen die genaue Zeit seines Kommens unbekannt wäre."
Es war also schlicht die Erfüllung einer Prophezeiung, dass e*inige* das Gericht zu früh erwartet hatten.
In Landsberg lebte die Familie ‚Eifrig'. Sie waren auch in ein Gebiet gezogen, in dem Hilfe Not tat. Bruder ‚Eifrig' beklagte sich oft bitter darüber, wie er in seiner Arbeit in der Versammlung behindert wurde. Sie waren sehr entmutigt und mit den Nerven am Ende. Eines Tages stellte es sich heraus, dass einer der Ältesten seit Jahren ein Doppelleben führte. Er war verheiratet und hatte eine Geliebte. Ihm wurde die Gemeinschaft entzogen.
Das Ehepaar ‚Mutig' war in die Versammlung Schongau gezogen. Der ansässige Bruder ‚Bequem' tat alles, um ihnen das Leben in der Versammlung schwer zu machen. Bruder ‚Mutig' gehörte zu den geheimen Kurieren. Er brachte die Literatur in den Osten, die dort noch verboten war. Er setzte oft sein Leben für die ‚Sache Jehovas' aufs Spiel. Darüber musste er aus Sicherheitsgründen absolutes Stillschweigen bewahren. Natürlich verletzte es ihn sehr, dass Brüder, die nie große Bürden zu tragen hatten, kein Vertrauen zu ihm hatten und sich ständig über ihn beim Kreisaufseher wegen Nichtigkeiten beklagten.
In der Versammlung Peißenberg lebte Bruder ‚Hilfsbereit'. Ein außerordentlich treuer, bescheidener Bruder. Er war immer bereit zu helfen. Er setzte sich selbstlos für die Brüder und die Organisation ein. Als er seine

Arbeit im Bergwerk verlor und eine Umschulung machen musste, kam die Zeit der Schuldzuweisungen. Da es wieder einmal sehr kurz vor dem Ende war und man mit dem ‚Geist der Dringlichkeit' predigen sollte, konnten die Mitbrüder nicht verstehen, dass er im Interesse seiner Altersversorgung diese Umschulung machte und dafür Zeit investierte, die er doch ‚viel sinnvoller im Dienst für die Theokratie' hätte einsetzen können. Man machte ihm das Leben wirklich schwer. Wenn er davon erzählte, war er oft den Tränen nahe.

In Murnau gab es einen eifrigen jungen Kämpfer für die ‚Wahrheit'. Er war mit Noah eng befreundet. Seine Frau und er verzichteten beide auf Karriere und finanziellen Erfolg. Sie begnügten sich mit einer Teilzeitbeschäftigung und sehr bescheidenen Mitteln, um im Pionierdienst zu stehen. Die Hingabe und Opferbereitschaft der beiden war grenzenlos. Die Anfechtungen in der Versammlung, die ihnen schlechte Beweggründe unterstellten, waren gnadenlos. Auch in dieser Versammlung beging der vorsitzführende Älteste Ehebruch; ihm wurde ebenfalls vorübergehend die Gemeinschaft entzogen.

Ich könnte diese Aufzählung noch lange fortsetzen. Der Ablauf folgte immer dem gleichen Muster. Die Helfer, die mit Hingabe, Opferbereitschaft, Eifer und einem unerschütterlichen Glauben an die Arbeit gingen, hatten einen unglaublichen Widerstand innerhalb der Ältestenschaft zu ertragen. Fühlten sich die Widersacher von dem Eifer der anderen im Unterbewusstsein kritisiert? War ihnen insgeheim bewusst, dass auch sie eigentlich nach dem Muster der Selbstaufopferung handeln müssten? Ich fragte mich nach Treffen mit Freunden, bei denen wir uns gegenseitig das Herz ausschütteten, oft, wie sich das mit dem Geist Jehovas vereinbaren lässt. Die Bibel beschreibt die Frucht dieses Geistes mit Frieden, Freude, Langmut, Güte, Glauben … Selbstbeherrschung. Deshalb geglaubten wir nie, dass es ein Signal von Jehova sein könnte.

Wir waren davon überzeugt: Es ist das Versagen einiger Menschen, die zu wenig ‚geistig gesinnt' leben. Damit hatten wir uns eine Wortschöpfung des ‚treuen und verständigen Sklaven' zur internen Unterscheidung zwischen vorbildlich und bedenklich zu eigen gemacht. Die Anfeindungen gingen in

der Regel von den Bessergestellten aus. Sie hatten durchaus für ihre ‚persönlichen, materiellen Interessen' gesorgt.
Damit ja nichts von diesen internen Schwierigkeiten, die natürlich auch von den Kreisaufsehern registriert wurden, nach außen drang, gab es im *Wachtturm* ernste Ermahnungen zum Beispiel in Artikeln über ‚Geschwätz':

> „Wie schadenstiftendes Geschwätz unterbunden werden kann"
> Absatz 16: „Die Achtung vor Glaubensbrüdern hilft ebenfalls, schadenstiftendes Geschwätz zu unterbinden. Da sie für Gott annehmbar sind, sollten wir sie nicht verächtlich machen. Handeln wir nie wie die ‚falschen Brüder', denen Paulus begegnete. […] Solches Schwatzen war eine sehr ernste Sache, und falls wir auf derartiges Gerede hören oder es weitertragen, sollten wir damit unverzüglich aufhören. […] Jeder von uns könnte sich fragen: Bin ich ein schwatzender Diotrephes oder ein treuer Demetrius? Wenn wir unsere Glaubensbrüder achten, werden wir nicht abfällig über sie reden und anderen keinen Grund geben, uns als Schwätzer zu betrachten."[75]

Anschließend wird in den Absätzen 20 bis 22 unter der Überschrift „Gute Werke ersticken schadenstiftendes Geschwätz" dazu aufgefordert, durch vermehrtes Predigen dem Müßiggang zu entgehen und somit keine Zeit für Geschwätz zu haben.

Auch wurde ein öffentlicher Vortrag mit dem Thema: ‚Geschwätz kann dich vernichten' in allen Versammlungen gehalten. Negative Äußerungen galten sehr schnell als Geschwätz, das der Teufel dazu nutzt, um den Frieden in den Versammlungen zu zerstören. Das konnte mit dem ‚Gemeinschaftsentzug' geahndet werden. Diese Angst war ein sehr wirkungsvolles Druckmittel. Alle sozialen Bindungen zu verlieren und völlig allein und isoliert zurückzubleiben, bedeutete einen traumatischen Verlust.

Es ist ein ständig wiederholter Hinweis der Wachtturm-Gesellschaft, dass alles, was ihr schaden könnte, dem Teufel in die Schuhe zu schieben ist. Man bekam allmählich den Eindruck, dass der Satan immer nur darauf lauert, uns eine Falle zu stellen.

---

[75] *Wachtturm*, 15.10.1989, S. 19–20.

Die Versammlung Weilheim besaß keinen eigenen Königreichssaal. Es wurde erbittert darum gestritten, ob er nötig sei. Noah war der Meinung, die Kreisstadt Weilheim sollte einen eigenen Saal haben. Die Partei der ‚Angesehenen' und ‚Selbstbewussten' war der Meinung, Weilheim kann sich keinen Saal leisten. Sie wollten die Versammlung auflösen und nach Landsberg und Peißenberg aufteilen.

Als unser Mietvertrag für den viel zu kleinen Saal in der Nähe des Bahnhofs gekündigt wurde, wussten wir zwei Wochen vor Ablauf des Vertrages noch nicht, wo wir uns versammeln sollten. Buchstäblich in der letzten Woche konnte Noah die Zusage der Stadt Weilheim bekommen, dass wir vorübergehend einen Raum im Schulpavillon mieten können. Wir sahen darin die Antwort auf unsere Gebete.

Noah vereinbarte mit der Stadt, dass wir Vorkehrungen für den Bau eines eigenen Saales treffen werden. Das wollte die ‚Angesehenen-Fraktion' um jeden Preis verhindern. Sie setzten, gegen die Stimme von Noah und meinem Vater, in der Ältestenschaft durch, dass in einen kleinen Nebensaal in Dießen 40.000 Mark Renovierungskosten investiert wurden. Geld, das wir für einen Neubau dringend benötigt hätten. Es war eine verlorene Investition. Damit waren die Spendengelder, die über Jahre angespart waren, in den Sand gesetzt.

Auch privat hatten wir große Probleme mit der Finanzierung unserer Wohnung. Die Wohnbaugesellschaft hatte in ihrer Anzeige für die Wohnungen eine 100-Prozent-Finanzierung mit staatlicher Förderung versprochen. Doch die gesetzliche Vorgabe war mindestens 20 % Eigenkapital. Die Voraussetzung, dass wir die Wohnung bezahlen konnten, war aber die staatliche Förderung. Es bedurfte langer Verhandlungen, bis wir schließlich eine Sonderregelung erhielten. Der Staat verlangte von der Bank eine Bürgschaft für das fehlende Eigenkapital, denn sie hatte uns mit falschen Informationen zum Kauf veranlasst.

Als wir endlich die Zusage erhielten, dass die Fördermittel bewilligt waren, konnten wir unser Glück kaum fassen. Natürlich bedankten wir uns wieder bei unserem Gott, dass er für uns gesorgt hat. Er kannte doch unsere dringenden Bedürfnisse und half uns. Es gab noch zwei weitere Nutznießer dieser Ausnahmeregelung. Wir erfuhren nie, wer sie waren. Auch wissen wir nicht, wie sie den glücklichen Ausgang der Sache bewerteten. Wenn sie gläubig waren, sprachen sie vielleicht auch ein Dankgebet. Wenn nicht, dachten sie vielleicht, die Entscheidung stünde ihnen so zu und die Bank müsse eben für ihre Fehler gerade stehen. Es kommt eben immer auf den Standpunkt des Betrachters an.

Diese glückliche Wendung musste gefeiert werden. Im Juli 1979 fuhren wir zum ersten Mal in den Urlaub. Immerhin waren wir schon 20 Jahre verheiratet. Wir wählten Kärnten aus. Wir absolvierten das touristenübliche Programm: Strandbad, Wandern, Museum und so weiter. Als Höhepunkt des ganzen Urlaubs sahen wir aber den Besuch der Versammlung Afritz an. Dort trafen wir auf eine Gruppe von Molukken aus Holland. Sie hatten sich eine Ferienwohnung gemietet und luden uns ein, einen Abend mit ihnen zu verbringen. Wir redeten, sangen, lachten, aßen … bis nach Mitternacht. Sie erzählten uns von ihrem Werdegang.

Zwei der Brüder gehörten früher einer Gruppe von Extremisten an, die für die Rechte der Molukken in Holland kämpfte. Sie waren zum Beispiel bei der spektakulären Aktion dabei, als ein ganzer Eisenbahnzug gekidnappt wurde. Allerdings waren sie auf der Suche nach dem Sinn im Leben und der wahren Religion. Sie befragten eine Alphabet-Tafel. Für alle Religionen, die sie eingaben, kam als Antwort ‚nein'. Doch als sie Jehovas Zeugen eingaben, kam keine Antwort. Die Extremisten erreichten durch ihre Aktionen keine Gerechtigkeit. Auch hatten sie keine Antwort auf die Frage nach dem Sinn des Lebens. Nach dem Überfall auf den Eisenbahnzug zerstreute sich die Gruppe. Zwei von ihnen trafen sich eines Tages bei einem Kreiskongress in der Reihe der Taufbewerber wieder. Sie hatten unabhängig voneinander einem Bibelstudium mit Jehovas Zeugen zugestimmt. Sie glaubten den Versprechungen, dass Gottes Königreich sehr bald alle Probleme lösen wird und Gerechtigkeit für alle bringt, und hatten sich zur gleichen Zeit zur Taufe entschlossen.

Sie waren – aus meiner heutigen Sicht – die typischen Anwärter für eine erfolgreiche Anwerbung durch die Wachtturm-Organisation. Sie lebten in einem fremden Land, hatten ihre früheren Bindungen verloren und waren

auf der Suche nach Sinn im Leben und nach Geborgenheit. Ihnen mussten die wohlklingenden Versprechungen wie die Erfüllung aller Träume erschienen sein: Jehova wird sehr bald alles Unrecht beseitigen und das Paradies auf Erden aufrichten. Genau dafür hatten sie sich ja als Kämpfer für die Rechte ihrer Nation eingesetzt.
Die Wahrnehmung ihres Lebens war kognitive Dissonanz. Die verlockenden Versprechungen der Wachtturm-Zeugen stellten kognitive Konsonanz her. Sie entschieden aus dem Gefühl heraus.
Es ist nicht schwer, solche Menschen in diesen Ordenskokon einzuweben. Wenn erst einmal die Verbindungen nach draußen gekappt sind, wird das Gewissen so lange und gründlich manipuliert – Verzeihung, es heißt im Wachtturm-Jargon ja ‚geschult' – bis man völlig aufhört, sich eigene Gedanken zu erlauben. Man funktioniert perfekt und erhält dafür die Belobigung. Die Anerkennung sind ‚Vorrechte', nach der man sich sehnt. Nicht gehorchen wird augenblicklich mit Liebesentzug geahndet, indem man ‚Vorrechte' verliert.
Du erinnerst dich sicher an unser Gespräch über die Manipulation durch Sprache. In den Zusammenkünften nennt man das ‚sein Denkvermögen schulen', ‚die Neugestaltung des Sinnes' oder ‚die neue Persönlichkeit anziehen'. Wir wurden vollkommen umgeformt, umerzogen, um uns von ‚der Welt' zu unterscheiden.
Rückblickend bereitet mir der Gedanke geradezu körperliche Schmerzen, dass diese möglicherweise beabsichtigte Strategie der Manipulation mein Leben so sehr geprägt hat.
Es ist sehr schade, dass das unter dem Vorwand der notwendigen brüderlichen Einheit geschieht. Einheit sollte nicht Einheitlichkeit, Konformität bedeuten. Liebe wird in der Bibel als vollkommenes Band der Einheit beschrieben. Sie wirkt anziehend, weil sie Wärme ausstrahlt und kann auf Angst und Drohung vollständig verzichten.
Hans Küng formulierte es einmal sehr treffend:
> „Positive und entwicklungsfördernde Gottesbilder sind psychohygienisch und soziohygienisch immer dann anzutreffen, wenn sie nicht eine versklavende, sondern eine befreiende, nicht eine schädigende, sondern eine

heilende, nicht eine labilisierende, sondern eine entwicklungsgerechte, stabilisierende Funktion aufweisen und wenn sie Grundlage sind für wahre Selbstverwirklichung und zielgerichtete Aufgabenbewältigung im persönlichen wie im gesellschaftlichen Bereich."[76]

Doch zurück zu unserem ersten Urlaub. Diese Zeit war trotz allem überschattet. Wir machten uns schwere Sorgen um Belinda. Sie hatte nach dem letzten Umzug endgültig den Halt verloren. Vermutlich spürte sie eine unbändige Wut in sich, konnte sie sich aber wahrscheinlich nicht eingestehen. Zudem durchlebte sie die Pubertät und war auch darauf nicht vorbereitet. Da das Leben eines Zeugen Jehovas bis in die intimste Privatsphäre geregelt ist, gehörte Sexualität außerhalb der Ehe zu Hurerei und *porneia*. Selbst innerhalb der Ehe galten nur ganz bestimmte Praktiken als ‚christlich' tolerierbar.

Die ‚Aufklärung' unserer Kinder bestand hauptsächlich darin, dass wir sie vor dem Kontakt mit dem anderen Geschlecht warnten und in krampfhafte Ängste verfielen, sie könnten sich doch heimlich mit ‚weltlichen' Freunden treffen. Im denkbar schlimmsten Fall müsste den Kindern wegen Unsittlichkeit die Gemeinschaft entzogen werden. Das hätte zur Folge gehabt, dass Noah sein Amt als Ältester verlor, denn dann wäre auch er nicht mehr frei von Anklage gewesen. Wenn ein Familienvater nicht in der Lage ist, seine Kinder zum Gehorsam und rechten Glauben zu erziehen, kann er auch nicht der Versammlung vorstehen.

Doch unsere Tochter fand in der Versammlung keine guten Freundschaften. So beurteilten wir jedenfalls damals ihre Kontakte. Meike[77] war selbst auf dem Weg in die ‚Welt' – das sichere Merkmal für ‚schlechte Gesellschaft, die nützliche Gewohnheiten verdirbt'. In Wirklichkeit taten wir diesem Mädchen aufgrund unserer Wachtturm-Maßstäbe Unrecht. Das tut mir heute sehr leid.

Wir verhinderten ebenfalls, dass sie die Freundschaft mit einem netten Mädchen ihrer Klasse im Gymnasium vertiefte. Sie wurde einmal zu der

---

[76] Zitiert nach: Gunther Klosinski: *Psychokulte. Was Sekten für Jugendliche so attraktiv macht*, S. 87.
[77] Name geändert.

Familie des Mädchens eingeladen und dort sehr gut aufgenommen. Aber es waren in unseren Augen ‚Weltmenschen' und somit schlechter Umgang. Mit den Jungs sollte sie sich nicht anfreunden, weil die Gefahr bestand, Hurerei zu betreiben. Sonst hatte sie keine freundschaftlichen Kontakte. Belas Drang nach Freunden außerhalb der Versammlung war unbändig. Wir hatten sehr große Angst um sie. Natürlich fragten wir uns auch, welche Folgen es für Noahs Amt als Ältester haben würde. Vor allem aber hatten wir panische Angst davor, sie für immer zu verlieren.

Ein Gemeinschaftsentzug wäre gleichbedeutend mit der Verurteilung für die ewige Vernichtung. Wenn wir erfuhren, dass sie heimlich in der Diskothek in Peißenberg war oder sich anschließend an die Lymphdrainage-Behandlung noch heimlich mit Jugendlichen traf, machte uns das hilflos. Wir reagierten mit immer mehr Überwachung und Verboten, sie mit immer mehr Trotz und passivem Widerstand. Sie wollte unbedingt rauchen und tat es heimlich. Wir hatten keinen Zugang mehr zu ihr.

Heute beschreibt sie es sehr treffend mit dem Satz: ‚Wir hatte sehr intensive Gefühle, aber keine Sprache dafür. Unsere Kommunikation fand ohne Worte statt.'"

„Die armen Kinder", Helena konnte sich diesen bedauernden, mitfühlenden Ausruf nicht verkneifen.

„Oh ja, die Erkenntnis, dass wir unseren Kindern ungewollt solche seelischen Wunden beibrachten, belastet mich sehr", seufzte Mara.

„Zum Glück hatten Bela und Jonathan ein gutes, vertrautes Verhältnis zueinander. Er hielt zu ihr. Aber vermutlich baute er auch in dieser Zeit bereits seine eigene Gedankenwelt auf. Damals begann er, seinen eigenen Musikstil zu finden. Er dachte natürlich, alles, was er da hörte, wäre verboten, weil es nicht so klang wie Papas Musik.

Die ‚weltliche Musik' war ein weiteres Gebiet in dem wir Zeugen auf Gehorsam getrimmt wurden. Es war fast alles, was die Unterhaltungsindustrie produzierte teuflisch. Entweder ging es um ‚entartete sexuelle Praktiken' oder um den ‚rebellischen Geist der Welt'. Rock und Pop, Heavy metal, Rap, ja selbst Oper, zum Beispiel von Wagner, war alles dämonisch und verboten. Besser gesagt: Vor all diesem wurden wir von dem ‚treuen und verständigen Sklaven' gewarnt. Es war ‚schlechte Gesellschaft, die nützliche Gewohnheiten verdirbt'. Soweit ich das in meinem näheren Umfeld beobachten konnte, kann ich sagen: Wer sich von den Veröffentlichungen und den Vorträgen der Wachtturm-Lehren leiten lässt, entwickelt häufig eine negative Haltung zu modernen Musikrichtungen.

„Teuflische Musik"

„‚Backward masking' wird in den USA die Methode genannt, heimlich dämonische Botschaften der Teufelsanbeter auf Musikschallplatten zu bringen, die man nur hören kann, wenn man sie rückwärts abspielt. Das Musikmagazin *Stereo* (10/82) meldet: ‚Ein kalifornischer Kongreßabgeordneter verfügt nach eigenen Angaben über Unterlagen, aus denen klar hervorgeht, daß Gruppen wie die Beatles und Styx, Led Zeppelin, Kiss und die Rolling Stones solch satanische Appelle und Texte in ihre Bänder mischten. Angeblich gilt dasselbe auch für Bands wie Pink Floyd, AC/DC, die Eagles und Fleetwood Mac.' Der Abgeordnete will eine Gesetzesvorlage im Kongreß einbringen, die einen warnenden Aufkleber auf solchen Platten zur Pflicht macht. Wie den Unterlagen zu entnehmen ist – die amerikanische Phonozeitschrift *Billboard* berichtete darüber –, enthalten nicht nur die Platten selbst Botschaften, die ‚gotteslästerlich und okkult sind und aus der Satansanbetung stammen', sondern auch manche Plattenhüllen sind ‚eklatant mit okkulten Symbolen und satanischen Abbildern' verziert. Demnach kann bereits die Verpackung einer Schallplatte Christen einen Hinweis geben, daß sie verderbliche Musik enthält."[78]

Wie auch immer man das heute bewerten mag – ob Wahrheit oder Lüge –, damals hatten wir nur Angst, Angst, Angst, mit teuflischen Einflüssen in Berührung zu kommen. Es war ein weites Feld, in dem man unentwegt dabei war, nach dämonischem Einfluss Ausschau zu halten.

Ein Studienartikel des Wachtturms vom 15. 1. 1984 machte die Sache nicht besser:

---

[78] *Erwachet* vom 22.02.1983, S. 29.

„... wie ‚Sympathy fort he Devil' (Mitleid mit dem Teufel) und ‚Children of the Grave' (Kinder des Grabes)? Die *New York Post* berichtete, daß eines dieser Lieder ‚ein schamloses Eingeständnis' ist, daß die Musiker ‚mit Satan Hand in Hand arbeiten'.

8 Es gibt auch Aufnahmen schriftwidriger und sogar dämonischer Botschaften mit Hilfe einer Technik, die als ‚backward masking' bezeichnet wird und deren sich mehrere Gruppen bedienen. Wenn man die Aufnahme eines sehr populären Schlagers rückwärts spielt, sind zum Beispiel wiederholt die Worte zu hören: ‚Entschließe dich, Marihuana zu rauchen.' Eine andere Aufnahme enthält, rückwärts gespielt, die Botschaft: ‚Ich will singen, weil ich mit Satan lebe. [...] Es geht kein Weg daran vorbei, mein süßer Satan.'

9 Normalerweise spielt man natürlich Musikaufnahmen nicht rückwärts ab. Doch wenn man sich bestimmte Musik anhört, mag ein Sinn, der für unschickliche Anregungen empfänglich ist, entweder schriftwidrige oder dämonische Gedanken aufnehmen."[79]

Wer sich in diese Angst vor „dämonischen Einflüssen" hineintreiben ließ, reagierte oft panisch und warf alles in die Mülltonne, was irgendwie mit „weltlicher" Musik zu tun hatte.

Wenn dann der Interpret zum Beispiel Michel Jackson hieß und ein ausgeschlossener ehemaliger Zeuge Jehovas war, galt es als unverzeihliche Sünde, seine Musik zu hören, denn dann hatte man ‚geistige Gemeinschaft mit einem Abtrünnigen'.

Die suggestive Gewissensfrage war: ‚Würdest du einem Feind Jehovas gestatten, in dein Wohnzimmer zu kommen?' Einen persönlichen Geschmack in der Musik zu entwickeln, war ein Sakrileg, wenn er von der offiziellen Linie abwich.

Ich erwähnte einmal im Gespräch mit einer Schwester, dass Noah gerne die Musik von Jonny Cash hörte. Darauf war sie sehr entsetzt und warnte uns davor, denn der war angeblich spiritistisch und drogenabhängig.

---

[79] *Wachtturm* vom 15.01.1984, S. 11.

Unser Sohn hatte aber bereits einen sehr reifen guten persönlichen Geschmack. Weit über dem Niveau seiner Altersgenossen. Einige wenige Male erzählte er mir davon, was ihm gefiel. Wir unterhielten uns über Can oder Holger Czukay und Nina Hagen. Ich fühlte mich nicht in der Lage, seine Musik zu bewerten. Etwas verbieten, was ich überhaupt nicht beurteilen konnte, kam mir nicht in den Sinn. Da ich ihm zutraute, selber zu entscheiden, bat ich ihn lediglich, auf den Geist der Musik zu achten, ob er Frieden oder Krieg vermittelt. Aber ich hatte nicht das Gefühl, dass ich noch wirklichen Zugang zu seinen Gedanken hatte.

Noah galt als der strengste Älteste im Kreis. Das war für die Kinder eine Belastung. Wir erwarteten von ihnen, dass sie vorbildlich sind, dem Bild des Vaters gerecht werden. Sie versuchten es nach außen, waren aber innerlich davon völlig überfordert.

Ich ging einmal mit Schwester ‚Ehrlich' in den Dienst. Sie begleitete schon viele Jahre ihren Mann in viele Versammlungen im Kreisdienst. Sie sagte mir, dass nach ihren Beobachtungen die Kinder der Familien, die oft in Gebiete umgezogen sind, wo ‚Hilfe Not tut', große Schwierigkeiten damit haben. Sie verlieren die Bindungsfähigkeit. Ich war dieser Schwester sehr dankbar für ihre ehrlichen Worte, denn sie vertraute mir damit etwas an, was nicht linientreu war.

Ich bekam eine neue Perspektive für die Probleme. Mir wurde allmählich bewusst, dass wir den Kindern emotional zu viel abverlangten. In dieser Zeit war Schwester ‚Ehrlich' für mich ‚der Freund, der für die Zeit der Not geboren ist'.[80]

Ich bemühte mich in der folgenden Zeit bewusst darum, nicht mehr überzureagieren, sondern vielmehr auf Ausgleich und Verständnis zu setzen. Es war nicht leicht. Besonders bei Noah war die Angst vor den drohenden Repressalien in der Versammlung allgegenwärtig. Er war sich bewusst, dass seine ‚Gegner' bei den Ältesten nur darauf lauerten, ihm etwas anzuhängen. Aber er stellte sich wie ein Löwe vor seine Familie und verteidigte und beschützte uns oft mit Klauen und Zähnen.

---

[80] Sprüche 18,24.

Das ist die Seite der Zeugen. Was ist von unserer weltlichen Arbeit zu erzählen? Noah erging es eher mittelmäßig. Seine Chefin war cholerisch. Sie terrorisierte ihre Mitarbeiter. Es gab beim weiblichen Personal reihenweise Nervenzusammenbrüche und Weinkrämpfe. Da die Arbeitsmarktlage so katastrophal schlecht war, konnte niemand freiwillig kündigen. Noah war in dem Team wie ein Paradiesvogel. Er hatte durch seine Aufgabe für den neuen Geschäftszweig eine Sonderstellung. Frau Wurmtaler respektierte ihn. Er war für die Arbeitskollegen immer der Beichtvater. Es belastete ihn sehr, dass er so gut wie nichts für sie tun konnte. Sein Gehalt war sehr bescheiden. Es reichte nicht aus, um unsere Kosten zu decken. Als vorbildliche, christliche Glaubensschwester und Frau eines Ältesten konnte ich höchstens eine kleine Teilzeitbeschäftigung annehmen. Ich arbeitete also als Hilfskraft in der Rechnungsabteilung des Kreisboten-Verlages. Damit hielten wir uns dann mehr schlecht als recht über Wasser. Besondere Ausgaben konnten wir oft nur mit der Überziehung des Kontos decken.
1978 kam Felix in die erste Klasse der Ammerschule in Weilheim. Er war stolz nun auch ein ‚Großer' zu sein. Jonathan dagegen hasste diese Schule. Sein Klassenlehrer legte großen Wert auf die Pflege der bayerischen Mundart. Jo wollte absolut nicht und auf keinen Fall ein Bayer werden. Vielleicht war das seine Art des persönlichen Protestes. Passiver Widerstand gegen Entscheidungen, die über seinen Kopf getroffen wurden. Jedenfalls hatte er bei diesem Lehrer keinen guten Stand. Doch nach dem Wechsel in die Hauptschule ging es ihm besser. Er bekam einen guten Klassenlehrer, der ihn vielleicht gerade wegen seiner Legasthenie mit viel Verständnis förderte.
Als Jonathan begriff, dass er mit seinen Leistungen den anderen Schülern ebenbürtig war, wurde er ehrgeizig. In seine Klasse gingen noch zwei Jungen, die ähnlich gute Noten bekamen. Diese wurden seine persönlichen Sparringspartner. Es gab einen gnadenlosen Wettstreit, wer der Beste war. Schließlich blieb Jonathan Sieger und bekam beim Schulabschluss den Buchpreis überreicht.
Bela schaffte im Schuljahr 1979 durch ihren Notenspiegel den Status des qualifizierenden Hauptschulabschlusses am Gymnasium. Es wäre für sie

kein Problem gewesen bis zur mittleren Reife weiter zu machen. Doch sie hatte dafür keine Motivation. Wir waren wieder einmal zu dem Glauben manipuliert, dass nun Harmagedon ganz besonders nahe sei. Wir hatten bei der Berechnung angeblich nur die Zeit übersehen, die Adam schon im Garten Eden gelebt hat. Aus diesem Grund konnte es jetzt wirklich nicht mehr lange bis zur endgültigen Vernichtung der bösen Menschheit dauern. Daher waren wir auch der Meinung, dass sie gar keine bessere Schulbildung mehr braucht.

Warum wir dachten, im neuen System werden keine gut gebildeten Menschen benötigt, kann ich dir heute wirklich nicht sagen. Wir litten unter einer totalen Seelenblindheit.

In den Osterferien begleitete Bela ihren Vater auf Montage. Die Arbeit gefiel ihr so gut, dass sie spontan beschloss, sie möchte Raumausstatterin werden.

Die Entscheidung gefiel Noah. Er liebte seinen Beruf und sah die Ausbildung im Handwerk als gute Zukunftsentscheidung an. Das Handwerk ernährt auch in Krisenzeiten seinen Mann, sagte er immer. Daher bat er seinen Chef um einen Ausbildungsplatz für Bela. Herr Wurmtaler war damit einverstanden.

Mit einem anderen Anliegen biss Noah bei seiner Firma allerdings auf Granit. Sie verweigerten ihm mehrfach eine Lohnerhöhung. Herr Wurmtaler blieb stur. Mit einer Lohnerhöhung kann er nicht rechnen. Er bekäme bereits den höchsten Tariflohn für einen Raumausstatter-Gesellen. Wir mussten einsehen, dass eine vernünftige Bezahlung nur mit Fortbildung zu erreichen war. Noah entschloss sich deshalb die Meisterprüfung abzulegen. Er war damals 42 Jahre alt, hatte für eine 5-köpfige Familie zu sorgen und die Hauptverantwortung in der Versammlung zu tragen. Es kam nur ein Lehrgang neben der regulären Arbeit, also am Freitag und Samstag in Frage. Der Freitag wurde ihm als Urlaubstag angerechnet. Die überzähligen Tage als unbezahlter Urlaub.

In der Versammlung fehlte Noah – trotz der zusätzlichen Belastung – nie. Er ließ auch keinen Vortrag ausfallen. Das Lernen für die theoretische Prüfung fand immer nachts zwischen 22 Uhr und Mitternacht statt. Was er in diesem Jahr leistete, kann man in wenigen Worten nicht beschreiben. Doch wenn wir heute zurückdenken, sagt er manchmal verwundert: ‚Wie habe ich das nur geschafft?' – Meine Theorie war: ‚Mit Gottes Hilfe.'

In der Zwischenzeit entwickelte sich für Bela alles zum Besten. Sie fand Spaß an ihrer Arbeit und ging auch gerne nach München zur Berufsschule. Dort lernte sie einen netten jungen Mann aus Garmisch kennen. Es war ein ‚Weltlicher'. Sie verliebte sich in ihn und hatte heimlich Sex mit ihm. Ich wurde stutzig, als sie plötzlich Briefe ohne Absender bekam. Ich fragte sie, von wem die seien. ‚Von Meike', gab sie zur Antwort. Das fand ich seltsam. Warum sollte Meike, die nur ein paar Straßen weiter wohnte, ihr Briefe schreiben? Ich fragte: ‚Kann ich ihn lesen?' ‚Nein.' ‚Kann ich wenigstens die Unterschrift sehen?' Na ja, als sie nicht mehr ausweichen konnte und uns alles erklärte, war sie wahrscheinlich sogar erleichtert.

Wir luden den jungen Mann ein und sprachen mit ihm lange darüber, was es für uns bedeutet, Zeugen Jehovas zu sein. Dass er damit einverstanden sein müsste, wenn seine zukünftige Frau mehrmals die Woche zu Zusammenkünften geht oder zu fremden Menschen an die Tür zum Predigen. Ich versicherte ihm, dass das keine Ablehnung seiner Person sei. Er war ja wirklich ein netter Junge. Aber eine gemeinsame Grundlage im Glauben halten wir halt für eine gute Voraussetzung für das Glück. Wie sehr täuschten wir uns doch gerade in diesem Punkt! Diesen Jungen verschreckten wir wohl etwas. Die beiden beendeten die Beziehung daraufhin.

Aber die wirklich brutale Härte unserer Ordensregeln mussten wir dann selbst praktizieren. Es war unsere Pflicht, diese Verfehlung den Ältesten in der Versammlung zu melden.

Man muss sich das einmal bildlich vorstellen: Die eigenen Eltern, die, zu denen man Vertrauen haben sollte, müssen eine so intime Sache bei einem Komitee von fremden Männern anzeigen. Die Tochter – das geliebte Kind – denunzieren!

Wir taten das – ich schäme mich dafür sehr – damals aus voller Überzeugung. Wir glaubten tatsächlich: Das ist für die Vergebung und ihr Seelenheil notwendig.

Belinda wurde vor ein ‚Rechtskomitee' geladen. Da Noah wusste, dass sie bei den Weilheimern keine Gnade zu erwarten hatte, bestand er darauf, einen Ältesten aus der Versammlung Schongau mit hinzuzuziehen. Belinda hatte die Beziehung mit diesem Jungen beendet. Es wurde nur eine Zurechtweisung ausgesprochen. Aber auf dem ‚Sündenregister' von Noah, war ein weiterer Punkt vermerkt. Er lautete: ‚Misstrauen zu den Ältesten in Weilheim.'

„Das muss eine furchtbare Zeit für euch gewesen sein", sagte Helena erschüttert. „Wie können denn die Kinder Vertrauen zu ihren Eltern haben und ihnen ihre Sorgen anvertrauen, wenn sie sicher sind, dass es an die Versammlung weitergegeben wird?"

„Ja, du siehst das vollkommen richtig. Diese Erziehung zum Denunzianten, selbst im engsten Familienkreis, ist furchtbar. Es wird zwar mit salbungsvollen Worten erklärt, dass es ein Akt der Liebe sei. Nur auf diese Weise könne ein Sünder zu Reue und Vergebung gelangen. Aber ich empfinde das heute einfach nur als kaltherzig und lieblos. Wenn ich jetzt darüber spreche, steigt eine unbändige Wut in mir auf", sagte Mara mit tränenerstickter Stimme.

„Eine Zeit zum Reden – Wann?"

„Und wenn das Berufsgeheimnis zudem gesetzlich geregelt ist, wird die Sache noch ernster. Bevor ein Christ also aus beruflichen oder anderen Gründen einen Eid ablegt oder sich zu Verschwiegenheit verpflichtet, wäre es weise, zu ermitteln, welche Probleme das mit sich bringen könnte, falls ein Konflikt zwischen der Schweigepflicht und den biblischen Verpflichtungen entstünde. Wie sollte man vorgehen, wenn der Patient oder Klient ein Bruder oder eine Schwester ist? Gewöhnlich mag sich ein solches Problem ergeben, wenn man bei einem Arzt, in einem Krankenhaus, an einem Gericht oder bei einem Rechtsanwalt arbeitet. Wir dürfen das Gesetz des Staates nicht außer acht lassen und dürfen auch nicht ignorieren, wie schwerwiegend ein Eid ist, aber Gottes Gesetz ist höchstrangig.

Um dem Problem vorzubauen, haben Brüder, die Rechtsanwälte, Ärzte oder Wirtschaftsprüfer usw. sind, schriftliche Richtlinien festgelegt und die Brüder, die zu einer Konsultation zu ihnen gekommen sind, gebeten, diese durchzulesen, ehe sie ihnen ein Geheimnis anvertrauten. So wird im voraus klargelegt, daß der Bruder oder die Schwester, wenn es sich zeigen sollte, daß eine schwerwiegende Verfehlung vorliegt, ermuntert werden wird, zu den Ältesten der Versammlung zu gehen. Auch wird in den Richtlinien zu verstehen gegeben, daß der Beratende sich verpflichtet fühlen würde, selbst zu den Ältesten zu gehen, falls er oder sie nicht gehen würde.

Manchmal wird ein treuer Diener Gottes aus Überzeugung, gestützt auf seine Kenntnisse des Wortes Gottes, *die Schweigepflicht* wegen der höherrangigen Forderungen des göttlichen Gesetzes *teilweise oder ganz brechen*. Das erfordert Mut und Urteilskraft. Das Ziel würde nicht darin bestehen, die Privatsphäre eines anderen auszuspionieren, sondern dem Irrenden zu helfen und die Christenversammlung rein zu erhalten."[81]

„Wie gut, dass gerade unsere Männer zurückkommen. Dann kann ich mich etwas beruhigen. Ich habe ja noch eine Überraschung für uns dabei." Mara war wirklich dankbar für die Unterbrechung. Sie stand rasch auf, um eine Erfrischung vorzubereiten.

Noah und Franz kamen mit dem Boot zurück. Sie hatten Stunden der Entspannung auf dem See verbracht. Sie hatten Bier getrunken und gedöst und von alten Zeiten erzählt. Eher halbherzig hatten sie nebenher die Angel ausgeworfen. Noah hatte von seinem Paddelboot am Staffelsee geschwärmt. Damals war er noch nicht als Zeuge Jehovas getauft. Nach seinen Erzählungen war das die wohl schönste Zeit seines Lebens. Sie endete mit seiner Taufe und der damit verbundenen Verpflichtung zu predigen und die Menschen „vor der Vernichtung in Harmagedon zu warnen". Da der Sonntag damals der einzige freie Tag der Woche war, weil auch an Samstagen regulär für eine 48 Stunden-Woche gearbeitet wurde, blieb für ein Hobby absolut keine Zeit mehr übrig. Berichte über seine Erfahrungen schmerzten Noah nicht weniger als Mara. Es war gut, in Franz einen geduldigen Zuhörer gefunden zu haben.

---

[81] *Wachtturm* vom 01.09.1987, S. 14–15. Hervorhebung durch Vfn.

Schließlich waren die beiden verhinderten Anglerkönige überzeugt, dass die Fische sowieso nicht beißen würden und beschlossen, wieder zu den Frauen zurückzurudern.

Das war der richtige Moment für Mara, ihre tentazione di fragole zu präsentieren. „Wer kann meiner Erdbeer-Versuchung widerstehen?", fragte sie scheinheilig. „Die Erdbeeren hat Noah gestern frisch vom Feld gepflückt. Es ist ganz in der Nähe unserer Wohnung."

Sie hatte für jeden einen Teller mit der kühlen Näscherei vorbereitet und schenkte aus der Thermoskanne dampfenden Kaffee ein. Natürlich konnte niemand Nein sagen. Als sie davon gekostet hatten, wollte Helena unbedingt das Rezept wissen. „Ich schicke dir das Rezept per E-Mail zu", versprach Mara. „Es freut mich, dass es euch geschmeckt hat."

Von der Sonnenzeit ermüdet, beratschlagten die Freunde, wie man den Abend verbringen könnte. Es schien allen verlockend, sich in einem guten Lokal mit einer Renke, dem wahrscheinlich beliebtesten Fisch des Chiemsees, und gutem Weißwein verwöhnen zu lassen. Sie kannten alle ein Lokal am Waaginger See, dessen Fischgerichte geradezu legendär waren. So begannen sie ihre Sachen zu packen.

Franz rief unterwegs im Seerestaurant an und bestellte einen Tisch für vier Personen. Er hatte Glück. Es war noch nicht voll besetzt.

Nur wenig später erreichten sie das Restaurant. Ihr Platz war am Fenster mit Blick auf den Waaginger See. Sie bestellten sich eine Flasche Riesling und versuchten, sich für eines der verlockenden Gerichte auf der Speisekarte zu entscheiden. Schließlich wählten sie die gemischte Grillplatte mit den verschiedenen Fisch Spezialitäten. So konnte man von jedem etwas probieren. Sie wurden nicht enttäuscht, das Abendessen war purer Genuss. Bei dem guten Tropfen Wein kam auch das Gespräch wieder in Gang.

„Hat sich denn für dich der Aufwand der Meisterprüfung gelohnt?", wandte sich Helena an Noah.

„Wie man's nimmt", antwortet er. „Mein Chef weigerte sich kategorisch, mir mehr Lohn zu bezahlen. Auch erpresste er mich damit, dass er die Ausbildung von Belinda nicht fortsetzen wolle, sollte ich die Firma verlassen. Mir war klar, dass ich unter diesen Voraussetzungen eine neue Arbeit

suchen musste, sonst hätte ich mir den ganzen Aufwand auch ersparen können.
Trotz der Drohung kündigte ich bei der Firma Wurmtaler. Prompt durfte Bela nur noch staubsaugen, staubwischen und putzen.
Als der nächste ‚Kreisaufseher' in unsere Versammlung kam, stellte ich mein Amt als ‚Ältester' zur Verfügung. Wegen Belas ‚Sünde' war ich nicht mehr ‚frei von Anklage' und damit ungeeignet, eine leitende Stellung in der Versammlung einzunehmen.
Der ‚Kreisaufseher' lehnte aber mein Angebot ab. Er argumentierte, dass mich die Versammlung brauche. Ohne meine Führung gäbe es keinen Fortschritt und keinen eigenen Königreichssaal. Hätte ich damals bereits durchschaut, wie rücksichtslos man meine Zeit und Kraft missbrauchen würden bis das Projekt abgeschlossen war, wäre mir viel seelischer Kummer erspart geblieben. So aber lud ich wieder alle Sorgen und Probleme auf meine Schultern.
Mara hatte in der Zwischenzeit eine besser bezahlte Teilzeitstelle bei der Allianz in der Buchhaltung gefunden. Ich sagte zu ihr: Das, was du fremden Firmen wert bist, kannst du doch auch für unsere eigene Firma bringen. Wir sollten uns selbstständig machen. Dann kann ich Bela gut ausbilden und habe gleichzeitig freie Hand über meine Arbeitszeit. Ich kann für die Versammlung mehr Zeit einsetzen."
„Im Prinzip fand ich die Idee sehr gut", mischte sich Mara ein. „Aber als Buchhalterin fragte ich natürlich gleich, wovon sollen wir das bezahlen. Ich ging zur Handwerkskammer und ließ mich beraten. Aber die machten mir keine Hoffnung. Ohne Eigenkapital sei es ausgeschlossen. Von Schulden kann man keinen Gewinn erwirtschaften, das war das lapidar, aber niederschmetternde Ergebnis der Beratung.
Was sollten wir tun? Schließlich schlugen wir alle Warnungen in den Wind und gründeten mit unserem unerschütterlichen Gottvertrauen unseren Raumausstatter-Meisterbetrieb, zunächst provisorisch in einer Abstellkammer eines Glaubensbruders. Dort stellten wir eine gebrauchte, geliehene Nähmaschine, eine selbst gefertigte Arbeitsplatte und einen gebrauchten Schrank für Material hinein und fingen einfach an. Wir waren der

Überzeugung: Es muss auch mit fast keinem Eigenkapital möglich sein, unser Mädchen ordentlich auszubilden.
Durch meine Berufserfahrung kannte ich mich in der Werbebranche aus. Ich entwarf Anzeigen, die ich im Kreisboten schaltete. Die Buchhaltung, den ganzen Papierkram mit den Anmeldungen, den Ämtern, der Krankenkasse, der Berufsgenossenschaft, der Handwerkskammer und vor allem die Verhandlungen mit den Banken übernahm ich. Das war ein erheblicher geldwerter Vorteil, der als Eigenkapital zählte.
Doch das entscheidende ‚Wunder' passierte während der Meisterprüfung: Das Material für das Meisterstück, das wir uns gerade noch leisten konnten, war den Prüfern zu billig. Sie zogen Noah in der Benotung Punkte ab. Er hatte bestanden, aber nicht die beste Note in der Praxis. Doch der Direktor der Berufsschule fragte Noah, was er denn nach der Prüfung vorhabe: ‚Können sie sich vorstellen, in der Berufsschule in Teilzeit für 21 Wochenstunden praktischen Unterricht zu geben?' Das sahen wir nicht als Zufall an!
Noah sagte sofort zu. So hatten wir mit diesem festen Einkommen das nötige Eigenkapital bis unsere Firma ins Laufen kam. Dennoch standen wir unter immensem Stress in dieser schwierigen Zeit des erneuten Neuanfangs.
Zur gleichen Zeit entstand in Bela der Wunsch zu heiraten. Sie wollte dieses Mal alles richtig machen. Sie würde einen Zeugen Jehovas heiraten, der ihr beim letzten Kreiskongress den Hof gemacht hatte. Sex vor der Ehe war tabu. Also wollten sie so schnell wie möglich heiraten, um nicht in die Gefahr der ‚Hurerei' zu geraten. Aber Bela war noch nicht 17. Sie brauchte nicht nur unser Unterschrift, sondern auch die Beurteilung des Jugendrichters.
Wir bekamen eine Vorladung. Bei dem Gespräch wollte der freundliche ältere Herr einiges darüber wissen, wie Bela sich die Ehe vorstellt. Wie will sie Beruf und Haushalt, Geld und Ausbildung und so weiter bewältigen? Auf alle seine Fragen gab ich sehr plausible Antworten. Am Schluss sagte er: ‚Ich glaube, dass ihre Tochter die besten Voraussetzungen für eine glückliche Ehe hat.' Er gab ihr das Ehereifezeugnis. Aber als wir wieder

draußen waren, kam mir in den Sinn, dass Bela überhaupt nicht zu Wort gekommen war. Der alte Herr und ich hatten einen so guten Draht zueinander, dass wir uns bestens verstanden haben. Seine Beurteilung stimmte ja auch: Ich hatte die besten Voraussetzungen für eine lange, glückliche Ehe. Nur handelte es sich um meine und nicht um die meines Kindes.
Damals dachte ich aber, dass Bela mit meinem Kopf denken kann und mit meinem Herzen fühlen. Ihr Bräutigam würde als Zeuge Jehovas genauso liebevoll und loyal zu seiner Frau stehen, wie mein Mann zu mir gestanden hat, das war sowohl meine Überzeugung, als auch Belas Illusion.
So naiv und blauäugig kann der Mensch sein, wenn er Scheuklappen trägt. Unser Schwiegersohn war nicht der, für den er sich ausgegeben hatte. Wir erfuhren es zu spät: Er war hochverschuldet. Seine Mutter drängte ihn dazu, die Tochter eines selbstständigen Handwerksmeisters zu heiraten. Sie kannte unsere finanzielle Situation nicht. So hoffte sie, wir würden für die Schulden unseres Schwiegersohnes aufkommen. Es dauerte nicht lange, bis der Gerichtsvollzieher bei dem jungen Paar Dauergast war.
Leider schämte sich Belinda viel zu lange, uns mit ihren Problemen zu belasten. Aber sie war kein Herkules. Als sie das Ganze nicht mehr länger alleine tragen konnte, ließ sie sich von dem trösten, der ihr zugehört hat. Nach nur wenigen Monaten war ein viel versprechender Anfang nur noch ein Scherbenhaufen. Wir besorgten ihr ein Zimmer in unserem Wohnhaus. An die Wand dieses Zimmers malte sie den Spruch: ‚Sie schwieg um Hilfe, die Antwort war Schweigen.'
Wie nicht anders zu erwarten, reichte sie die Scheidung ein. Ich fuhr sie zu ihrem Termin im Amtsgericht. Ich hatte nicht den Mut, mit ihr in den Gerichtssaal zu gehen. Sie wurde allein von ihrem Anwalt begleitet. Als alles vorbei war, kam sie auf unser Auto zugelaufen. In ihrem Gesicht stand die pure Panik. Sie tat mir so leid und ich schämte mich für meine Feigheit.
Diesmal konnten wir nicht verhindern, dass Belinda wegen Ehebruch die Gemeinschaft entzogen wurde. Als die Bekanntmachung in der Versammlung verlesen wurde, bekam ich einen Weinkrampf.

Ich empfand dieses Urteil – ganz im Sinne der Wachtturm-Lehre – als Gefahr für ihre Zukunft: Ihr drohte die ewige Vernichtung. Ich verließ den Saal und setzte mich in unser Auto, um mich etwas zu beruhigen.

Jonathan begleitete mich. Er war 15, saß neben mir und konnte mich nicht trösten. Aber er sagte einen Satz, den ich nie vergessen werde."

Hier stockt Mara. Sie konnte die Tränen nicht mehr zurückhalten. Die anderen ließen ihr die Zeit. Keiner hinderte sie daran zu weinen. Nach einer Weile hatte sie sich wieder beruhigt und sprach weiter: „Jo sagte: ‚Mutti, ich verspreche dir, dass du meinetwegen nie so weinen wirst.' Das war sicher auch Belindas Wunsch gewesen. Jehova weiß es, und ich wusste es auch." Mara atmete tief durch. „Damals handelte ich zum ersten Mal bewusst und absichtlich gegen die geltenden Ordensregeln", fuhr sie in ihren Schilderungen fort. „Laut Wachtturm und Königreichsdienst, war es falsch, für einen Ausgeschlossenen zu beten, mit ihm zu reden oder irgendwie mit ihm Gemeinschaft zu pflegen.

Viele Familien von Jehovas Zeugen hielten sich an diese Regeln und zerbrachen daran. Doch diese Forderung ging über meine Kraft. Ich konnte meine Kinder nicht daran hindern, das vierte Gebot mit einer Verheißung, ‚auf das du lange lebest auf Erden' zu halten. Das widersprach meinen natürlichen, mütterlichen Gefühlen und meinem Verständnis der Barmherzigkeit Gottes.

> In 2. Mose 20,12 heißt es: „Ehre deinen Vater und deine Mutter, (Verheißung): damit sich deine Tage als lang erweisen mögen auf dem Erdboden, den Jehova, dein Gott, dir gibt." (NWÜ)

Es ist sehr interessant, dass an diesem Punkt viele Mütter den Gehorsam verweigern. Besonders Frauen, deren Männer keine ‚Ältesten' oder ‚Dienstamtgehilfen' sind, lassen sich nicht immer von den Ordensregeln vorschreiben, wie lange sie Mütter sein dürfen.

Christus wandte sich gerade den Sündern und schwer Beladenen liebevoll zu. Wenn das nicht auf mein Kind zutraf, auf wen denn sonst? Ich betete sehr inbrünstig und flehentlich für sie.

Ich fühlte mich auch selbst schuldig: Ich hatte nicht in allen Punkten dem ‚treuen und verständigen Sklaven' gehorcht. Manchen ‚Rat' hatte ich in den

Wind geschlagen. Ich wendete keine Prügelstrafe an. Ich verbot ihnen ihre Musik nicht. Ich zwang sie nicht, predigen zu gehen. Ich bestand nicht auf einem regelmäßigen, wöchentlichen Familienbibelstudium an Hand der Wachtturm-Literatur. Nun war ich der Meinung, dass wir jetzt dafür bestraft würden.

Wir hielten einen engen, familiären Kontakt zu unserem Kind. Vor allem ihr Vater kämpfte wieder mit allen ihm zur Verfügung stehenden Mitteln darum, dass sie ihre Lehre zu Ende bringen konnte. Sie sollte nicht auch noch ihre weitere Zukunft dadurch aufs Spiel setzen, dass sie ohne Berufsabschluss blieb. Es ging ihr physisch und psychisch sehr schlecht, aber sie durfte auf keinen Fall aufgeben."

Hier schaltet sich Noah in das Gespräch ein: „Unsere ganze Familie war durch diese Situation extrem belastet. Wir standen unter enormem Druck. Einerseits wollten wir die Anforderungen des Glaubens gewissenhaft erfüllen. Ich musste sie gegenüber der Versammlung auch vertreten und lehren. Andererseits spürten wir eine verzweifelte Abneigung gegen die offensichtlich herzlose und lieblose Ordensregel, die Wunden schlug, statt sie zu verbinden und zu heilen.

Dieser Gewissenskonflikt äußerte sich zunehmend in körperlichen Beschwerden. Ich litt immer mehr unter nervösen Störungen, die ich aber auf beruflichen Stress schob und nicht auf den Schaden, der durch religiösen Druck entstanden ist."

„Ja, das ist wahr", bestätigte Mara. „Wir waren alle nervlich am Ende, konsultierten die verschiedensten Ärzte und trugen viel Geld zu den Heilpraktikern – ohne nennenswerten Erfolg.

Ich begann damals, den Sinn der Ordensregeln zu hinterfragen. Warum ist es eigentlich so schlimm, die Ehe zu brechen? Will denn Jehova von Menschen etwas Unmögliches verlangen, damit er einen Grund hat, sie zu vernichten? Das widersprach komplett meinem Verständnis von Gottes Liebe. Mir kam ein Psalm in den Sinn, der lautete: ‚Wolltest du auf Sünden achten, Herr, wer könnte dann [...] bestehen? Ja, Vergebung ist bei dir [...].' Es gibt unzählige Texte, die das bestätigen.

Doch die Bibel sagt, dass Gott Ehescheidungen hasst. Gott sagte zu Eva: ‚Nach dem Manne wird dein Verlangen sein.' Es ist also natürlich, wenn sich eine Frau nach einer guten Partnerschaft mit einem Mann sehnt.
Gott sagte aber auch: ‚Und er wird über dich herrschen.' War das ein Fluch – die Strafe für ihre Sünde? Wenn Gott Liebe ist und will, dass es der Schöpfung gut geht, dann konnte es keine Strafe sein, sondern nur eine Warnung vor einer realen Gefahr. So wie ein Vater seinen Sohn warnt: ‚Trinke keinen Alkohol, wenn du Auto fährst, weil das Unfallrisiko zu groß ist.' Damit will er ihn vor einer Gefahr schützen. So warnte Gott die Frauen davor, dass eine Partnerschaft für sie Bedrückung bedeuten kann. Es war lediglich das Vorhersehen der Gefahr. Warum aber wollte er keine Ehescheidung, so fragte ich mich.
In der jüdischen Tradition hatte die Frau eine überaus geringe Stellung. Der Mann konnte sie ohne Grund oder aus nichtigem Anlass aus der Ehe entlassen. Frauen hatten dagegen nicht das Recht, sich scheiden zu lassen. Sie konnten nicht vor Gericht als Zeugen aussagen. Sie waren im wahrsten Sinne des Wortes Menschen zweiter Klasse. Als Christus sagte, dass Gott Ehescheidung hasse, wollte er zeigen, dass es diese ungerechte Behandlung der Frau war, die er nicht gutheißen konnte.
Gott schuf die Frau als Gegenüber des Mannes – gleichwertig, nicht geringer. Durch sein Verhalten gegenüber den Frauen gab Jesus ein Beispiel, wie Gott sie sah. In Sprüche 31,10 heißt es zum Beispiel: ‚Eine tüchtige Frau – wer findet sie wohl? Weit über Korallen hinaus geht ihr Wert.'
Einige von ihnen wurden von Engeln besucht, wie zum Beispiel Hagar, Sara, die Frau Manoachs und Maria, oder sie dienten als Prophetinnen, wie Debora und Hulda oder die Töchter des Philippus und andere.
Gott sorgte voll Mitgefühl für die Bedürfnisse von Frauen. Zweimal griff er ein, um Abrahams schöne Frau Sara vor Vergewaltigung zu beschützen. Lea – Jakobs weniger geliebter Frau – öffnete er den Mutterschoß, sodass sie durch Kindersegen Ansehen erhielt. Zwei gottesfürchtige Hebammen, die in Ägypten ihr Leben riskierten, um hebräische Knaben vor der Ermordung zu bewahren, wurden ebenfalls mit Kindersegen belohnt. Han-

nas Gebet um einen Sohn wurde erhört, weil sie aufgrund ihrer Kinderlosigkeit so sehr unter Spott litt. Sie bekam Samuel, der ein Prophet in Israel wurde und weitere Söhne.

Elisa, der Prophet, bewirkte durch ein Wunder, dass das Öl einer Witwe nicht ausging. So konnte sie ihre Schulden bezahlen. Sie wurde nicht in die Sklaverei verkauft und konnte ihre Würde bewahren.

Zu der Zeit, als Jesus auf der Erde lebte, schränkte die rabbinische Tradition die Frauen in ihren religiösen Vorrechten und in ihrer gesellschaftlichen Stellung stark ein. Jesus hielt sich nicht an diese Menschengebote. Er traf beispielsweise eine Samariterin an einem Brunnen. Sie war in mehrfacher Hinsicht eine geächtete Frau: Sie gehörte zu den Samaritern, mit denen Juden keinen Umgang pflegten. Kein jüdischer Mann durfte mit ihr in der Öffentlichkeit reden. Und sie war nicht legal verheiratet. All das hinderte Jesus nicht daran, mit ihr zu reden und ihr als erstem Menschen zu offenbaren, dass er der Messias ist.

Bei einer anderen Gelegenheit suchte eine Frau, die schon 12 Jahre an einem Blutfluss litt, in der Volksmenge nach Jesus. Nach dem Gesetz war sie rituell unrein und durfte sich dort nicht aufhalten. Doch in ihrer Verzweiflung ignorierte sie das Gesetzt, drängte sich durch die Menge und berührte das Gewand Jesu. Dabei wurde sie augenblicklich von ihrem Leiden geheilt. Jesus spürte, dass Kraft von ihm ausgegangen war. Er wandte sich an die Frau. Anstatt sie zu kritisieren, sagte er voll Mitgefühl zu ihr: ‚Tochter – eine Anrede, die er sonst nie gebrauchte – dein Glaube hat dich gesund gemacht.' Mitgefühl und Barmherzigkeit waren ihm wichtiger als Regeln und Vorschriften.

Jesus begünstigte Frauen auch dadurch, dass er ihnen nach seiner Auferstehung zuerst erschienen ist und sie beauftragte, dies seinen Jüngern zu berichten. Da es für die Jünger Jesu normal schien, dass Frauen nicht als Zeugen aussagen durften, kann man verstehen, warum die Bibel in diesem Fall schreibt: ‚Ihnen erschienen diese Reden wie Unsinn und sie wollten den Frauen nicht glauben.' Dadurch, dass Jesus Frauen mit Ehre und Respekt behandelte, gab er uns ein Beispiel dafür, wie Gott über Frauen

denkt. So beschreibt die Bibel jedenfalls die Haltung Gottes und Jesus Christus den Frauen gegenüber.
Warum hasst Gott also Ehescheidungen, fragte ich mich? Es gab nur eine logische Erklärung für mich: Er hasst es, wenn der Mann seine Stellung missbraucht und seine Frau nicht mit Liebe und Respekt behandelt. Er hasst es, wenn Frauen sich ihren Männern gegenüber lieblos und respektlos verhalten. Er hasst verletzte Gefühle, Rosenkriege, Schlammschlachten und das Leid, das Kindern, die in Einelternfamilien aufwachsen müssen, zugefügt wird, deren emotionale Bedürfnisse vernachlässigt werden. Er hasst wirtschaftliche Zusammenbrüche von Existenzen aufgrund von Zerwürfnissen und das psychische Chaos, in das ein Ehepaar dadurch gerät.
Sollte ein Gott der Liebe nicht genau diese Folgen von zerbrochenen Beziehungen hassen? Das war für mich die logische Schlussfolgerung. Ich konnte in Gott nicht das strafende Ungeheuer sehen, als das er für mein Empfinden von der Wachtturm-Religion dargestellt wurde."
„Auch wir als Eltern und die Geschwister waren von tiefen seelischen Verletzungen betroffen", warf Noah ein. „Für mich war das ganze Drama eigentlich mehr als ich verkraften konnte. Ich fuhr zu unserem damaligen ‚Kreisaufseher' nach München und bat ihn, mich von meinem ‚Ältestenamt' zu entbinden. Doch er bedrängte mich, jetzt nicht aufzugeben.
Die Versammlung Weilheim braucht dich, sonst wird der Königreichssaal nicht gebaut, sagte er. Er durchschaute die eifersüchtigen Intrigen der ‚Angesehenen'. Er sagte, da Bela nicht mehr in meinem Haushalt lebte als sie sündigte, könnte man das nicht mir ankreiden. Ich ließ mich schweren Herzens überreden. ‚Wenn dieser Saal gebaut ist', sagte ich bei einer anderen Gelegenheit, als ich bedrängt wurde, die Bauleitung zu übernehmen, ‚werde ich tot sein'. Dass es die Vorhersage meines geistigen Todes war, hat mich dann aber selbst überrascht.
Bruder ‚Angesehen' konnte mir zwar im Moment nicht schaden, aber er notierte diesen Vorgang in seinem ‚Sündenregister', das er ohne mein Wissen über mich führte. Später war es einer der Punkte, die mir zur Last gelegt wurden.

Aber zunächst konnte mich der ‚Kreisaufseher' wieder überzeugen, dass es meine Berufung und Jehovas persönlicher Auftrag für mich wäre, den Saal in Weilheim zu bauen. Die Probleme kamen demnach von Satan, dem Teufel, weil er genau das verhindern wolle. Er bediene sich der Schwächsten, nämlich unserer Kinder, um uns zum ‚Straucheln' zu bringen. ‚Aber, wenn Jehova mit uns ist, wer sollte dann gegen uns sein?', so fragte er mich. Es gelang ihm, mich mit diesen Argumenten zum Weitermachen zu veranlassen.

Ich suchte dann nach ungewöhnlichen Wegen, um endlich Geld für den Saalbau zu beschaffen. Ich kannte aus unserer Sonderpionierzeit viele Versammlungen in Norddeutschland. Ich schrieb sie alle an, in Hamburg, Berlin, Northeim, Göttingen, Idstein, München und viele andere. Im Brief schilderte ich unsere Lage und den Bedarf an finanziellen Mitteln. Ich bat darum, die Brüder zu fragen, ob jemand in der Lage wäre, uns zu unterstützen.

Natürlich bürdete ich diesen ganzen Schreibkram Mara auf. Sie übernahm es wie immer klaglos. Wir bekamen tatsächlich viele Hilfsangebote. Von der kleinen Spende von 10 Mark bis zu größeren Spenden und Darlehensangeboten.

Aber es gab auch eine Versammlung, die sich an Wiesbaden wandte und fragte: ‚Darf man denn das?' Natürlich befand Wiesbaden, dass ich das nicht durfte. Einen Alleingang in Sachen Geldbeschaffung konnte man nicht gutheißen. Wir bekamen also einen freundlichen, aber bestimmten Brief: Das sei in Zukunft zu unterlassen.

Für ein offizielles Darlehen der Wachtturm-Gesellschaft mussten wir eine bestimmte Summe an Eigenkapital angespart haben. Wir hätten dieses Ziel nie erreichen können, denn in der Versammlung gab es viele Gegner der Baupläne. Ich verhandelte also mit dem ‚Zweigbüro': Bewilligt uns bitte ein Darlehen mit weniger Eigenkapital und genehmigt uns zusätzlich eine Tilgungsstreckung. Dadurch wurde die Belastung für die Versammlung vertretbar.

„Noch etwas: Jesus Christus hat den ‚treuen und verständigen Sklaven' ‚über seine ganze Habe gesetzt' [...]. Das schließt die Gebäude der Weltzentrale und der Zweigstellen von Jehovas Zeugen in zahlreichen Ländern ein, ihre Kongress- und Königreichssäle sowie alle Tätigkeiten, die mit dem Verkündigen des Königreiches und dem Jüngermachen zu tun haben. Wer würde eine derart wertvolle ‚Habe' jemandem zur Verwaltung und Benutzung übergeben, dem er nicht vertraut?"[82]

Sie geben immerhin zu, dass es eine „wertvolle Habe" ist. Die Königreichssäle und Kongresssäle wurden mit Hilfe von freiwilligen Arbeitern und freiwilligen Spenden errichtet. Die bewilligten Darlehen werden ebenfalls durch die freiwilligen Spenden der Zeugen getilgt. Wenn alles auf diese Weise getan und bezahlt ist, hat Christus den „Sklaven" über diese Habe gesetzt und sie untersteht seiner Verwaltung! „Vertrauen" wird gefordert.

Nach diesen Zusagen konnte ich konkret nach einem geeigneten Grundstück suchen. Die Zeit, bis es endlich gefunden wurde, war sehr nervenaufreibend."

„Ja, das ist wahr." Mara sagte es mit einem tiefen Seufzer. „Ein Unglück kommt selten allein – sagt doch der Volksmund. Wir mussten in dieser Zeit auch ein geeignetes Objekt für unsere Werkstatt finden. Wir brauchten mehr Platz für Arbeitsflächen, Maschinen und Werkzeuge. Vor allem aber benötigten wir einen Raum, um unsere Kunden zu beraten und ihnen unsere Musterkollektionen zu zeigen. Wir fürchteten: Es würde wieder mehr Geld kosten, als wir hatten. Zu allem Unglück war unser alter Ford Taunus so verrostet, dass wir ihn ohne sehr aufwändige Reparatur nicht mehr durch den TÜV bringen konnten.

Ausgerechnet zu diesem Zeitpunkt geschah etwas, worauf wir wirklich keinen Einfluss hatten und das wir auch nicht voraussehen konnten. Man nennt das dann wohl Glück im Unglück: Plötzlich ging es allgemein wirtschaftlich bergauf. Die Menschen bekamen wieder Mut zu investieren. Die Immobilienpreise stiegen kometenhaft an. Wir hatten unsere Wohnung zum Preis von 172.000 Mark gekauft und plötzlich stieg sie im Wert auf 380.000 Mark. Daher konnten wir ein weiteres Hypothekendarlehen auf

---

[82] *Wachtturm* vom 15.02.2009, S. 24–28, insbesondere Abs. 9.

unsere Wohnung aufnehmen und einen sehr gut erhaltenen, gebrauchten Mercedes kaufen, sowie den Ausbau der alten Molkerei in Wielenbach und die Anschaffung der nötigen Geschäftsausstattung finanzieren.

Es war gigantisch viel Eigenleistung, die wir investieren mussten. Aber wir bewältigten die Arbeit gemeinsam und konnten gerade noch rechtzeitig umziehen, bevor die ersten guten Kunden kamen, die meine Anzeigen gelesen hatten.

Die überwiegende Mehrzahl kam aus der gesellschaftlichen Oberschicht. Schauspieler, Industriemagnaten, Adelige, Professoren und Ärzte. Alles, was Rang und Namen hatte. Sie wollten in der Hauptsache Antiquitäten restauriert oder Sitzmöbel besonders aufwändig mit Leder oder exklusiven Stoffen bezogen haben. Die gute Arbeit von Noah und Bela – die besonders geschickt mit Leder arbeiten konnte – sprach sich bald herum und brachte uns viele Empfehlungen ein.

Das Wichtigste war uns aber zunächst, Bela durch die Gesellenprüfung zu bringen. Es kam uns nun sehr zugute, dass Noah bereits Erfahrung hatte, wie die Prüfungen abliefen. Er hatte schon eine Abschluss-Klasse auf den Weg gebracht. Er gab Bela bei der Vorbereitung auf die Prüfung wertvolle Tipps. Während der Prüfung war er immer in ihrer Nähe und beobachtete, wo sie hängen blieb. Wenn sie aufgeben wollte, ermutigte er sie solange, bis er eine Rüge von der Prüfungskommission kassierte. Doch die Mühe lohnte sich.

Noah war als Lehrer bei seinen Schülern sehr beliebt. Sie spürten, dass er an ihnen und ihrem guten Abschluss interessiert war."

Der Kellner unterbrach Maras Erzählung. Er bemerkte die leeren Gläser und fragte nach ihren Wünschen. Als alle versorgt waren, griff Mara den Gesprächsfaden wieder auf.

„Noah bekam das Angebot, als festangestellter Lehrer an der Schule zu bleiben. Das hätte für uns finanzielle Sicherheit bedeutet. Aber Noah hätte den Treueeid auf die Verfassung unterschreiben müssen. Da schlug sein Gewissen. Es war eine Frage der Neutralität. Es gibt viele Zeugen Jehovas im Staatsdienst, die das mit gutem Gewissen unterschreiben konnten, aber Noah hatte Skrupel.

Wir dachten auch an Jonathan. Er hatte sich entschieden, Raumausstatter zu werden. Noah wollte ihm den Start in den Beruf so leicht wie möglich machen. Wir wollten ihn nicht in einen ‚weltlichen' Betrieb zur Ausbildung geben.
Aber am schwersten wog eine ganz andere Frage: Wie sollte Noah genügend Zeit finden, um den Bau des Königreichssaales zu managen? Wie immer fiel die Entscheidung nicht zu Gunsten eines sicheren Einkommens und einer in Aussicht stehenden Staatsrente, sondern für ‚die Interessen des Königreiches'. Wir setzten wiederum die Anforderungen der Wachtturm-Organisation die erste Stelle."
Am 1. September 1982 begann Jonathans Lehrzeit. Er verstand sich mit seiner Schwester sehr gut. Sie war uns eine großartige Stütze. Sie nahm klaglos jede noch so schwierige Arbeit in Angriff und gab nicht auf, bis alles perfekt erledigt war. Dafür bekam sie auch schon mal von dankbaren Kunden eine extra große Schachtel Pralinen geschenkt. Es war für sie bestimmt nicht immer leicht. Besonders im Winter: Morgens war die Werkstatt noch eiskalt. Es dauerte lange bis der Kachelofen die Räume soweit erwärmte, dass auch die Nähmaschine eine erträgliche Temperatur hatte. Wir hatten nicht genügend Geld, um den Ofen auch während der Nacht zu beheizen.
Noah achtete bei seinen Preiskalkulationen gelegentlich mehr auf sein Gefühl als auf kaufmännische Notwendigkeiten. Er entschied sich oft dafür, lieber einen kaum kostendeckenden Preis zu verlangen und den Auftrag sicher zu bekommen, als realistisch zu kalkulieren und eventuell auf die Arbeit zu verzichten. Für mich – die Buchhaltung – hieß es ständig zu jonglieren, um alle Rechnungen rechtzeitig begleichen zu können. Wenn ein Kunde zu spät bezahlte oder gar nicht, wartete Bela schon mal auf ihren Lohn und stellte ihn einige Zeit als Darlehen der Firma zur Verfügung.
Neben dem allen vollbrachte sie eine Leistung, die man zwar erzählen, aber nicht wirklich hoch genug bewerten kann. Sie begleitete uns als ‚Ausgeschlossene' zu allen Zusammenkünften. Damit setzte sie sich der Demüti-

gung aus, von niemandem begrüßt zu werden und mit keinem reden zu dürfen.

Die Versammlung hielt sich natürlich an diese strenge Ordensregel. Ich versuchte, immer an ihrer Seite zu sein, auch beim nächsten Kreiskongress in München. Ich konnte es körperlich spüren, wie furchtbar das für sie war. In meinen Augen war sie damals unglaublich stark. Ich denke, dass sie das auch für uns – ihre Eltern – getan hat. Gott segne sie dafür mit dem Segen, den er solchen verheißen hat, die Vater und Mutter ehren.

Nach einer Weile stellte sie den Antrag auf Wiederaufnahme. Sie versicherte dem Komitee ihre tiefe Reue für ihre Tat. Der Gemeinschaftsentzug wurde wieder aufgehoben. Die Familie war wieder vollständig. Es tat mir so gut.

Aber mein Kind trug eine tiefe Traurigkeit in sich. Das konnte man nicht übersehen.

Inzwischen sind viele Jahre vergangen. Doch noch heute erschüttert es mich zutiefst, wenn ich an jene Zeit zurückdenke. Wir mussten alle irgendwie weiterleben. Und zugleich hatten wir alle tiefe Wunden in unserer Seele davongetragen.

Ich hatte keinen Nerv mehr für ein Bibelstudium. Auf die Zusammenkünfte bereitete ich mich kaum noch vor. Der Predigtdienst fiel mir zunehmend schwerer. Ich wollte eigentlich aufgeben.

Eines Abends sprach ich mit Noah darüber. Es war für mich die Nacht am Scheideweg. Noah war überzeugt, dass es keine Alternative zum Predigtdienst gibt. Er ist das Markenzeichen der Zeugen Jehovas. Sie wurden bekannt, weil sie mit ihren Zeitschriften bei Wind und Wetter auf der Straße standen.

Ich wusste, wenn ich mich wieder damit identifizieren wollte, brauchte ich Nahrung für meinen Geist. Ich nahm mir viel Zeit, um das Buch *In der Anbetung des allein wahren Gottes vereint* zu studieren. Es wurde 1983 veröffentlicht und enthielt eine Fülle von Bibeltexten. Ich schrieb sie zum großen Teil von Hand ab und bat darum, dass Gott mir diese Informationen aus der Bibel immer dann ins Gedächtnis zurückruft, wenn ich vor

einem Problem stehe und diesen Rat brauche. Die ‚Kur' hat gewirkt. Ich war wieder auf Linie.
Ich konnte den Geist auf Linie bringen. Aber mein Körper war wesentlich widerspenstiger. Wir hatten alle Erholung nötig. Daher beschlossen wir, wieder nach Österreich in den Urlaub zu fahren. Ich wollte in einer anderen Versammlung positive Anregungen finden. Weilheim war zunehmend ein Albtraum.
Diesmal wählten wir die Urlaubsregion am Mondsee. Noch während wir unser Gepäck ausluden, fragte ich unsere Vermieterin, ob es in der Nähe Zeugen Jehovas gibt. Ja, sagte sie etwas säuerlich. Sie sei zwar eine gute Katholikin, aber die Zeugen Jehovas hätten ihre Kirche in der gleichen Straße, nur ein paar Häuser weiter.
Wir besuchten noch am gleichen Abend die erste Zusammenkunft. In dieser bescheidenen Versammlung wurden wir sehr freundlich aufgenommen. Besonders ein älteres Ehepaar kümmerte sich um uns. Sie luden uns zu sich nach Hause ein und zeigten uns eine Sammlung an alter Literatur und Briefen aus den KZs sowie Requisiten aus der Zeit der NS-Verfolgung. Das Ehepaar strahlte eine solche Freude und Begeisterung aus, dass es für mich ein wirklich erfrischendes Erlebnis war.
Noah hatte dann die Idee, diese außergewöhnliche Sammlung bei einem Kreiskongress in München zu zeigen. Der Kreisaufseher stimmte dem zu. Jonathan und ich holten die Exponate in Mondsee ab, um sie in München zu präsentieren. Übrigens ging nach dem Tod des Bruders die Sammlung in den Besitz der Versammlung Mondsee über und wurde in ihrem Königreichssaal präsentiert.
Die Ausstellung in München war ein voller Erfolg. Die Zeugen interessierten sich für das alte Grammophon, mit dem man früher von Haus zu Haus ging, um biblische Vorträge abzuspielen. Der Fahrradreifen, in dem verbotene Literatur geschmuggelt wurde, erregte die Aufmerksamkeit. Man konnte die verschiedenfarbigen Winkel sehen, mit denen die KZ-Häftlinge in die verschiedenen Kategorien eingeteilt wurden. Auch der violette Winkel der Bibelforscher war dabei. Viel Interesse erweckten auch die

Abschiedsbriefe derer, die zum Tode verurteilt waren, weil sie sich geweigert hatten ihrem Glauben abzuschwören.
Diese Ausstellung hatte für uns eine ungeahnte Spätfolge. Sie war der Beginn einer neuen Ära als Sammler für unseren Jo. Bisher sammelte er Bleistifte, Luftballons, Radiergummis, Tonbänder oder Berichte über die Fußball-Bundesliga – und zwar nicht nur jeweils ein paar Exemplare, sondern gleich mehrere hundert Stück.
Wenn er etwas machte, dann richtig. So war es auch in seinem neuen Sammlergebiet. Er sammelte alle Veröffentlichungen der Wachtturm-Gesellschaft in deutscher Sprache, derer er habhaft werden konnten – von den allerersten Anfängen an. Ich glaube, es gibt selbst in den meisten Königreichssälen der Wachtturm-Gesellschaft keine so umfangreiche und vollständige Sammlung, wie sie Jonathan im Laufe der Jahre zusammentrug.
Irgendwann sammelte er nicht nur, sondern erforschte die Schriften auch. Damit erhielten wir die unglaubliche Chance, die Entwicklung der Lehre zu analysieren und all die Vorhersagen zu ermitteln, die die Wachtturm-Organisation mit aller ‚Dringlichkeit' propagierte und die sich am Ende stets als falsche Prognosen erwiesen.
Aber 1983 waren wir noch der Meinung, dass wir den Wahnsinn in unserem Alltag nur deshalb zu bewältigen haben, weil die Versammlung Weilheim einen Königreichssaal braucht.
Wir versuchten tapfer, wenigstens etwas Normalität zu leben. Es gab Familienausflüge, bei denen uns auch die Freunde der Kinder begleiten durften. Wir fuhren zum Baden ins ‚Alpamare' nach Bad Tölz oder zum ‚Wellenberg' nach Oberammergau, damit unsere Wasserratte Felix seinen Spaß hatte. Sein Freund durfte ebenfalls mit. Wir besuchten die IGA in München und luden die Freundin von Bela mit ein. Wir gestalteten Versammlungsausflüge in die Scheibum. Wir veranstalteten Grillfeste in Wielenbach oder Mühlenturniere in Weilheim. Wir besuchten Fußballspiele und *Holiday on Ice* in München.
Mindestens einmal im Monat unternahmen wir etwas mit der ganzen Familie und mit Brüdern aus der Versammlung. Dazu gehörte auch die

Familie ‚Kleeblatt', für die ich damals besonders sorgte. Der Vater stürzte die Familie in Schulden. Es bestand die Gefahr, dass das Elternhaus der Frau gepfändet würde, denn die Eltern hatten für die Schulden des Schwiegersohnes gebürgt. Ich besorgte für Schwester ‚Kleeblatt' eine Anstellung im Haushalt. Durch ihr eigenes Einkommen konnte sie mit der Sparkasse eine Tilgungsvereinbarung treffen. Das Haus ihrer Eltern war damit gerettet, und sie verlor nicht das Zuhause für sich und ihre beiden Söhne. Der ‚Dank' dafür riss uns später den Boden unter den Füßen weg. Der Volksmund sagt sehr richtig: Die Hand, die segnet, wird zuerst gebissen.

Mara gähnte. Das lange Reden hatte sie angestrengt. Zu viele Erinnerungen stürzten auf sie ein: „Aber für heute kann ich beim besten Willen nicht mehr weitererzählen. Wir haben noch einen weiten Weg nach Hause und es ist schon spät. Außerdem habe ich eure Geduld schon viel zu lange strapaziert. Es gibt noch andere Themen, als diese ollen Kamellen", scherzte sie.

„Du hast recht, es ist schon sehr spät geworden. Wir wollen an den Heimweg denken", bestätigte Helena. „Doch wie deine Geschichte weiter geht, möchte ich unbedingt noch erfahren. Ich habe einen tiefen Einblick bekommen, wie Menschen in einer so abgeschotteten Gemeinschaft leben, und welchem Druck sie dabei ausgesetzt werden. Der Ruhestand ganz ohne eine sinnvolle Aufgabe gefällt mir nicht besonders. Ich plane die Eröffnung einer Praxis für kultgeschädigte Menschen. Deine Erfahrung ist mir dabei eine große Hilfe aus erster Hand. Du hast uns wirklich nicht strapaziert."

„Wenn das so ist, freut es mich ganz besonders, anderen zu helfen", erwiderte Mara. „Doch ich möchte wirklich nicht bei allen unseren Begegnungen nur meine Vergangenheit in den Mittelpunkt stellen. Ich will sie endlich ruhen lassen. Was hältst du davon, wenn ich dir den Rest der Geschichte schreibe. Dann können wir uns beim nächsten Mal mit den schönen Dingen des Lebens befassen. Ich will nach vorne schauen und sehen, ob für mich noch etwas ‚Leben' im Leben bleibt."

„Das ist eine wunderbare Idee!" Helena war sofort mit dem Vorschlag einverstanden. „Aber lass mich nicht zu lange warten. Ich bin schon sehr gespannt, wie du schließlich die Befreiung aus deinem Kokon geschafft hast."
Sie verabschiedeten sich herzlich und gaben einander das Versprechen, auf alle Fälle wieder etwas gemeinsam zu unternehmen.

Abbruch, Ausbruch, Aufbruch

„Einen Menschen vom Irrtum befreien
heißt geben, nicht nehmen."
(Schopenhauer)

Seit jenem schönen Ausflug waren bereits drei Wochen vergangen. Mara saß gedankenverloren beim Frühstück. „Woran denkst du?", fragte Noah. „Du siehst in letzter Zeit nur noch traurig aus. Ich dachte, du wolltest nicht mehr in die Zusammenkünfte gehen. Was macht es jetzt für einen Unterschied, dass sie uns die Gemeinschaft entzogen haben?" Mara sah ihn an. Ihr kamen Tränen in die Augen. „Ich bin nicht traurig, weil ich nicht mehr in die Zusammenkünfte gehen kann – du weißt, dass wir hingehen könnten, wenn wir mit niemandem reden. Aber ich habe gerade daran gedacht, was wäre, wenn dir etwas passiert. Angenommen, du bekommst einen Herzanfall und musst in die Klinik. Wer würde mit mir weinen oder mich trösten oder mir anbieten, mich zu begleiten?
Vor dem Gemeinschaftsentzug hätte ich innerhalb weniger Minuten zwanzig unserer Freunde um mich gehabt. Nun – von einer Minute zur anderen – darf keiner mehr mit mir reden. Keiner darf mich grüßen. Meine Mutter spricht nicht mehr mit mir. Meine Geschwister, meine Schwägerinnen, unsere Schwiegertochter, unser Enkelkind – einfach unsere gesamte Verbindung nach außen ist abrupt abgeschnitten.
Dabei habe ich mir nichts zuschulden kommen lassen. Ich habe lediglich von meinem verfassungsmäßigen Recht Gebrauch gemacht und eine Glaubenslehre hinterfragt. Ich kann es nun einmal nicht mit meinem Gewissen und mit meinen Gefühlen als Mutter vereinbaren, den Kontakt zu meinen Kindern abzubrechen. Sie haben sich doch auch nichts weiter zuschulden kommen lassen, als für sich zu entscheiden, die Wachtturm-Organisation zu verlassen!
Ich liebe meine Kinder. Ob nun innerhalb oder außerhalb einer Organisation. So etwas kann doch keine Bedingung für Liebe sein!"

„Ja, ich weiß", stimmte Noah mitfühlend zu. „Die Art, wie Jehovas Zeugen mit solchen umgehen, die die Organisation verlassen haben oder ausgeschlossen wurden, ist nach meinem Gefühl gegen die Würde des Menschen. Ganz abgesehen davon, dass sie hochoffiziell der Charta der Vereinten Nationen über die Menschenrechte widerspricht. Ich empfinde ihre Haltung als diskriminierend. Und verfassungsmäßig steht doch jedem das Recht auf Glaubens- und Gewissensfreiheit zu! Auch denen, die sich irgendwann für diese Organisation entschieden haben.
Wundert es dich da, dass alle Angst haben? Sie fürchten sich, dass es ihnen so wie uns ergeht. Wer möchte schon – vielleicht nach Jahrzehnten – von allen Freunden ignoriert werden und verlassen dastehen? Ich äußerte mich zwar auf Felix' Hochzeit nicht dazu. Ich wollte niemanden traurig machen, aber mein Herz war sehr schwer. Ich beobachtete die vielen Verwandten unserer Schwiegertochter, wie sie alle zu ihr gingen, sich mit ihr freuten und wie ihre Augen glücklich strahlten. Der Spruch ‚geteilte Freude ist doppelte Freude' kam mir in den Sinn und machte mich wehmütig. Felix hatte von seiner Verwandtschaft nur uns und seine beiden Geschwister an seiner Seite. Das machte so einen seltsamen Eindruck. Als wäre er ein schlechter Mensch, mit dem niemand etwas zu tun haben wollte. Dabei weißt du doch ganz genau, dass gerade Felix immer für alle da war. Er half jedem, selbst in der Nacht, bei Wind und Wetter, bei Schnee und Eis. Wenn ich daran denke wird mir ganz übel." Noah war in diesen Punkten mit Mara einer Meinung. Aber sein Zorn machte es ihm leichter, mit der Ausgrenzung umzugehen.
„Außerdem verletzt es mich", fuhr Mara fort, „dass sie ungestraft behaupten dürfen, ich sei kein Zeuge Jehovas mehr. – Ich weiß, ich weiß", kam sie Noahs Einwurf zuvor. „Sie handeln damit nur, wie es den Anweisungen entspricht. Ich habe *Organisiert Jehovas Willen zu tun*[83] auch gelesen. Aber das ist einfach nur Verleumdung und üble Nachrede. Niemand kann – noch dazu in aller Öffentlichkeit – behaupten, ich hätte meinen Gott verlassen,

---

[83] Vgl.: Wachtturm Bibel und Traktat Gesellschaft (Hg.): *Organisiert Jehovas Willen zu tun*, S. 154.

nur weil ich glaube, irgendwelche Menschen sind nicht vom Heiligen Geist geleitet!

Und es setzt mir auch zu, dass ich so lange die gleichen Lehren vertreten habe, die mich jetzt treffen: Diese schreckliche Vorstellung von der totalen Vernichtung aller Menschen, außer der Zeugen Jehovas natürlich. Wir beide habe das aktiv unterstützt! Und ich habe mich nie gefragt, wie denn so etwas mit der Liebe Gottes zu vereinbaren ist.

Schon wenn ich morgens in den Spiegel schaue, fällt es mir ein. Bei jeder banalen Tätigkeit am Tag denke ich daran und es tut weh. Selbst das Wissen, dass ich oft für Weltmenschen um Gnade gebetet habe, ändert daran nichts. Selbst daran erkenne ich jetzt eine Form von Arroganz.

Deshalb verstehe ich ja die Haltung unserer ehemaligen Freunde. Sie gehorchen, weil sie glauben, es sei die Wahrheit. Du weißt ja, wie sehr ich mich mit vielen freundschaftlich verbunden fühlte. Du kennst meinen Ordner mit Schmuckbriefen. Wie viele habe ich versucht, damit zu erfreuen oder sie zu trösten. Es gibt so viele Anlässe, einander Gutes zu tun: glückliche Ereignisse, aber auch Krankheiten, Todesfällen; ach überhaupt alle die Sorgen, die einem die Luft nehmen.

Ich erinnere mich an die viele Umarmungen, an den Dank, manchmal unter Tränen. Ich vermisse die Menschen, mit denen ich lachen und weinen konnte." Mara hielt inne. Tränen erstickten ihre Stimme. Nach einer Weile fuhr sie fort: „Stell dir doch einmal vor, der Vatikan würde plötzlich die Anweisung geben, dass kein gläubiger Katholik mehr mit jemandem reden darf, der exkommuniziert wurde oder der aus der Kirche ausgetreten ist. Eltern dürften ihre Kinder nicht mehr zu Familienfesten einladen. Geschwister dürften nicht zur Hochzeit eingeladen werden. Man könnte nicht mehr im Sportverein zusammen sein oder am Abend eine Grillparty besuchen, wenn so ein Ehemaliger dabei ist. Wie groß wäre dann die Empörung! Wie würden die Medien davon berichten! Der Protest ginge rund um den Globus.

Als ich unserer Nachbarin erzählte, was passiert ist, hat sie mir nicht geglaubt. Ich konnte ihre Zweifel und ihre Gedanken deutlich in ihrem Gesicht lesen: Da muss schon noch etwas anderes gewesen sein. Ich fühle

mich doppelt bestraft durch ihre unterschwellige Vermutung. Manchmal bekomme ich regelrecht Herzrasen. Vielleicht denken jetzt alle, ich habe etwas ganz Schlimmes oder Verwerfliches getan.
Dann denke ich an die Politik. Wie viele haben wirklich etwas Unerlaubtes getan, haben wirklich ‚Dreck am Stecken'. Weiß du noch? Gabriela Pauli wurde im Juni 2009 von den Freien Wählern aus der Landtagsfraktion ausgeschlossen. Gut, das hatte eben seine Gründe. Aber: Durfte sie danach nicht mehr von ihren Eltern und Geschwistern – falls sie Geschwister haben sollte – angerufen werden? Genau das erleben wir doch gerade! Und kann sie nun nicht mehr mit ehemaligen Parteifreunden einen Kaffee trinken gehen und mit ihnen über ihren Frust und ihre Sorgen reden? Niemand würde ihr das verwehren. Jeder, der alten Freunde aus der Partei, wenn er wirklich ein *Freund* ist, wird zu ihr halten. Niemand würde ihr vorschreiben, mit wem sie sich treffen darf.
Wie grotesk ist in ihrem Fall diese Vorstellung! Keiner stellt über das Recht des Ausschlusses aus einer Partei, einem Gremium, einer Religionsgemeinschaft oder eines Vereins hinaus die Forderung, dass ihr gesamtes sonstiges privates und geschäftliches Umfeld sich dieser Maßnahme unterzuordnen hat. Und alle, die das nicht akzeptieren, werden mit Sanktionen bedroht!
Aber die ‚Leitende Körperschaft' der Zeugen Jehovas darf sich das erlauben! Sie darf diese menschenverachtenden Anweisungen verbreiten. Und sie kann uns Betroffene ungestraft mit dem Teufel in einen Topf werfen. Sie kann uns unterstellen, dass unser Denken vergiftet ist, weil wir nicht alles glauben, was diese leitende Körperschaft veröffentlicht. Sie kann öffentlich behaupten, uns liege nichts daran, Jehova besser kennenzulernen. Sie darf behaupten, dass unser Vater der Teufel ist und dass wir Menschen bekämpfen, die Jehova ergeben sind.
Sie bestraft uns mit sozialem Tod, zerstört ein großes, gut funktionierendes soziales Netzwerk durch die verordnete Feindschaft und übernimmt für die Folgen nicht die geringste soziale Verantwortung. Wenn wir unter der Last zerbrechen, müssen eben die ach so bösen ‚Weltmenschen' versuchen zu helfen und den Schaden wieder reparieren."

Mara war hochrot im Gesicht. Sie hatte sich regelrecht in Rage geredet. Noah wollte beschwichtigen. Aber Mara wehrte ab.

„Du hast doch erst vor kurzem genau diese Gemeinheiten im *Wachtturm* lesen können!" Sie suchte in einem Stapel Zeitschriften den *Wachtturm* heraus und las vor:

> „‚Da ist es nur natürlich, dass Diener Jehovas nicht das Geringste mit ihnen zu tun haben wollen!' Das suggeriert mit einer unverschämten Selbstverständlichkeit, es sei völlig in Ordnung und von Jehova so gewollt, wie man mit uns verfährt!"
>
> „Studien-Artikel zu Hiob
>
> Satan war das erste Geschöpf, das abtrünnig wurde. Abtrünnige in unserer Zeit verraten die gleichen Wesensmerkmale wie der Teufel. Ihr Denken ist oft vergiftet von einer kritischen Haltung gegenüber einzelnen Personen in der Christenversammlung, gegenüber Ältesten oder gegenüber der leitenden Körperschaft. Manche von ihnen setzen sich vehement gegen den Gebrauch des Namens Jehova ein. Es liegt ihnen nichts daran, Jehova besser kennenzulernen oder ihm zu dienen. Wie ihr Vater, der Teufel, bekämpfen sie Menschen, die Jehova ergeben sind. (Joh. 8:44) Da ist es nur natürlich, dass Diener Jehovas nicht das Geringste mit ihnen zu tun haben wollen! (2. Joh. 10,11)."[84]
>
> Häufig wird mit einem Zitat aus Joh. 8,44 gearbeitet, um Kritiker der leitenden Körperschaft zu diffamieren: „Ihr seid aus eurem Vater, dem Teufel, und nach den Begierden eures Vaters wünscht ihr zu tun. Jener war ein Totschläger, als er begann, und er stand in der Wahrheit nicht fest, weil die Wahrheit nicht in ihm ist. Wenn er die Lüge redet, so redet er gemäß seiner eigenen Neigung, denn er ist ein Lügner und der Vater der Lüge." (NWÜ)

Ich aber empfinde das als Diskriminierung und als Aufforderung zu Intoleranz.

Die Öffentlichkeit kennt Jehovas Zeugen oft nur aus den Sensationsberichten über verweigerte Bluttransfusionen. Dabei ist es in solchen Fällen oft

---

[84] *Wachtturm* vom 15.04.2009, S. 6, Abs. 15.

schwer, eindeutig festzustellen, ob das die einzige Ursache für den Todesfall ist. Wie oft haben Prozesse ergeben, dass auch eine Bluttransfusion das Leben nicht gerettet hätte oder dass menschliches Versagen zu dem so tragischen Ausgang beigetragen hat. Auf diese Weise haben die Zeugen Jehovas natürlich schnell die Argumente auf ihrer Seite: Vielleicht sterben ja mehr Menschen wegen einer Bluttransfusion, als gerettet werden, oder sie erleiden einen gesundheitlichen Schaden. Man kann solche Ereignisse eben sehr medienwirksam vermarkten.

Aber wer fragt nach den anderen Opfern? Die psychischen Schäden derer, die man praktisch geistig tötet, indem man sie wie Luft behandelt, die sieht keiner. Wir Betroffenen sind viel zu verletzt und allein, als dass wir uns wehren könnten.

Und wenn wir uns überwinden und bei einem Psychotherapeuten Hilfe suchen? Wie oft kann er wirklich nachempfinden, was da abgelaufen ist? Man versteht ja die Zusammenhänge zwischen der Gewissensmanipulation durch die Ordensregeln und den eigenen Schuldgefühlen oft selbst nicht. Woher soll dann Hilfe kommen?"

„Ja, du hast völlig recht. Jemand, der das nicht selbst erlebt hat, kann sich schwer in die Lage eines Betroffenen hineinversetzen", bestätigte Noah. „Wie oft haben wir das an der Reaktion von Helena bemerkt. Sie lauschte häufig fassungslos und ungläubig deinen Berichten. Aber erwarten wir von den anderen nicht beinahe mehr, als von uns selbst? Auch ich kann ja immer noch nicht begreifen, wie wirksam diese Indoktrinierung war. Ich kann kaum begreifen, dass wir selbst es waren, die so viele Jahre die Organisation unkritisch unterstützt haben. Die Zeugen erscheinen nach außen harmlos. Dementsprechend sieht die Öffentlichkeit keine Veranlassung, sich über die Zeugen Gedanken zu machen. Sie tun scheinbar niemandem etwas zu Leide".

„Raymond Franz konnte es verstehen", entgegnete Mara. Sie hatte in den letzten Tagen wieder einmal mit fassungslosem Staunen in dem Erfahrungsbericht des ehemaligen Mitgliedes der Leitenden Körperschaft gelesen. „Er hat es am eigenen Leibe erfahren. Ich finde er hat es sehr treffend formuliert. Darf ich es dir kurz vorlesen?" Als Noah nickte nahm sie das Buch zur Hand und las eine Passage vor:

„Nicht alle sind durch die hier betrachteten Faktoren in demselben Maße betroffen. Es gibt natürlich wie in den Tagen Jesu Personen, denen es scheinbar genügt, bestimmte vorgeschriebene Routinetätigkeiten zu erledigen, und einige davon empfinden sogar Freude (und allzu oft Stolz) dabei, überkommene Erfordernisse und durchorganisierte Programme zu befolgen. Andere wiederum sind deshalb nicht besonders betroffen, weil sie nicht daran interessiert sind, Erwartungen zu entsprechen oder Anerkennung zu erhalten. Ihre Gleichgültigkeit ist für sie ein Schutzschild.

Es ist eine traurige Tatsache, dass unter dem ständigen Druck, bei den von der Organisation gelenkten Tätigkeiten immer mehr zu leisten, diejenigen Zeugen am meisten leiden, die am empfindsamsten und gewissenhaftesten sind. Vielen von ihnen bereitet die Begründung – die geschickt unterstellt, man lade Schuld auf sich, wenn man die ‚Vorschläge' und ‚Empfehlungen' der Organisation, ‚vermehrten Dienst' anzustreben, nicht befolgt – ständig Sorge, nicht genug zu tun und nicht den Erwartungen zu entsprechen […] "[85]

Wie treffend er das beschreibt! Kannst du dich erinnern? Einmal erzählte ich unserem ‚Ältesten' davon, dass ich keinen Tag mit dem Gefühl ins Bett gehen kann, ich hätte alles getan, was ich konnte. Er reagierte ziemlich verständnislos: ‚Du darfst nicht alles so wörtlich nehmen, was von der Bühne gesagt wird', war sein Rat. ‚Du musst das in ein Ohr rein und zum anderen wieder raus lassen.' Ich hatte dazu nicht das Talent. Mir war es immer viel zu ernst mit dem Glauben.

Ich denke, es ist an der Zeit, dass ich mein Versprechen einhalte und Helena berichte, wie unser Leben weiter verlaufen ist. Wenn sie wirklich ihre Praxis für Kultgeschädigte eröffnet, kann sie unsere Erfahrung als praktische Anschauung nutzen, um die Zusammenhänge zu verstehen."

---

[85] Raymond Franz: *Auf der Suche nach christlicher Freiheit*, S. 541.

Entschlossen räumt Mara das Frühstücksgeschirr auf und setzt sich an ihren Computer. Sie öffnete ihr Mailprogramm und begann, an Helena zu schreiben:
„Liebe Helena, du wartest sicher schon auf meinen versprochenen Bericht. Ich war in den vergangenen Tagen sehr traurig. Ich spürte überdeutlich, wie sehr mich der Gemeinschaftsentzug, den die Ältesten unserer Versammlung ausgesprochen haben, von allen unseren bisherigen Freunden trennt. Vielleicht wunderst du dich, dass ich diese Menschen so bezeichne. Aber ich sage bewusst ‚Freunde'. Wir hatten viele Jahre ein sehr gutes Verhältnis zu den Gliedern unserer Versammlung. Es gab keine persönlichen Differenzen. Immer wieder versicherte man uns, wie sehr sie uns schätzen. Und doch war die Wertschätzung recht begrenzt. Eine abweichende Meinung über die ‚leitende Körperschaft' und unsere Weigerung, uns von den Kindern zu trennen, die die Organisation verlassen haben, konnten die ‚Ältesten' nicht dulden. Dabei hätten wir über die Frage, ob die ‚leitende Körperschaft' der ‚treue und verständige Sklave' vom Geist Gottes geleitet wird oder nicht, gern mit den anderen geredet und eine Antwort gesucht!
Das Sprichwort sagt: Ein Bündel Ruten bricht man nicht gemeinsam, sondern einzeln. Davor, gebrochen zu werden, haben sie große Angst. Sie befürchten, es könnte weitere Gläubige geben, die ebenfalls die eine oder andere Ordensregel in Frage stellen.
Aber ich sollte der Reihe nach erzählen. Ich wollte dir ja den Rest unserer Erfahrung mit dieser Organisation berichten. Das fällt mir nicht leicht. Es ist beinahe unmöglich, das alles gleichzeitig zu erzählen, was gleichzeitig geschah:
In den 80er Jahren stand das Bauen von Königreichssälen und Kongresssälen im Vordergrund. München sollte einen eigenen Kongresssaal bekommen. Bei der Startversammlung war Noah als Berater anwesend.
Als die Frage der Bestuhlung besprochen wurde, regte Noah an, sie in Eigenleistung, als kostengünstigste Lösung, herzustellen. Er legte Planskizzen vor. Die Gestelle sollten aus Vierkanteisen geschweißt werden. Für die Sitzpolster benötigte man Sperrholzplatten. Auf die wurde der Sitz aus

Schaumstoff geklebt. Das ganze könnte man mit einem sehr strapazierfähigen Antikvelourstoff beziehen. Die Bestuhlung für den Kongresssaal wurde nach diesen Entwürfen hergestellt. Allerdings war Noah bei der Produktion nicht dabei. Er hatte zu dem Bauleiter keinen besonders guten Draht. Ihre Ansichten über die Qualität der Arbeiten gingen zu weit auseinander.

Aber damals wurde Noah als Polstermeister bekannt. Daraufhin bekamen wir viele Anfragen, ob wir die Produktion der Bestuhlung für verschiedene Königreichssäle übernehmen könnten. Wir ahnten nicht, welche Lawine da auf uns zurollte. Es schien uns, als hätten wir für diese Aufgabe unsere Werkstatt eröffnen müssen.

Noah wollte an dieser Arbeit nicht verdienen. Es sollte alles in freiwilliger Arbeit für Jehova getan werden. Er ließ jeweils die Eisengestelle von Freiwilligen aus der Versammlung schweißen, die die Bestuhlung brauchte. Sie mussten genau nach seinen Plänen arbeiten.

Die Polster wurden dann von einer Gruppe freiwilliger Helfer in unserer Werkstatt in Wielenbach produziert. Wir besorgten das Material bei unseren Großhändlern und gaben es zum Selbstkostenpreis an die Versammlungen weiter. Wenn die Sitze fertig waren, gingen wir in die Säle vor Ort und montierten sie auf die fertigen Tragegestelle. Es waren Bänke von zwei bis sieben Sitzen. Unsere Kinder waren immer mit dabei. Sie verbrachten unzählige Wochenenden damit, kostenlos und unentgeltlich in ihrer Freizeit Sitzpolster für Versammlungen zu produzieren.

Oft hatte Bela die Aufsicht über die Näherinnen. Jo klebte den Schaumstoff und half bei der Montage der Sitze. An einem Samstag hatten wir sehr viele Sitze zu kleben. Jo arbeitete viele Stunden im Kleberdampf. Am Ende war er wie betrunken. Er führte sich kindisch auf. Beispielsweise warf er seine Handschuhe nach den Hühnern im Nachbarhof.

Heute weiß ich, dass all das gar nicht lustig war. Wir lachten damals. Aber unser Lachen blieb uns später im Halse stecken: Der Kleber war ein Neurotoxin. Er schädigte die Nerven. Dieses Gift war einer der Gründe für Noahs gesundheitliche Probleme.

Mir sind noch einige Versammlungen in Erinnerung, für die wir gearbeitet haben: Schongau, Miesbach, Peißenberg, Neumarkt St. Veit, München-Westend, Fürstenfeldbruck, Gilching, Neuburg/Donau, Traunstein, Freilassing, Kaufbeuren, Schwabmünchen, Reichertshofen, Bad Tölz, Neumarkt in der Oberpfalz und Schwandorf. In manchen Versammlungen fertigten wir auch die Fensterdekoration und verlegten die Teppichböden.
An Traunstein kann ich mich noch sehr gut erinnern. Noah fuhr mit Bela und Jo hin, um die Bühnendekoration zu montieren. Es war im Winter. Auf dem Rückweg am späten Abend kamen sie in einen Schneesturm. Die Autobahn war völlig zugeschneit. Es gab keine Sicht, die Verkehrszeichen waren verschneit und es waren auch kaum andere Fahrzeuge bei diesem Wetter unterwegs. Ich wartete zu Hause voller Angst. Die drei überstanden den Blindflug nach Hause unbeschadet. Das zähle ich zu den Wundern meines Lebens. Ich bin mir bis heute sicher, dass sie ein Schutzengel begleitet hat.
Endlich konnte Bela den Führerschein machen. Sie hatte genügend Geld gespart, um sich einen gebrauchten Volvo zu kaufen. Er war ihr ganzer Stolz. Sie verzierte ihn mit einem hübschen Garfield und wurde nun etwas unabhängiger. Zugleich wuchs ihr Ansehen bei den Jugendlichen in unserer Versammlung wieder, das nach ihrem Gemeinschaftsentzug sehr beschädigt war. Ende 1983 erfuhren wir von einem Baugrundstück im ‚Paradeis', das sich als Bauplatz für unseren Saal eignen könnte. Sofort setzte Noah alle Hebel in Bewegung, damit wir es auch bekamen und der Sekretär unserer Versammlung den Kauf perfekt machen konnte. Wiesbaden wollte nicht so recht mit den Baudarlehen herausrücken. Sie begannen etwa zur gleichen Zeit den Bau des Zweigbüros in Selters. Aber wann hatte Noah sich je durch eine schlechte Nachricht von seinem Weg abbringen lassen?
Mein Vater meldete sich für Dezember 1983 zum freiwilligen Einsatz beim Bau in Selters. Aber es ging ihm gesundheitlich sehr schlecht. Seine Ärztin bestand darauf, dass er sich in Gauting in der Lungenklinik untersuchen ließ. Ich fuhr ihn nach Gauting. Und war neben ihm, als er die nieder-

schmetternde Diagnose ‚Lungenkrebs' bekam. An einen Einsatz beim Bau war nicht mehr zu denken.

Mein Vater erfuhr noch davon, dass wir endlich ein Grundstück für den von ihm so sehr gewünschten Bau eines Königreichssaales kaufen konnten. Auch den Bauplan sah er noch, den Noah gemeinsam mit einem befreundeten Architekten ausarbeitete. Aber den Baubeginn erlebte er nicht mehr. Er starb am 4. September 1984. Es war ein unbegreiflicher Sommer. Meine 40 Bonsai-Bäume, alle meine Balkonblumen und der Weinstock aus Südtirol gingen ein. Es war wie ein Zeichen, dass ich nicht sehen wollte.

Bevor wir mit dem Bau beginnen konnten, musste eine Bodenprobe entnommen werden. Das war wichtig für die statischen Berechnungen. Dabei fand man in neun Metern Tiefe immer noch Kies. Das Loch für den Probeaushub war am nächsten Morgen mit Wasser vollgelaufen und es schwamm ein Frosch darin. Der Architekt stellte fest: ‚Dem Bruder, der dieses Grundstück gekauft hat, sollte die Gemeinschaft entzogen werden. Es ist zum Bauen völlig ungeeignet.'

Der Architekt war ein Freund Noahs. Er sagte auch zu ihm: ‚Du wirst sehen, wenn ihr diesen Bau zu Ende habt, wird es Opfer geben. Ich habe viele Versammlungen gesehen, die nach dem Bauen Brüdern die Gemeinschaft entzogen haben, weil sie nicht mehr mit dem Streit während der Bauzeit umgehen konnten.' Wie recht er behalten sollte!

Aber wie sollte sich Noah jetzt verhalten? Aufgeben? Wahrscheinlich können tatsächlich nur Leute wie Noah und ich benutzt werden, um so eine Aufgabe zu bewältigen. Sicher nicht jeder Zeuge Jehovas hat einen so unerschütterlichen Glauben daran, dass Jehova – wenn er will – jedes Wunder wirken und alles Unmögliche möglich machen kann.

Noah beschwor seinen Freund: ‚Denk dir etwas aus. Es muss einen Weg geben, um auf diesem Platz zu bauen.' – Und es gab einen Weg: Unser Architekt kannte einen Statiker, der schon die tollsten Bauwerke berechnet hatte. Er war ebenfalls Zeuge Jehovas und wollte uns helfen. Er hatte die Idee, den Saal auf eine bewehrte Bodenplatte zu stellen. Wir sollten keinen

Keller bauen, aber dafür das Gebäude so verankern als stünde es auf einem Schiff. Es war einfach genial.
Die Stadt Weilheim erteilte uns relativ zügig die Genehmigungen für den Bau. Doch mittlerweile war es Dezember. Es konnte nicht vor dem Frühling mit dem Bau begonnen werden. Also kümmerten wir uns zuerst um die Bestuhlung. Es traf sich gut, dass zur selben Zeit auch die Versammlung Peißenberg ihren Saal renovieren und mit neuen Sitzbänken bestücken wollte. Wir taten uns zusammen. Ein Bruder in Polling hatte genügend Platz, damit wir die Gestelle schweißen konnten. Die Sitz- und Rückenpolster produzierten wir dann wieder in unserer Werkstatt.
Es wurde jede helfende Hand gebraucht. Die Jugend half zum Teil eifrig mit. Sie kamen sich so bei der Arbeit näher. Es gab gleich zwei Jungen, die sich für Bela interessierten. In einen verliebte sie sich heftig. Aber leider war er mit dem Sohn von Schwester ‚Kleeblatt' befreundet. Diese Familie war inzwischen unter dem Einfluss eines ‚Ältesten', der zur Gruppe der ‚Angesehenen' gehörte und Noahs Pläne stets skeptisch kommentierte. Kurzum unter diesen negativen Einflüsterungen nahm die Beziehung ein schmerzliches Ende, noch ehe sie richtig begonnen hatte.
Damit war der Weg frei für den zweiten Anwärter auf Belas Gunst. Ich will ihn ‚Fantasierer' nennen. Er hielt nicht viel von Mitarbeit. Er stand immer mit verschränkten Armen in der Nähe von Belinda und beobachtete sie. Die Jugendlichen nannten ihn das ‚größte Lügenmaul der Versammlung'. Aber er war ein begnadeter Sprücheklopfer. Er konnte mit seiner Angeberei durchaus beeindrucken. Doch zunächst hatte niemand Zeit für private Wünsche.
Als endlich der Boden frostfrei war, begann der Bau. Wir sollten einen Baumeister aus der Versammlung Schongau als Leiter bekommen. Er kam an dem vereinbarten Tag vorbei, sah sich den Platz an und konstatierte: ‚Da kann man nicht bauen. Bei den Kiesbergen ist es unmöglich.' Sprach es, setzte sich in seinen Wagen und fuhr wieder nach Hause. Wir haben ihn am Bau nicht mehr wieder gesehen.
Wieder stand Noah vor einem Problem, das er alleine lösen musste. Er besorgte sich Sägespäne und streute damit, nach dem Bauplan, den Grund-

riss für das Gebäude. Da so viele voller Erwartung und Tatendrang gekommen waren, um zu arbeiten, war es ihm wichtig, sie nicht enttäuscht nach Hause zu schicken. Er sagte einfach: ‚So, dann fangt hier einmal an, einen Graben für das Fundament auszuheben.' Das war die Arbeit für das erste Bau-Wochenende.
Am nächsten Wochenende kamen zwei Maurer aus München, die uns während der gesamten Bauzeit jede Woche helfen wollten. Zuerst stellten sie fest, dass der Fundament-Graben wieder zugeschüttet werden musste, um nach ihren Angaben neu ausgehoben zu werden. Es war nun nicht mehr zu übersehen, dass es in der Versammlung zwei Parteien gab. Die Gegner des Baues – die Gruppe der ‚Angesehenen' – musste sich als Verlierer betrachten, sollte der Bau gelingen.
Um Noah gruppierten sich alle, die auf ein gutes Gelingen hofften. Sie waren bereit, ihn mit all ihren Kräften und Möglichkeiten zu unterstützen.
In unsere Versammlung war ein ‚Ältester' zugezogen, der sich auf die Seite der ‚Angesehenen' geschlagen hatte. Er leitete eine Studiengruppe, zu der auch die Familie ‚Kleeblatt' gehörte. Er säte bewusst Misstrauen gegen Noah. Ich erinnere mich an einen Besuch bei Familie ‚Kleeblatt'. Wir schauten nach unserem Predigtdienst bei ihnen vorbei, um uns zu erkundigen, wie es ihnen geht. Wir begleiteten sie immerhin schon jahrelang und hatten ihnen geholfen. Es war aufrichtiges, freundschaftliches Interesse und Anteilnahme an ihren Sorgen. Bruder ‚Neu' behauptete aber, wir wären gekommen, um sie ‚auszuhorchen'. Noah erfuhr es später, als man ihm bei der ‚Generalabrechnung' sein ‚Sündenregister' vorhielt.
Es ist offensichtlich sehr einfach, aus einem Freund einen Feind zu machen. Wenn man einen Hund prügeln möchte, findet man immer den passenden Knüppel, sagt ein Sprichwort. Jemandem falsche Beweggründe unterstellen, ist ein sehr wirkungsvoller Knüppel. Wie könnte man sich denn auch dagegen wehren?
Klaus ‚Kleeblatt' hat Schreiner gelernt. Wir halfen ihm, sein Gesellenstück zu machen. Er beschloss mit Bruder ‚Neu', dass die Lampenschirme für die Beleuchtung des Saales in Eigenleistung aus Holz hergestellt werden sollen. Diese Arbeit wollte Klaus übernehmen. Noah ließ ihn gewähren. Er

wollte deswegen keine Ursache für Zwist haben. Und es war ihm immer wichtig, eigene Initiativen zu fördern.

Später, während der ‚Generalabrechnung' klang auch das ganz anders: Er hätte kein Interesse an der Arbeit von Klaus gehabt. Klaus war einer der Informanten für das ‚Sündenregister', das Bruder ‚Angesehen' akribisch geführt hatte. Während der Bauzeit sammelte er besonders intensiv. In diesen Monaten wurden sogar einzelne Äußerungen von Noah registriert, die man aus dem Zusammenhang gerissen, als Anklage verwenden konnte. Zum Beispiel wollte der Maurer einmal eine Sache ganz anders machen, als es der Architekt angeordnet hatte. Noah ließ das nicht zu. Im Laufe der Diskussion sagte er, bezogen auf diese spezielle Arbeit: ‚Ich mach schon keinen Fehler.' Im ‚Sündenregister' von Bruder ‚Angesehen' erschien diese Aussage als ‚Beweis' dafür, dass sich Noah für unfehlbar hielt. Ihm fehle es somit an der notwendigen Demut, die ihn als Ältesten qualifiziert hätte.

Unserer Familie stand ein Jahr voll extremer Belastungen bevor. Noah hatte sich nicht nur um die rechtzeitige Beschaffung sämtlicher Baumaterialien zu kümmern. Er sorgte auch dafür, dass an jedem Wochenende genügend freiwillige Helfer da waren. Natürlich brauchten diese eine gute Verpflegung. Es waren laufend Rechnungen zu bezahlen. Das bedeutete für Noah, sich ständig um die Geldbeschaffung zu kümmern, besonders für die Baunebenkosten, die nicht mit den Hypothekendarlehen abgerechnet werden konnten, wie zum Beispiel die Brotzeiten.

Verschiedene Familien der Versammlung hatten sich bereit erklärt, reihum jedes Wochenende für die Bautruppe zu kochen. Einige, die zu weit entfernt wohnten, stellten dafür Geld zur Verfügung. So hatten wir einen kleinen Verpflegungsfonds, aus dem man Zuschüsse beisteuern konnte. Das alles musste organisiert werden, um einen reibungslosen Ablauf zu gewährleisten. Und es kostete viel Zeit.

Für mich war das Kochen immer eine immense Herausforderung. Es waren 40 bis 60 Personen mit 3 Mahlzeiten zu versorgen. Das kostete Geld. Der Zuschuss aus dem Fonds deckte nur einen Teil ab. Obwohl ich so viel wie irgend möglich selbst herstellte – zum Beispiel das Griebenschmalz für die Schmalzbrote –, kostete der Teil der Lebensmittel, die ich kaufen musste, immer mehr, als ich mit meinem Haushaltsgeld bezahlen konnte. Die Summe, die ich benötigte, ließ stets das Minus auf unserem Konto ein Stück höher werden.

Noah fiel während des gesamten Jahres oft in der Produktion aus. Die Termine für den Baufortgang waren zumeist wichtiger. Es gab ja so unendlich viel zu tun! Doch die Einnahmen in unserem Geschäft blieben immer weiter hinter unserem Bedarf zurück. Wir versäumten es damals, einen biblischen Grundsatz auch für uns ernst zu nehmen: ‚Du sollst dem Ochsen, der da drischt, nicht das Maul verbinden.'[86]

Wir waren Ochsen, die sich selbst das Maul verbanden. Wir fühlten uns für diese Aufgabe von Gott berufen und haben ‚es für Jehova getan'. Wir übernahmen alle Arbeiten in Verbindung mit den Königreichssälen unentgeltlich. Tausende Meter Antikvelourbezugsstoffe, Gardinenstoffe, Teppichböden, Schaumstoffe, Polsterkleber und Klammern und so weiter gaben wir zum Einkaufspreis an die Versammlungen weiter. Alle Betriebskosten wie Strom, Heizung, Porto, Telefon, Werkzeuge, Verbrauchsmaterial, Versicherungen, Kfz-Kosten, Benzin und Löhne bezahlten wir aus unserer eigenen Tasche. Unser ‚Erlös' waren lediglich die 3 % Skonto, die wir auf unsere Rechnungen erhielten, wenn wir sie sofort beglichen. Das reichte bei Weitem nicht als Deckungsbeitrag und schon gar nicht, um Gewinn zu erwirtschaften.

Dass wir trotzdem unser Geschäft behalten konnten und nicht insolvent wurden, sah ich ebenfalls als Segen und Wunder an. Wir erlebten einige Male Situationen, die uns diesen Schluss nahelegten.

Ich erinnere mich an einen für mich beunruhigenden Termin. Eine Tilgungsrate bei der Sparkasse war fällig. Ich hatte auf meinem Konto keinen Spielraum mehr. Am Vortag der Fälligkeit befürchtete ich, dass die Sparkasse nicht mehr mitspielen würde. Am Fälligkeitstag mussten wir eine Polstergarnitur zu einem Kunden nach Hohenpeißenberg liefern. Noah und Jo lieferten. Auf dem Rückweg wollten sie bei der Sparkasse um

---

[86] 5. Mose 25,4: Du sollst dem Ochsen das Maul nicht verbinden, wenn er drischt; Elberfelder Übersetzung.

Zahlungsaufschub bitten. Ich stellte immer die Rechnung zusammen mit der Lieferung fertig. In diesem Fall betrug die Summe mehr als 10.000,– Mark. Das Zahlungsziel war wie üblich vier Wochen. Noah traute seinen Ohren nicht, als der Kunde die Rechnung gleich bar bezahlen wollte. Dieser Gang zur Sparkasse fiel ihm so leicht wie selten einer zuvor.

Zum Jahreswechsel 1984/85 sah es finanziell erneut sehr schlecht aus. Wir hatten keine Aufträge und noch eine Reihe unbezahlter Rechnungen. Ich wurde wieder leicht nervös. Plötzlich kam ein Anruf eines Arztes aus Tutzing. Er wollte eine neue Praxis eröffnen und fragte, ob wir bereit wären, die Arbeiten zwischen den Feiertagen zu erledigen. Und wie wir dazu bereit waren!

In einer ähnlich klammen Situation kam ein Anruf aus Monaco. Ein sehr bekannter Schauspieler wollte nach Tutzing umziehen. Wir sollten die Arbeiten während der Osterfeiertage erledigen. Auch das taten wir nur zu gerne, denn es war wieder Rettung in letzter Minute.

In dieser Zeit fehlte es auch nicht an Angeboten, mit krummen Touren Geschäfte zu machen. So vermittelte uns einer aus der Gruppe der ‚Angesehenen' einen Kunden aus Garmisch. Wir sollten die Teppichböden in seinem Mehrfamilien-Mietshaus verlegen. Aber der Auftrag wurde nur unter der Bedingung vergeben, dass wir Arbeiten in seinem privaten Bungalow auf die Rechnung für das Mietshaus schreiben.

Ich musste keine Sekunde überlegen, um dieses Ansinnen abzulehnen. Es war zwar ein sehr großer Auftrag, den wir damit nicht bekamen. Aber wer weiß, was uns erspart geblieben ist? Wenn der Kunde bereit war das Finanzamt und seine Mieter zu betrügen, hätte er dann nicht auch uns betrügen können?

Wir bekamen einige Tage später einen Anruf von der Schilderfabrik in Weilheim. Für diese Firma statteten wir mehrere Büros aus und erledigten Arbeiten in der Privatvilla. Die Rechnungen wurden korrekt getrennt. Das war eben *unser* Stil.

Aber mein größter Triumph ist es, bis heute zu wissen, dass es diesem falschen Bruder nicht gelungen ist, uns unlautere Geschäftsmethoden nachzuweisen. Das wäre ein sehr willkommener Punkt in Noahs ‚Sündenregister' gewesen. Von dessen Existenz wussten wir zum damaligen Zeitpunkt allerdings noch nichts.

Achtete unser Gott auf uns? Wir empfanden es jedenfalls so. Nicht nur in diesem Fall, sondern während der gesamten Bauzeit.

Der Widerstand der Baugegner war immer spürbar. Einer der Maurer schlug sich auf die Seite der ‚Angesehenen' und ließ keine Gelegenheit aus, gegen Noah zu opponieren. Manchmal verschwieg er ihm Informationen, die nötig gewesen wären, um das richtige Material zu besorgen.

Noah hatte zum Beispiel keine Ahnung, welche Art Kamin für die geplante Gasheizung benötigt wurde. Der Maurer sagte nur: ‚Nächsten Samstag brauchen wir den Kamin.' Als Noah beim Baumarkt die Bestellung aufgeben wollte, wusste er nicht, worauf er achten musste. Aber er konnte sich immer wieder auf einen zuverlässigen Helfer verlassen. Nie wurde etwas Verkehrtes geliefert. Trotzdem ließen die Vertreter der Opposition keine Gelegenheit aus, Noah mit Geringschätzung zu behandeln.

Wie dankbar waren wir, dass während der ganzen Bauzeit kein tragischer Unfall passierte. Wie freuten wir uns, wenn an den jeweiligen Wochenenden immer genügend Helfer da waren, um einen bestimmten Bauabschnitt abzuschließen. Auch das Wetter behinderte den Bau nicht.

Ich erinnere mich an ein Wochenende im November. Der Wetterbericht hatte Schnee angesagt. Wir planten, das Dach wenigstens mit Folie zu bedecken, damit wir während des Winters den Innenausbau vorantreiben konnten. Wir hatten große Bedenken, ob die Brüder bei dem Wetter wohl kommen würden. Aber an diesem Wochenende kamen 60 Helfer aus allen Himmelsrichtungen. Wir konnten den ganzen Tag arbeiten. Nur in Weilheim regnete und schneite es nicht. Als am späten Abend die letzten Brüder – es waren Italiener aus München – abfuhren, bedankte ich mich bei ihnen sehr herzlich für die Hilfe. Ich war erschöpft nach dem langen Tag, aber unendlich erleichtert, dass die Folie und die Dachlatten befestigt waren. Der Bruder sagte zu mir: ‚Bedanke dich nicht bei mir, bedanke dich bei Jehova.' Ich habe damals nur geweint vor Dankbarkeit. Ich habe mich viele Male bei Jehova für solche Art Erlebnisse bedankt.

Als wir am nächsten Morgen aus dem Fenster schauten lagen 20 cm Neuschnee. Noah fuhr zum Saal. Er betrat den Rohbau. Die Folie hielt und war an allen Stellen dicht. Noah stand im Trockenen und weinte ebenfalls. Wir konnten mit dem Innenausbau beginnen und hatten keinen Stillstand während des Winters.

Es waren 60 Wochenenden Arbeitseinsatz für unsere Familie. Für jedes dieser Wochenenden könnte ich eine Geschichte erzählen, die mit dem Satz endet: ‚Da hat Jehova die Hand über uns gehalten.' Einmal fiel zum Beispiel das Gerüst einem kleinen Mädchen auf den Rücken. Sie hätte gelähmt sein können, aber sie war nur leicht verletzt. Ein anderes Mal alberte ‚Klaus Kleeblatt' übermütig aus lauter Jux und Tollerei mit der Bohrmaschine auf dem verschneiten Dach herum. Noah wies ihn zurecht. Der Junge hatte Glück. Es passierte nichts. Auf dem ‚Sündenregister' ergab das aber wieder einen Minuspunkt. Noah war nicht nett zu den Kindern, sondern autoritär. Auch Bela hatte Glück im Unglück. Sie lief so heftig gegen eine Glastür, dass sie rücklings zu Boden fiel und kurz bewusstlos war.

Schließlich erlebten wir das Wunder: Der Saal wurde pünktlich zum Gedächtnismahl, dem einzigen Feiertag des Jahres für Zeugen Jehovas, fertig. Buchstäblich in letzter Minute verlegte Noah noch eigenhändig die Fliesen in der Toilette. Dafür bekam er keinen Schönheitspreis. Der Mann einer Glaubensschwester, der kein Zeuge war, aber Fliesenleger gelernt hatte, erbarmte sich über Noah und half zum Schluss mit.

Genau diese Neigung, alles, was gut läuft, Jehova zuzuschreiben und alles, was uns Probleme bereitet, dem Teufel, ist eine tückische Lebenseinstellung. Dieses Schwarz-weiß-Denken, das man sich so kritiklos antrainieren ließ, gab den ‚Mächtigen' die Macht über uns. Sie konnten uns selbst gegen jede Vernunft zu weiterem Einsatz pushen. Es wäre schon sinnvoll gewesen, einmal zu fragen: Was hat Jehova eigentlich davon, uns mit so vielen Sorgen, Problemen, Verzicht und Widerstand ‚zu prüfen'. Er kann doch unser Herz lesen.

Von diesem Jahr der Bauzeit waren wir dermaßen in Anspruch genommen, dass wir für die Probleme unseres Jüngsten keinen Blick hatten. Felix war inzwischen in der Realschule. Er war immer ein guter Schüler. Bei seinen Klassenkameraden und besonders -kameradinnen war er sehr beliebt. Er war immer gut drauf und vor allem sportbegeistert und hilfsbereit.

Aber nach dem Tod meines Vaters stürzte er in seiner Leistung plötzlich ab. Ich bemerkte nicht, wie sehr er um seinen Opa trauerte. Jahre später erzählte er mir, dass er oft zum Grab gegangen wäre und sehr traurig war.

Ich gab mir so viel Mühe, ihn zum Lernen zu motivieren. Besonders Englisch boykottierte er vehement. Ich sprach ihm englische Texte auf Tonband, damit er sie immer wieder abhören konnte. Ich fragte so viele Vokabeln ab, dass ich dabei ganz gut selbst Englisch lernte. Bei Felix nützte es nichts.

Um ihm eine Ehrenrunde in der Realschule zu ersparen, ließen wir ihn wieder auf die Hauptschule gehen. Harmagedon war ja wieder einmal so unmittelbar vor der Tür, dass man glauben konnte, er würde die Schule sowieso nicht mehr abschließen können.

Dieses Endzeitszenario wird in schöner Regelmäßigkeit immer dann aufgebaut, wenn eine gewisse Periode der Vorhersage verstrichen ist und der Eifer für das ‚Predigen' erneut angefacht werden muss.

Im *Wachtturm* vom 1. Januar 1989 heißt es: ‚Der Apostel Paulus ging im christlichen Missionarsdienst führend voran. Er legte auch die Grundlage für ein Werk, dessen ‚*Vollendung*' in das *20. Jahrhundert* fällt.' Wir sind inzwischen im 21. Jahrhundert angekommen und das Werk ist immer noch nicht vollendet. Doch trotzdem behaupteten (und behaupten) die Wachtturm-Zeugen, alles stehe nun unmittelbar vor seiner Vollendung. Der Predigtdienst ist gerade jetzt ganz besonders dringlich.

Zum Glück konnte Felix die Hauptschule mit einem guten qualifizierenden Abschluss beenden. Aber: Er wollte auf keinen Fall Raumausstatter werden. Vielleicht hätte ich in diesem Augenblick aufmerksam werden müssen. Aber ich fand seine Entscheidung völlig natürlich.

Ich wurde auch nicht stutzig, als plötzlich der Sohn der Familie ‚Wichtig' nicht mehr zum Spielen kommen durfte. Felix war sein bester Freund. Sie spielten gerne zusammen Tennis und streiften oft mit den Fahrrädern durch die Gegend. Doch plötzlich kam der Kleine nur noch kurz und heimlich bei uns vorbei. Er musste schnell wieder nach Hause. Seine Eltern durften nichts davon erfahren. Ich war damals noch viel zu arglos, um die deutlichen Signale zu verstehen. Unsere Familie wurde bereits hinter unserem Rücken als ‚schlechter Umgang' eingestuft. Wir standen auf der ‚Abschussliste'.

Im Mai 1986 beschlossen Bela und ich sogar, aus Dankbarkeit für den glücklichen Abschluss der Bauarbeiten, einen Monat im Hilfspionierdienst zu stehen. An dem Tag, als die strahlende Wolke von Tschernobyl über Bayern schwebte, gingen wir beide in Riederau am Ammersee von Haus zu Haus und predigten, dass bald Harmagedon, der Krieg Gottes, kommen würde.

Der Juni 1986 gehörte Jonathans Gesellenprüfung. Er hatte in dem vorangegangenen Jahr so viel handwerkliches Können und selbstständiges Arbeiten gelernt. Es gab für ihn keine Probleme. Als nächstes drängten wir ihn dazu, den Führerschein zu machen. Er hatte dazu keine große Lust, aber er sollte den Opel Kadett meines Vaters bekommen, wenn er genügend Geld verdiente. Dazu brauchte er wohl oder übel einen Führerschein. Als endlich diese großen Aufgaben geschafft waren, hätten wir eine erfolgreiche, geschäftliche Zukunft erwartet. Ein Meister, zwei Gesellen und eine kaufmännische Fachkraft arbeiteten schon in unserem Betrieb. Der kaufmännische Lehrling Felix konnte bereits in einem Jahr seine Ausbildung beginnen. Aber es kam alles ganz anders, als wir es geplant hatten.

Zunächst fuhren wir zum Bezirkskongress nach München. Auf der Heimfahrt sagte Jo zu mir: ‚Wenn ich alles bedenke, was wir beim Kongress gehört haben, dann kann ich gar nicht anders als mich ab September für den Pionierdienst zu melden.'

Eigentlich hätten wir glücklich sein sollen. Der Pionierdienst ist ja das erklärte Ziel aller eifrigen Zeugen Jehovas. Natürlich wollten wir ihm auch nichts in den Weg legen. Er konnte in der Werkstatt halbtags weiterarbeiten. Das Auto stand ihm für den Dienst jetzt zur Verfügung.

Er entwickelte eine sehr persönliche und erfolgreiche Art des Dienstes. Seine Arbeit war effektiv. Er hatte Freude an den Gesprächen mit den Wohnungsinhabern. In kurzer Zeit konnte er mehr als zehn Bibelstudien bei interessierten Menschen einrichten. In der Werkstatt aber fehlte seine Arbeitskraft. Bela war wieder oft allein, wenn Noah Angebote unterbreitete oder Aufträge ausmaß. Aber sie war ungemein fleißig und beklagte sich nie.

Jonathan entwickelte durch seinen besonderen Einsatz als Pionier eine intensive Beziehung zu den Grundsätzen der Organisation. Seine Überzeugung ging so tief, dass er alle seine Musikkassetten samt dem Kassettenrekorder abschaffte. Diese Entscheidung bereute er später bitter. Es gab nur sehr wenige junge Zeugen Jehovas, die so weit gingen. Aber es waren immer die, die es am ehrlichsten meinten und den ‚Rat' in den Zeitschriften gewissenhaft befolgen wollten.[87]

Fast alle, die wir kannten, durchlitten später schwere Glaubenskrisen. Es gab sogar einige Selbstmorde. Aufgrund seines Erfolges im Predigtdienst und seiner grundsatztreuen Befolgung der Organisationsanweisungen, war es für Jonathan daher nur folgerichtig, dass er den nächsten Schritt auf der Karriereleiter eines guten Wachtturm-Jüngers tat.

Er bewarb sich für den freiwilligen Dienst im Zweigbüro in Selters. Die positive Beurteilung durch den Kreisaufseher war ihm sicher. Im Sommer 1987 bekam er die Einladung, als Mitglied der Bethelfamilie in Selters zu arbeiten. Wir freuten uns für ihn. Unsere Freunde in der Versammlung schlossen sich unserer Freude an. Für die Gruppe der ‚Angesehenen' gab es jedoch einen weiteren Anlass zum Neid. Der ‚Kreisaufseher' machte Noah auf die Klagen der Jugendlichen aufmerksam. Wir nahmen sie zunächst nicht ernst. Doch es war nicht mehr zu übersehen, dass der Graben zwischen den Parteien immer größer wurde.

In dieser Zeit überredete Hubert ‚Fantasierer' Belinda dazu, ihn zu heiraten. Da er ein Zeuge Jehovas war, hatte niemand einen Einwand. In unserer Firma fehlte Jonathan sehr. Es dauerte nicht lange bis unser neuer Schwiegersohn der Meinung war, wir nutzten Belinda aus. Er zog mit ihr nach Germering und überredete sie, bei uns zu kündigen.

---

[87] Vgl. *Erwachet* vom 22.02.1983, S. 29: „Teuflische Musik".

Somit blieb Noah allein zurück. Ein Versuch, eine ‚weltliche' Kraft einzustellen, schlug gründlich fehl. Nach kurzer Zeit stellte sich heraus, dass sie Alkoholikerin war. Das entmutigte uns. Aber allein war vieles nicht zu bewältigen. Schon wenn Noah ein Werkstück zu transportieren hatte, musste er den Jungen unseres Nachbarn um Hilfe bitten.

Zum Glück beauftragten uns keine Versammlungen mehr. Diese Aufgabe, alle mit einer ausreichenden Bestuhlung zu versorgen, hatte inzwischen die neu gegründete Bauregion für Jehovas Zeugen übernommen. Man entwickelte ein eigenes Verfahren: Dank genormter Arbeitsschritte konnten die Königreichssäle in sehr kurzer Zeit gebaut werden. Das ersparte den Versammlungen viel Zeit und Nerven – und wahrscheinlich auch Streit und Eifersucht. Der Saal in Weilheim war wohl einer der letzten in Deutschland, der noch konventionell errichtet wurde.

Mein Vater war inzwischen verstorben. Er brauchte unsere Hilfe nicht mehr. Der Königreichssaal war gebaut. Diese Aufgabe hatten wir erledigt. Zwei unserer Kinder hatten ihre Berufsausbildung abgeschlossen und waren aus dem Haus. Für die Bedürfnisse der anderen Versammlungen sorgte die Bauregion. Zu unserem Glück brach für uns dadurch kein wesentlicher Teil des Gewinnes weg. Im Gegenteil, wir hatten nun mehr Zeit für unsere eigenen Aufträge. – Aber Noah war allein.

Wir sorgten uns zunehmend um seine Gesundheit. Eines Tages kam er nach Hause und sagte völlig verzweifelt: „Als ich mich dafür entscheiden musste, ob ich die Naht im Teppichboden vor dem Fenster oder vor der Tür machen sollte, war das für mich wie Sterben. Dabei gibt es doch dafür klare Richtlinien. Trotzdem stand ich völlig hilflos davor." In diesem Augenblick wusste ich, er war am Ende seiner Kraft.

Noah begann, in der Versammlung Aufgaben abzulehnen. Wir überlegten, ob er wieder als Lehrer arbeiten könnte. Er bewarb sich bei allen Berufsschulen in ganz Deutschland. Er wurde immer abgelehnt. Wenn wir klar gedacht hätten, hätten wir erkennen können, dass man dafür keinen 50-jährigen Bewerber suchte.

Dann kam ein überraschender Wechsel der ‚Kreisaufseher'. Der neue sonnte sich in den Ovationen einer großen Fangemeinde. In jeder Ver-

sammlung hatte er seine ‚Jünger'. Wem dieser Starkult zuwider war, fiel schnell in Ungnade. Dieser Kreisaufseher bekam den Beinamen ‚Hebamme': Er ‚entband' alle, die ihm nicht genehm waren, von ihren Ämtern.
Für die Einheimischen hatte er ein offenes Ohr. Sie spielten sich nun als Ankläger gegen Noah auf. Das ‚Sündenregister' diente als ‚Beweismaterial'. Es wurde eine Ältestenbesprechung einberufen. Sie dauerte fünf Stunden. In dem neuerrichteten Saal, der uns an den Rand des finanziellen und körperlichen Ruins gebracht hatte, erklärten die Ältesten unter dem Einfluss des ‚Kreisaufsehers', dass sie nicht mehr mit Noah zusammenarbeiten wollten. Der ‚Kreisaufseher' gebrauchte dabei Sätze wie: ‚Ich werde dich schon herunterholen von deinem hohen Ross', oder ‚Soll ich dir deine sechs Stunden Predigtdienst im Monat zeigen?' – Zu dieser Zeit erwartete man mindestens zehn Stunden Predigtdienst. Der erwartete Dienst wurde aus dem Landesdurchschnitt berechnet. Der gesamte Einsatz für den Bau zählte nicht. In dieser Zeit predigte man ja nicht.
An diesem Abend musste Noah den Schlüssel zum Saal an Bruder ‚Angesehen' übergeben, der ihn triumphierend entgegennahm.
Für Noah waren die Übergabe und das ‚Verhör' so traumatisch, dass er einen Nervenzusammenbruch erlitt. Es wurde ihm buchstäblich der Boden unter den Füßen weggezogen. Die, denen er vertraut hatte, fielen ihm in den Rücken. Nicht einer der Ältesten trat für ihn ein. Alle standen unter dem Eindruck der Vorverurteilung des neuen Kreisaufsehers. Sicher hatten einige auch Angst. Einen anderen Standpunkt zu vertreten barg die Gefahr, als Verbündeter eines ‚Angeklagten' zu gelten und ebenfalls angeklagt zu werden. Wir stürzten in einen Abgrund, der kein Ende zu nehmen schien.
Nun hätten wir dringend professionelle Hilfe gebraucht. Aber unser Gewissen war so konditioniert, dass wir Angst vor einem Therapeuten hatten. Wir wussten, wenn er uns helfen sollte, konnten wir über die innerorganisatorischen Dinge kein Stillschweigen bewahren. Aber darüber mit Außenstehenden, mit ‚Weltlichen' zu sprechen schien uns unmöglich. Wir wollten die Organisation, der wir immer noch vertrauten, nicht verra-

ten. Das Verhalten der ‚Ältesten' erklärten wir mit ihrer Eifersucht und als unchristliches Handeln Einzelner.
Auf der anderen Seite war es uns unmöglich die Zusammenkünfte weiter zu besuchen, als sei nichts geschehen. Doch Felix war noch bei uns. Wir befürchteten, wenn wir nicht mehr gehen, wird er den Glauben verlieren. Ich lag nachts stundenlang wach, betete und grübelte, um einen Weg zu finden.
Plötzlich erhielten wir von Brüdern aus der Versammlung Bad Tölz die Einladung, ihnen zu helfen. Es waren Glieder der italienischen Versammlung, die wir kurz zuvor beim Polstern der neuen Stühle für ihren renovierten Saal kennengelernt hatten.
Die Wachtturm-Gesellschaft begann damals, immer mehr fremdsprachige Versammlungen zu gründen. Wir wurden geschult, auf die Bedürfnisse der Fremden ganz speziell einzugehen. Sie waren fern von ihren sozialen Wurzeln und offen für neue Bindungen. Die deutschen Verkündiger wurden ermuntert, eine Fremdsprache zu lernen und ganz gezielt diese Gruppen anzusprechen.
Meine Schwester schloss sich einer englischen Versammlung an, die vor allem die Frauen der amerikanischen Soldaten missionierte. Ein anderer Verwandter unterstützte mit großem Erfolg eine portugiesische Gruppe. Ein Schwager betreute seit Jahren die türkisch sprechende Gruppe.
Die französischen Gruppen besuchen die Asylanten-Heime. Aber auch die russisch sprechenden Einwanderer oder die Polen, Ungarn und viele andere Sprachgruppen wurden und werden auch heute noch angesprochen.
Uns schien diese Möglichkeit existenziell wichtig. Die Italiener bestürmten uns geradezu, ihnen zu helfen. Sie hatten ein enorm großes Gebiet zu bearbeiten. Weilheim gehörte dazu. Sie hatten Helfer dringend nötig. Wir waren dankbar für diese neue Aufgabe.
Ich stürzte mich mit Eifer darauf, italienisch zu lernen. Zunächst lernte ich einige Sätze auswendig, mit denen ich ein kurzes Angebot an der Tür unterbreiten konnte. An meine ersten Sätze erinnere ich mich noch genau. Sie lauteten: Questo mese circa cinque milione di volontari stanno distri-

buendo un importante messaggio in molte lingue. Il tema é Perché la vita è cosi piena di problemi? … Übersetzt heißt das: In diesem Monat verbreiten circa fünf Millionen Freiwillige eine wichtige Botschaft in vielen Sprachen. Das Thema ist: Warum ist das Leben so voller Probleme? …
Aber Noah bemühte sich noch viel mehr. Er bestückte seine Werkstatt mit Zetteln, auf denen die italienischen Vokabeln standen. Er paukte praktisch den ganzen Tag. Auch er lernte seinen Satz auswendig: Cosa dobbiamo fare se vogliamo vita eterna? Confida in Geova e fa il bene. Übersetzt lautet er: Was müssen wir tun, wenn wir ewig leben möchten? Jehova vertrauen und das Gute tun.
Doch es wollte ihm nicht gelingen, diese Sprache zu erlernen. Das frustrierte ihn sehr. Sicher hätte uns ein Psychotherapeut erklärt, warum es zu viel verlangt war, in Noahs psychischer Verfassung eine Fremdsprache lernen zu wollen.
Felix war von der Aussicht, wieder eine Fremdsprache zu lernen, gar nicht begeistert. Er war mitten in den Arbeiten zu seinem Schulabschluss. Noch mehr lernen überforderte ihn dann doch.
Aber die Versammlung gefiel ihm. Er fand schnell Freunde. Einmal sagte er ganz erstaunt, dass ein ‚Ältester' mit ihm leere Cola-Dosen auf der Straße gekickt hat, während sie durch das Gebiet liefen und Adressen gesucht haben. Selbst er spürte den Unterschied zwischen der kühlen Distanz in Weilheim und der herzlichen, offenen Art der Italiener, mit denen man ganz schnell befreundet war.
Felix war auch bereit, sich an der ‚Predigtdienstschule' zu beteiligen. Er übte so viel, dass er Passagen aus der Bibel in Italienisch lesen konnte. Obwohl er den Text nicht verstand, konnte er ihn immerhin gut vorlesen.
Felix war einfach wunderbar! Er stand in dieser Zeit ohne zu murren an unserer Seite. Klaglos begleitete er uns zu jeder Zusammenkunft, obwohl er fast nichts von dem verstand, was von der Bühne aus geredet wurde. Natürlich unterhielten wir uns vor und nach dem Programm auf Deutsch, denn es waren in der Mehrzahl Deutsche, die sich für eine Fremdsprache entschieden hatten.

Nach wenigen Monaten wurde mir klar, dass ich Felix überforderte. Das fremdsprachige Gebiet war für ihn zu schwer.
Auch beruflich blieb die Lage angespannt: Noah konnte unser Geschäft nicht mehr alleine stemmen. Wir wollten verkleinern. Wir hofften, dass er nur mit Polstern besser zurechtkommen würde.
Aber wir suchten keine Hilfe für uns. Stattdessen fragten wir wieder nach einer Versammlung, die Hilfe braucht. Uns wurde die Versammlung Schwandorf in der Oberpfalz empfohlen. Wir verkauften unsere Eigentumswohnung in Weilheim und kauften ein Haus in dem damaligen Zonenrandgebiet. Für die Ansiedlung unseres Gewerbebetriebes bekamen wir einen staatlich geförderten Kredit.
Kaufmännisch gesehen war es jedoch wieder eine völlige Fehlentscheidung. Es war ein Neuanfang in einem fremden Gebiet, ohne Kundenstamm, in unserem Alter und in unserer gesundheitlichen Verfassung. Die Aufgabe überforderte uns schnell. Noch bevor Felix seine Lehre als Bürokaufmann zu Ende bringen konnte, mussten wir unser Geschäft aufgeben. Um nicht in die Insolvenz zu rutschen, verkauften wir alles.
Noah flehte seinen Hausarzt an, ihm ein Medikament für die Nerven zu verschreiben. Doch dieser meinte es gut mit ihm. Er sagte: ‚Wenn ich ihnen ein Medikament gebe, dass ihre Gefühle betäubt, nehmen sie doch das normale Leben auch nicht mehr wahr. Wollen sie das?' Noah wollte es nicht.
Ich wanderte in der Hoffnung auf Hilfe von einem Arzt zum anderen. Aber ich erhielt lediglich jeweils eine neue Diagnose mit der Einschränkung, dass die Laborwerte diffus seien. Wirkliche Hilfe fand ich keine. So erschien uns der Schlussstrich unter unser Geschäftsleben die einzig folgerichtige Entscheidung.
Vor dem Neuanfang beantragten wir noch eine gemeinsame Kur. Sie wurde uns bewilligt. Zum Jahreswechsel 1990/91 gingen wir nach Bad Steben. Leider waren wir überzeugt, dass wir die Zusammenkünfte nicht versäumen durften. Wir nahmen also sofort Verbindung mit der dortigen Versammlung auf. Trotz extrem viel Schnee und Eis besuchten wir die

Zusammenkünfte in Neila und wir wurden sogar für den Predigtdienst abgeholt.

Die Kuranwendungen taten uns aber sehr gut. In den Vorträgen zum Thema ‚Wirbelsäule' lernte ich Interessantes, das ich später konsequent und erfolgreich anwenden konnte. An dem autogenen Training nach Jacobsen in der Gruppe dagegen beteiligte ich mich aber nur mit dem größten Vorbehalt. Ich versuchte, mich zu entspannen. Aber ich war auf der Hut. Vielleicht gab es doch einen Hinweis auf Esoterik? Als unser Therapeut dann einmal den Satz gebrauchte: ‚Es atmet mich', geriet ich in Panik. ‚Nein, das will ich nicht. Nichts soll mich atmen. Ich will selber atmen', sagte ich bestimmt. Der Therapeut brach daraufhin die Sitzung ab und sagte: ‚Wir wollen später noch einmal darüber sprechen.' Das hat er aber nicht getan. Es gab keine Sitzung mehr. Er bot eine CD mit entspannender Musik an, die wir zum Selbstkostenpreis erwerben konnten. Ich war aber davon überzeugt, dass das eine Manipulation der Dämonen sei. Ich kaufte sie nicht.

Diese Kur brachte uns körperliche Erholung und auch eine gewisse psychische Entlastung. Die Abwicklung der Geschäftsaufgabe war beendet. Aber wir hatten nicht den leisesten Verdacht, dass unsere gesundheitlichen Probleme mit dem Druck innerhalb der Versammlung im Zusammenhang stehen könnten.

Zum Glück fanden wir alle drei eine Arbeit. Für mich ist es wirklich eine Befriedigung, dass ich nun eine eigene Rente bekomme. Wir brauchen keine Unterstützung vom Staat. Ich hätte mich bei dem Gedanken geschämt, ein Leben lang für Jehova gearbeitet zu haben, um dann im Alter meinen Lebensunterhalt vom Staat finanziert zu bekommen.

Inzwischen hatte Jonathan im ‚Bethel' eine junge Schwester kennen und lieben gelernt. Er heiratete sie nach ganz kurzer Zeit. Er konnte sogar gemeinsam mit seiner Frau im ‚Bethel' bleiben. Das war durchaus nicht die Regel. Aber ihn erreichten immer wieder die verzweifelten Briefe seines Vaters. Noah berichtete ihm, wie man uns behandelte. Zugleich hinterließ das, was er in Selters sah, Spuren in seinem Denken. Alle romantischen

Illusionen, dass ein Zusammenleben mit Brüdern, die Eifer für Gott haben, wie im Paradies sein müsse, zerplatzten schneller als Seifenblasen.[88]
Für uns stand, nach der Aufgabe des Geschäftes, der nächste Umzug an. Glücklicherweise fanden wir einen Käufer für unser Haus in Altfalter. Diesmal zogen wir nach Regensburg. Wir bekamen vom Kreisaufseher den Auftrag, dort eine italienische Gruppe zu gründen.
Felix suchte sich eine eigene Wohnung. Er arbeitete bei BMW und wollte selbstständig sein.
So waren wir frei, diese Aufgabe zu übernehmen. Sie bedeutete auch, dass Noah wieder zum Ältesten ernannt wurde. Er gab sich größte Mühe, die Sprache zu lernen. Aber er fand aus der Depression nicht mehr heraus. Es war ihm unmöglich, etwas Neues in sein Langzeitgedächtnis aufzunehmen. Wir schoben es auf den Polsterkleber. Doch in Wirklichkeit ahnten wir, dass es die Erfahrung mit der Versammlung Weilheim war, die er nicht verarbeiten konnte. Seine Gedanken kreisten Tag und Nacht immer um dieses Erlebnis. Er sprach ständig darüber. Besonders, wenn er allein war und nachts beschäftige er sich mit dieser Besprechung mit den Ältesten. Es fiel ihm zunehmend schwerer, Aufgaben in der Versammlung zu erfüllen. Er hatte Schweißausbrüche und war auch in der Arbeit nicht mehr voll belastbar. Wenn er auf dem Weg zu einem Kunden war, blieb er oft mit seinem Wagen am Straßenrand stehen und fragte sich, wo er war und wo er hin wollte. Er musste dann erst wieder in seinen Unterlagen nachsehen, welchen Auftrag er hatte. Es kam auch vor, dass er an einer Kreuzung ohne Ampel stand und darauf wartete, dass es auf grün schaltete. Er litt in dieser Zeit sehr und ich mit ihm mit.

---

[88] Wer einen Einblick in den Alltag im Bethel bekommen möchte und über einen Internetzugang verfügt, kann bei: www.myspace.com/jesussirach anhand des biographischen Blogs „Im Bethel" nähere Informationen erhalten. Ein ehemaliger Bethelmitarbeiter berichtet dort eindrucksvoll über seine persönlichen Erfahrungen. Um an den Blog zu gelangen, kann es unter Umständen nötig sein, den Link „alle Blogs" zu verfolgen. Alternativ gelangt man auch direkt zu dem Blog indem man folgende Adresse in die Adresszeile des Browsers eingibt:
http://blogs.myspace.com/index.cfm?fuseaction=blog.view&friendId=160443710&blogId=441890941
Die dort geschilderten Erfahrungen sind selbstverständlich subjektiver Natur und decken sich nicht zwangsläufig mit Erfahrungen anderer Personen; allerdings sind die äußeren Rahmenbedingungen, die dort beschrieben werden, für alle Anwesenden gleich.

Parallel zu unserem vergeblichen Bemühen, die Vergangenheit zu bewältigen, beschloss Bela, die Organisation zu verlassen. Sie sah nach acht Jahren Ehe-Hölle ein, dass ihr nur diese Wahl blieb. Sie wollte diesem Leben ein Ende setzen und die Chance auf einen Neuanfang suchen oder daran endgültig zerbrechen. Ich war zwar sehr traurig, aber ich verstand sie auch. Dass sie diese Ehe so lange ertrug, bewunderte ich.
Ich konnte mich nicht an die Ordensregel halten, keinen Umgang mehr mit ihr zu pflegen. Ich sagte zu ihr: ‚Als du geboren wurdest, habe ich mich bei Jehova aus ganzem Herzen für das wunderbare Geschenk bedankt. Ich werde heute nicht zu ihm sagen: Du gabst mir etwas Wertloses.'
Trotzdem kann man nicht sagen, dass wir völlig normal miteinander verkehren konnten. In meinem Unterbewusstsein war das ‚Verbot' als Mahnung präsent. Diese Stimme musste ich überhören. Außerdem setzten viele meiner Bemerkungen Belinda unter Druck. Sie spürte meinen Wunsch, sie wieder in die Organisation zurückzuholen. Und sie wusste ebenfalls, dass ich etwas ‚Verbotenes' tat. Die Kommunikation war zwangsläufig verkrampft. Später sagte ich: ‚Wir haben auf Zehenspitzen miteinander geredet.' Vor lauter Achtgeben, einander nicht zu verletzen, blieb das Wichtigste oft ungesagt.
Damals schenkte mir Bela ein Buch. Vielleicht wollte sie mich damit trösten. Es hieß *Ich bin ok – du bist ok*.[89]
Mit diesem Buch tat sie mir mehr Gutes, als sie damals ahnen konnte. Zum ersten Mal hatte ich die Möglichkeit, etwas über die menschliche Psyche und ihre Funktion zu lernen. Ich begann, auch andere Bücher über das Phänomen Stress und über die Bewältigung von Angst zu lesen. Ich ließ mir nicht mehr einreden, dass das teuflisches, von Dämonen beeinflusstes Gedankengut sei. Es half mir sehr, besser mit unseren Erlebnissen umzugehen.

---

[89] Thomas A. Harris: *Ich bin ok – du bist ok. Eine Einführung in die Transaktionsanalyse, wie wir uns selbst besser verstehen und unsere Einstellung zu anderen verändern können*. Rowohlt (1998).

Dann kam endlich die Zeit, dass wir in Rente gehen konnten. Noah wollte näher an die Berge. Wir suchten uns einen altersgerechten Wohnsitz. Wir fanden eine kleine Wohnung in Augsburg. Endlich fragten wir nicht mehr nach einer Versammlung, die Hilfe nötig hat. Wir zogen in diese Wohnung, weil sie fast in der Nachbarschaft eines Königreichssaales liegt. Wir wurden in der Versammlung sehr herzlich aufgenommen.
Besonders oft betonte ich, dass wir nun zu Fuß zu den Zusammenkünften gehen könnten. Ein Auto konnten wir uns nicht mehr leisten, und auf andere wollte ich nicht angewiesen sein. Noah lehnte es aber ab, wieder als Ältester zu arbeiten. Wir hatten beide keine Kraft mehr und gestanden es uns endlich auch ein.
Inzwischen ließ uns Jonathan einiges von seinen Studien zukommen. Er drehte Filme und schrieb viele Kommentare zu den verschiedenen Bibelauslegungen der Wachtturm-Gesellschaft. Wir begannen zu begreifen, dass das nicht alles stimmen kann, was man uns beigebracht hatte.
Im Jahr 2008 wurde von der Wachtturm-Gesellschaft ein Kongress abgehalten, der das Motto trug: „Vom Geist geleitet." Als ich das Thema erfuhr, fragte ich mich: Woran kann man erkennen, dass diese Organisation vom Geist geleitet ist?
Ich dachte über den biblischen Maßstab nach. Er lautet ganz klar: Wenn jemand im Namen Gottes etwas vorhersagt und es trifft nicht ein, dann hat er aus sich selbst geredet und nicht aus dem Geist Gottes.[90]
Ich fragte mich: Welche der vielen Erwartungen, die die leitende Körperschaft der Zeugen Jehovas propagierte, ist eingetroffen? Ich fand keine Einzige.
Ich durchforschte immens viel Material. Es bewies mir: Diese Organisation ist sehr effizient im Verbreiten von Schriften und im Akquirieren von Neumitgliedern. Aber es ließ sich keinerlei Beweis finden, dass dies vom Geist geleitet ist. Von den vielen veränderten Erwartungen und Deutungen habe ich dir ja schon in der Türkei berichtet.

---

[90] 5. Mose 18,22.

Auch wenn Gott einer Person einen Auftrag gab, ließ er sie nicht ohne Beweis. Ich dachte an Mose. Er sah einen brennenden Dornbusch, hörte eine Stimme und konnte seine Berufung auch dadurch beweisen, dass er seinen Stab in eine Schlange verwandeln konnte. Wenn Mose daraufhin sagte, es kommen Frösche, dann kamen Frösche und wenn er sagte, in Ägypten wird es dunkel sein und in Gosen licht, dann trat das genauso ein. Es konnte also keinen Zweifel geben, dass er von Gott beauftragt war.

Aus dem ersten Jahrhundert werden viele Begebenheiten überliefert, bei denen Menschen mit dem heiligen Geist gesalbt wurden. Immer gab es dafür sichtbare Beweise. Die betroffenen Personen konnten zum Beispiel in fremden Sprachen reden. Sie hatten die Gabe Kranke zu heilen oder sogar Tote aufzuwecken. In der Apostelgeschichte wird erzählt, dass man vom Apostel Paulus sogar Kleidungsstücke zu Kranken brachte und sie wurden geheilt. Zu Pfingsten hörte man das Geräusch eines starken Windes und sah Feuerzungen. Und selbst der Sohn Gottes bekam ein Zeichen in Form einer Taube, die vom Himmel herabkam. Ein ähnlicher Beweis für die Geistsalbung fehlt bei den Gliedern des sogenannten ‚treuen und verständigen Sklaven' heute gänzlich.

Die ‚Leitende Körperschaft' verlangt aber von denen, die sich als Zeugen Jehovas taufen lassen, dass sie anerkennen ‚zu der vom Geist geleiteten Organisation zu gehören':

> *„Studierende zu der Organisation führen, die hinter unserem Namen steht*
>
> Jeder, der Jünger macht, muß sich dessen bewußt sein, daß er dafür verantwortlich ist, Personen, die die Bibel studieren, zu Gottes Organisation zu führen (1. Tim. 4:16). Jedes Studium sollte als ein Schritt hin zu dem freudigen Tag betrachtet werden, an dem der Neue seine Hingabe an Jehova durch die Wassertaufe symbolisiert. Eine der Fragen, die ihm anläßlich der Taufe gestellt werden, lautet: ‚Bist du dir darüber im klaren, daß du dich durch deine Hingabe und Taufe als ein Zeuge Jehovas zu erkennen gibst, der mit der vom Geist geleiteten Organisation Gottes verbunden ist?' Daher ist es wichtig, daß er erkennt, daß man Gott nicht dienen

kann, ohne als Teil der wahren Christenversammlung aktiv zu werden (Mat. 24:45–47; Joh. 6:68; 2. Kor. 5:20)."[91]
Damit erwarten sie aber auch eine vorweggenommene Gewissensentscheidung für die Ordensregeln. Besonders in der Frage der Bluttransfusion wird die Option ausgeschlossen, in einer konkreten Notlage die Entscheidung zu überdenken oder zu revidieren.
Auch die Anerkennung der ‚Leitenden Körperschaft' als vom Geist geleitet ist eine absolute Forderung. Dies zu verneinen, gilt als Grund für einen Gemeinschaftsentzug, wie es in unserem Fall geschehen ist.
Der Gemeinschaftsentzug, wie ihn die Zeugen Jehovas praktizieren, kann nach meinem Verständnis nicht mit Rechtsstaatlichkeit in Übereinstimmung sein. Der ‚Angeklagte' bekommt nie eine Anklageschrift mit den konkreten Punkten seiner Beschuldigungen. Er hat kein Recht darauf, einen Verteidiger zu benennen. Seine Verdienste werden nicht als mildernde Umstände berücksichtigt. Er bekommt keine schriftliche Mitteilung über die Gründe für seinen Gemeinschaftsentzug. Die Verhandlung vor dem Rechtskomitee ist nicht öffentlich. Die Art der öffentlichen Bekanntgabe in der Versammlung empfinde ich als Diskriminierung. Da niemand über die Gründe sprechen darf, wird über mögliche Vergehen spekuliert. Uns gegenüber wurde zum Beispiel mehrfach geäußert: ‚Ihr müsst ja etwas angestellt haben, sonst wäre euch ja nicht die Gemeinschaft entzogen worden.'
Liebe Helena, bitte versetze dich einmal in meine Lage: Ich schrieb meiner Mama nach unserem Gemeinschaftsentzug schweren Herzens einen Brief. Ich schicke dir eine Abschrift davon. Angenommen, du hättest Deiner Mutter diesen Brief geschrieben und darauf absolut kein Wort als Antwort bekommen, wie würdest du dich fühlen? Mama hat genau nach Anweisung gehandelt.
Um dies zu unterstreichen zitiere ich aus dem Buch *Bewahrt euch in Gottes Liebe* das auf dem Kongress 2008 freigegeben wurde, der unter dem Motto stand, ‚Vom Geist geleitet':[92]

---

[91] *Königreichsdienst* 4/97, S. 3, Abs. 5.

„Ist es wirklich nötig, den Kontakt völlig abzubrechen?
Ja, aus mehreren Gründen [...]
Was, wenn ein Verwandter ausgeschlossen wird?
[...] In seltenen Fällen könnten es gewisse Familienangelegenheiten zwar erfordern, dass man mit dem Ausgeschlossenen begrenzt Kontakt hat, doch sollte dieser auf ein Minimum beschränkt werden. Wer Jehova treu sein möchte, sucht nicht nach *Vorwänden* für Kontakte mit einem ausgeschlossenen Verwandten, [...].

Mutter ist 90 Jahre alt. Sie wartete immer auf meine regelmäßigen Anrufe. Nun verzichtete sie gehorsam darauf irgendeinen Kontakt mit ihrer Tochter zu haben, hier mein Brief:

Liebe Mutti,

sehr lange habe ich überlegt, ob ich dir diese Nachricht ersparen soll. Doch schließlich habe ich entschieden, dass du ein Recht darauf hast, zu erfahren, was passiert ist.

Vor zwei Wochen habe ich am Telefon erwähnt, dass wir Besuch von zwei Ältesten hatten. Du erinnerst dich wahrscheinlich daran. Dieser Besuch ist nicht ohne traurige Folgen geblieben.

Noah hatte vor Kurzem ein Gespräch mit einem unserer Freunde aus der Versammlung. Er erwähnte kurz, dass wir nicht glauben, dass der Geist Jehovas für die unrichtigen Auslegungen der Wachtturm-Gesellschaft verantwortlich ist. Dieser Bruder ging daraufhin zu den Ältesten und sagte, wir hätten Probleme mit der Organisation. Das wollten die Ältesten prüfen.

Ich habe ihnen 5. Mose 18,20–22 vorgelesen, wo Jehova sagt, wenn ein Prophet etwas in seinem Namen sagt und es trifft nicht ein, dann hat er aus sich selbst geredet. Ich habe gefragt: Kennt ihr eine Vorhersage der Wachtturm-Gesellschaft, die so eingetroffen ist, wie sie vorhergesagt wurde? Ich habe verschiedene Erwartungen aufgezählt, die sich so nicht erfüllt hatten oder geändert wurden. Angefangen von der Lehre, dass Jesus 1886 im Himmel gegenwärtig war. Der *Wachtturm* hatte damals auf

---

[92] Ebd., S. 207 ff.

dem Titelblatt: Zions Wachtturm und Verkünder der *Gegenwart* Christi. Später hieß es, er ist 1914 gekommen. Er sollte dann 1919 seinen Thron in Jerusalem aufrichten und mit dem 1000-jährigen Friedensreich beginnen. Die Brüder, die im 1. Weltkrieg voller Überzeugung dem Kaiser ins Feld gefolgt sind, haben vergeblich gehofft. Dann wurde mit Gewissheit verkündet, dass 1925 die Treuen der alten Zeit auferstehen werden. Sie sind nicht gekommen. Die Generation von 1914 sollte ganz bestimmt Harmagedon überleben. Es sind nicht mehr sehr viele von Ihnen am Leben und inzwischen ist diese Erklärung für das Wort ‚Generation' durch eine völlig andere ersetzt worden.

Im WT vom 1.1.1989 wird gesagt: ‚Der Apostel Paulus ging im christlichen Missionarsdienst führend voran. Er legte auch die Grundlage für ein Werk, dessen Vollendung in das *20. Jahrhundert* fällt.' Wir sind inzwischen im 21. Jahrhundert und das Werk ist immer noch nicht vollendet. Ich könnte noch vieles anführen. Nicht zuletzt das unsägliche Jahr 1975, aber es genügt an Beispielen, die für uns den Schluss nahe legen, dass der Geist Jehovas seine Dienern nie in die Irre führen würde oder ihnen Gedanken in den Sinn gäbe, mit denen sie sich und den Namen Jehovas lächerlich machen würden.

Was Jesus und die Apostel gesagt haben, ist über die Jahrtausende eine unveränderte Wahrheit geblieben. Die Ältesten konnten uns in keinem Punkt ein besseres Argument liefern. Aber nach einer Woche bekamen wir die Nachricht, dass sich die Ältestenschaft mit unserem Fall befasst hat und beschlossen hat, dass eine Komitee-Verhandlung erforderlich ist. Bei dieser Verhandlung sind sie zu dem Schluss gekommen, dass wir Abtrünnige sind, weil wir die Organisation nicht anerkennen und die Versammlung vor verderblichem Einfluss zu schützen sei. Auf meinen Einwand, dass Paulus Abtrünnigkeit nennt, wenn man Christus nicht im Fleisch gekommen anerkennt, erwiderte der Älteste: Wenn ihr den treuen und verständigen Sklaven nicht anerkennt, dann anerkennt ihr Jehova und Christus nicht und das bedeutet Abtrünnigkeit.

Ich habe das so nicht in der Bibel gelesen, wohl aber im *Wachtturm*. Deshalb muss ich mich entscheiden, ob ich dem Hirten und Herrn folge oder

dem Menschen und Sklaven. ‚Vertraue nicht auf Fürsten, noch auf den Sohn des Erdenmenschen' sagt die Schrift.
Für dich ergibt sich aber jetzt die Entscheidung, ob du die Ordensregel einhalten willst und den Kontakt zu uns abbrechen möchtest. Wie du weißt, haben wir im Falle unserer Kinder entschieden, dass Jehova das nicht wollen kann, denn er hat nicht ausdrücklich ein Gebot mit einer Verheißung gegeben […] ehre deinen Vater und deine Mutter […] und verlangt dann auf der anderen Seite, dass man die Kinder daran hindert, indem man den Kontakt zu ihnen abbricht. Aber das ist unsere Gewissensentscheidung. Andere sehen das bestimmt anders. Wir möchten nicht dass du unter Druck kommst wenn XXX oder YYY (die Namen meiner Verwandten) oder jemand anders etwas von dir erwarten.
Wie du dich auch entscheidest, wir werden es respektieren. Bitte lass es uns einfach wissen.
Es tut uns sehr leid, dass es eine solche Entwicklung gegeben hat. Aber auf der anderen Seite bestätigt sich meiner Meinung nach das, was du bereits vor 60 Jahren gesagt hast: Der Geist gibt vom Geiste Zeugnis. Wenn man die unbeugsame, hartherzige Einstellung am eigenen Leib verspürt hat, kann man nur zu der Überzeugung kommen, das ist nicht der Geist der Liebe, den Jesus gezeigt hat.
In Matth. 18 heißt es: ‚[…] wenn er aber auch auf die Versammlung nicht hören wird, so sei er dir wie der Heide und der Zöllner.'
Wie ging aber Jesus mit Heiden und Zöllnern um? Wie behandelte er Personen, die von Juden allgemein als ‚Sünder' bezeichnet wurden? Jesus wird als Freund von Sündern bezeichnet, Matth. 11,19. Jesus aß zusammen an einem Tisch mit Sündern, Markus 2,15. Sünder hörten Jesu sehr gerne zu, Lukas 15,1. Die Samariterin am Brunnen war nicht mit dem Mann verheiratet, mit dem sie zusammen lebte, Johannes 4. Es gibt noch viele Beispiele an denen ich mich orientiere, um den Fußstapfen des wahren Hirten zu folgen. Ich will nicht mehr auf Menschen hören, sondern nur noch auf das, was der wirkliche, durch den Geist unzweifelhaft gesalbte treue Sklave im ersten Jahrhundert gesagt hat.

Noah hat zu den Ältesten, die uns die Mitteilung vom Gemeinschaftsentzug brachten, gesagt: ‚Du bist gerecht, du sagst zu Jehova, du hast Noah und Mara 60 Jahre gesegnet und beschützt, aber du hast dich geirrt, sie sind verderblicher Einfluss für die Versammlung.' Ich kann nicht leugnen, dass ich sehr traurig bin, denn noch wenige Wochen zuvor hat man uns versichert: ‚Ihr seid eine Bereicherung für die Versammlung.' Es war eine bedingte Freundschaft, nicht eine, die für die Zeit der Not geboren ist, wie sie Salomo beschreibt. Sie galt nur, solange man ohne zu zweifeln, bedingungslos einer Gruppe von Menschen gehorcht, die sagen, sie seien von Gott gesandt. Die das aber bei genauer Prüfung einfach nicht beweisen können.

Es tut mir sehr leid, dass ich diesen Brief schreiben musste. Ich fühle mich jetzt gerade von denen verraten, denen ich mein Leben, meine Zeit, meine Kraft, mein Vertrauen, meine finanziellen Mittel geschenkt habe. Es tut in der Seele weh. Aber für alles bin ich stark, durch den der mir Kraft verleiht, sagt Philipper und ich spüre seine Nähe gerade jetzt besonders. Das wünsche ich auch dir von ganzem Herzen. Liebe Grüße
[...]

Soweit mein Brief an meine Mutter, der ohne Reaktion geblieben ist.

Würde ein Rechtssystem auf der Welt den engsten Verwandten und Freunden eines Verurteilten unter Strafe jeglichen Umgang verbieten, es würde nicht unter diejenigen gezählt, die die Menschenrechte achten. Niemand würde widersprechen, wenn man es als totalitär oder diktatorisch bezeichnete.

In ihrem Verfahren berufen sich die Zeugen Jehovas auf das Recht der ‚innerorganisatorischen, disziplinarischen Maßnahme, die der Autonomie der Religionsgemeinschaften unterliegt'. Doch ich frage mich: Wie kann es sein, dass man unter dem Deckmantel der Religion jedes rechtsstaatliche Handeln außer Acht lassen kann, um mit Auflagen, weit über die Ausübung der Religion und des Glaubens hinaus, bis in die Privatsphäre der Menschen negativ eingreifen zu können? Dann könnte man in unserem Land doch auch Ehrenmorde und Polygamie dulden, wenn sie religiös motiviert sind.

Liebe Helena, hier bin ich mit meinem Bericht zum Ende gekommen. Ich bin emotional sehr aufgewühlt und betroffen. Auch wenn ich die Organisation schon vor Monaten verlassen habe, schmerzt mich die Tatsache, dass keiner von denen einen Gruß für mich übrig hat, die mir noch vor einigen Tagen versicherten, wie sehr sie uns schätzen.
Ich bin den Einzelnen nicht böse. Ich weiß ja, warum sie so handeln, wie zwingend die Forderung nach Loyalität diesem ‚Sklaven' gegenüber ist. Es wird immer so dargestellt als wäre man Gott untreu, wenn man dem ‚Sklaven' nicht erlaubt, sich zwischen uns und Gott zu stellen. Ich denke an Sätze wie sie im

> *Wachtturm* vom 15. Oktober 2009 in dem Artikel ‚Ihr seid meine Freunde' stehen: ‚Wie können wir denn dann Freunde Christi werden? Unter anderem dadurch, dass wir die Anleitung befolgen, die wir durch die Klasse des treuen und verständigen Sklaven erhalten – die geistgesalbten Brüder Jesu, die noch auf der Erde leben […]'

Solche Behauptungen und Hinweise finden sich unzählige Male in den Veröffentlichungen dieser Organisation.
Viele Menschen brauchen vielleicht auch die Geborgenheit, die so ein enger Kokon vorgaukelt. Es sei ihnen unbenommen, diesen Weg zu gehen. Doch denke ich, dass jeder Mensch ein Recht darauf hat, Aufklärung zu bekommen, was der Inhalt dieses Kokons ist. Man kann es mit dem Recht auf die Deklaration der Inhaltsstoffe vergleichen: Du möchtest doch gerne wissen, was in Lebensmitteln verarbeitet wird. So kannst du entscheiden, ob sie für dich in Ordnung sind oder nicht.
Ich halte es für sehr sinnvoll, auf die Zigarettenpackung die Warnung ‚Rauchen kann tödlich sein' zu drucken. Damit wird niemandem das Recht genommen, sich für oder gegen das Rauchen zu entscheiden. Aber jeder hat die Chance die Vor- und Nachteile für sich abzuwägen.
Ich wünschte, meine Eltern hätten vor vielen Jahren eine objektive Aufklärung über das erhalten, was sie nach ihrer Entscheidung für die Taufe bei den Zeugen Jehovas erwartet. Ich bin ganz sicher, mein Vater hätte sich nie dafür entschieden.

Ich hoffe sehr, unser Bericht hat dir geholfen, uns und auch deine Patienten besser zu verstehen, wenn sie mit all ihren Problemen Hilfe suchen. Ich wünsche mir: Wenigsten einige, die sich auf Jehovas Zeugen einlassen, haben durch meine Erfahrung die Möglichkeit, die Vor- und Nachteile für sich abzuwägen und die Erwartungen realistisch zu beurteilen. Ich möchte auch denen Mut machen, die Zweifel haben. Sie sollen Fragen stellen und nach Antworten suchen. Nicht zuletzt möchte ich die Niedergeschlagenen und Traurigen mit meiner Erfahrung trösten, dass Gott auf das Herz schaut und nicht auf die Konfession. Seine Botschaft heißt Liebe, nicht Verdammnis."

Epilog

„Es gibt immer zwei Möglichkeiten …", schreibt der Journalist und Autor Gernot Römer in seinem gleichnamigen Buch über Mitkämpfer, Mitläufer und Gegner Hitlers am Beispiel Schwabens.[93] Es gibt die Möglichkeit, mitzulaufen, sich abzufinden oder aufzustehen und einen anderen Weg zu versuchen. Auch ich hatte diese Möglichkeit – zumindest von außen betrachtet. Je länger ich mich mit meinen Erinnerungen beschäftige, desto fragwürdiger wird mir dieser Satz. Hatte ich wirklich immer die Wahl? Gernot Römer sammelte eindrucksvolle Beispiele von persönlichem Mut derer, die ihrem Gewissen folgten, und vom scheinbaren Versagen derer, die mit der Masse gingen. Einen Beitrag widmet er einem Bibelforscher aus Augsburg. Matthäus Schulz verweigerte dem Regime den Gehorsam und verlor sein Leben im KZ. Er war nicht der Einzige der Glaubensgemeinschaft, dem es so erging. Er protestierte aus den Reihen einer totalitären Organisation gegen ein totalitäres Regime.

Mich beeindruckte Gernot Römers Arbeit tief. Die Sammlung der Berichte ist eine herausragende Arbeit. Dennoch muss ich ihm in einem Punkt widersprechen: Grundsätzlich gibt es diese zwei Möglichkeiten: Doch wer hat wann und auf welche Weise die Möglichkeit seinem Gewissen zu folgen? Wie viele Chancen auf ein eigenständiges Denken hat ein Mensch wirklich? Diese Frage bleibt offen. Und sie schmerzt.

Nach meinen persönlichen Erfahrungen haben es gerade Jehovas Zeugen besonders schwer, ihrem eigenen Empfinden und Gewissen zu folgen. *Tatsächlich wird man unfähig gemacht, die Alternativen zu sehen.* Vor selbständigem Forschen und Denken werden die Anhänger gewarnt. Es bedeute „den Geist der Unabhängigkeit" zu entwickeln, der in die Gefahr der „Abtrünnigkeit" führt. Für Menschen wie Matthäus Schulz führte dies zu einem der Proteste, die vielen Deutschen heute das Gefühl geben, trotz der Katastrophe die Würde behalten zu haben. Unter den heutigen, demokratischen Bedingungen ist sie vor allem fragwürdig. Matthäus Schulz ge-

---

[93] Gernot Römer: *Es gibt immer zwei Möglichkeiten.*

horchte bedingungslos dem „treuen und verständigen Sklaven", wie andere bedingungslos dem „Führer" gehorchten.
Gehorsam lässt scheinbar nur eine Entscheidung zu. Die bewusste Konditionierung zu einem gruppenkonformen Verhalten nennt die Organisation „mit einem gut geschulten Gewissen" handeln.
Im 1. Weltkrieg bedeutete das für die deutschen Bibelforscher, dem Kaiser zu folgen, um Jerusalem von den Türken zu befreien. Dagegen verlangte der Gehorsam im 2. Weltkrieg, politisch neutral zu sein und den Kriegsdienst zu verweigern.
Das Verhalten der Mehrheit der Zeugen Jehovas kann man nicht mit der freiwilligen Entscheidung für einen von zwei Wegen vergleichen. Und dennoch gibt es diesen Weg. Dennoch ist ein Ausbruch, ein Aufbruch möglich. Raymond Franz ist eines der ermutigenden Beispiele. Und auch ich selbst durfte einen solchen Weg finden.
Um trotz aller drohenden Verletzungen, die eine solche Entscheidung mit sich bringt, zum eigenen Weg zu ermutigen, habe ich dieses Buch geschrieben. Ich hoffe, es warnt und ermutigt, damit auch andere – die wie meine Familie und ich – vielleicht nach Jahren die Möglichkeit haben, in Freiheit und Achtung vor den Mitmenschen für sich selbst und nur für sich selbst zu entscheiden. Ich habe mein Leben aus tiefer Überzeugung in den Dienst für den Nächsten gestellt. Das will ich nun nicht rückgängig machen. Ich will noch viel mehr als zuvor mit meinen Erfahrungen meine Mitmenschen informieren, trösten und ermutigen.

Anhang

Checkliste zur qualifizierten Beurteilung des Gefährdungspotenzial von Sekten und Psychogruppen

Der folgende Fragebogen kann helfen zu erkennen, ob man zu einer Sekte oder Psychogruppe eingeladen wird.
Quelle: „Zentrum Bayern für Familie und Soziales", Abteilung „Bayerisches Landesjugendamt"
Woran kann ich unseriöse Angebote auf dem Psychomarkt erkennen? Kreuzen Sie zutreffende Aussagen an!

Versprechungen
<> Man verspricht mir Liebe und Verständnis, Reichtum, Glück, Erfolg, Gesundheit und Heilung, spirituelle Erfahrungen oder Erleuchtung, Errettung oder Erlösung, wenn ich mich der Gruppe anschließe oder bestimmte Kurse der Gruppe besuche.
<> Ich kann ein völlig neuer, besserer Mensch werden. Ich kann mit Hilfe der Gruppe alle meine Probleme und möglicherweise die der ganzen Welt lösen. Mein Leben wird sich vollständig ändern.
<> Man sagt mir, dass ich genau diese Gruppe brauche, um all die Dinge, die ich erreichen möchte, zu schaffen.
<> Die Gruppe bietet einfache Erklärungen für alle wichtigen Lebensbereiche und Probleme.
<> Obwohl ich das Gefühl habe, dass von der Gruppe eine unerklärliche Anziehungskraft ausgeht, bin ich mir sicher, dass ich alles selbst entscheiden kann.

Gruppenstruktur
<> Die Mitglieder/Mitarbeiter der Gruppe oder des Anbieters sind ausgesprochen nett zu mir, sie gehen auf mich ein, wie ich es mir schon immer

von anderen Menschen gewünscht habe. Mindestens ein Mitglied der Gruppe ist immer in meiner Nähe.
<> Die Mitglieder der Gruppe halten stark zusammen und heben sich möglicherweise durch eine besondere Sprache, besondere Begriffe, die nur innerhalb der Gruppe so verwendet werden, von anderen ab. Vielleicht erhalten die Mitglieder auch einen neuen Namen.
<> Die Gruppe fühlt sich als Elite, als Vorreiter einer neuen Epoche. Nur Gruppenmitglieder werden einer nahenden Bedrohung entkommen.
<> Kinder und Jugendliche haben in der Ideologie der Gruppe eine besondere Funktion.
<> Die Gruppeninteressen kommen vor den Interessen des Einzelnen. Ich muss viele Aufgaben für die Gruppe übernehmen, Kurse besuchen, Mitglieder werben, Bücher verkaufen usw. Private soziale Absicherung ist nicht wichtig.
<> Wenn der Gruppenführer es mir befiehlt, darf ich auch gesetzwidrige Taten begehen. Indem ich das mache, zeige ich meine besondere Loyalität bzw. meine Glaubensstärke.

Methoden
<> Nur diese Gruppe bzw. dieser Anbieter hat angeblich die richtigen Methoden, mit denen ich weiterkomme. Sie sind rational oder mit herkömmlichen wissenschaftlichen Methoden nicht erklärbar.
<> Was innerhalb der Gruppe eigentlich passiert, kann man nicht erklären, sondern muss man selbst erleben. Deshalb soll ich am besten gleich mitkommen und mir ein eigenes Urteil bilden.
<> Auf dem Weg zur Erlösung oder der Beseitigung meiner Probleme werden mir sonderbare Dinge abverlangt. Geheimnisvolle religiöse oder psychologische Übungen werden benutzt, um besondere Bewusstseinszustände zu erreichen (Ekstase, Ergriffensein, Aufhebung des Selbstgefühls, ausgefallene spirituelle Erlebnisse).
<> Ich soll mein Leben so umstellen, dass ich möglichst viel Zeit in der Gruppe verbringe. Kontakte zu möglichen Kritikern, auch zu Familienan-

gehörigen oder früheren Freunden soll ich abbrechen, sie stören mich auf meinem Weg.
<> Es gibt Regeln oder Rituale für Ernährung, Kleidung, Körperpflege, Beziehungen und Sexualität oder sogar für die gesamte Tagesgestaltung.
<> In Einzelgesprächen und bei Gruppenveranstaltungen merke ich, dass alle Gruppenmitglieder identische Ansichten über sämtliche Aspekte des Lebens haben. Da sogar der Wortlaut der Aussagen übereinstimmt, habe ich manchmal den Verdacht, es findet eine Art Indoktrination statt.

Zentrale Führungspersönlichkeit
<> In der Gruppe gibt es eine Führungspersönlichkeit, die durch besondere Erfahrungen, Eingebung, Erleuchtung oder geheimnisvolle Kräfte besonderes Wissen und Macht über die Welt und den Menschen hat. Aufgrund ihres besonderen Status sind Zweifel, Kritik oder ein Hinterfragen nicht gestattet.

Umgang mit Kritik
<> Wenn jemand sich negativ über die Gruppe äußert, werden dessen Argumente als Zeichen der Unwissenheit oder als feindliche Absicht interpretiert. An der Gruppierung gibt es nichts zu kritisieren.
<> Stellt sich der Erfolg nicht wie versprochen ein, liegt es an mir. Ich habe nicht alle Regeln befolgt, habe vielleicht gezweifelt oder mich zu wenig bemüht.

<> Wenn ich mich von der Gruppe lösen will, werde ich massiv unter Druck gesetzt oder auf subtile andere Art überzeugt, dass ich bleiben muss.

Haben Sie eine oder mehrere Aussagen angekreuzt?

<> Ja
<> Nein

Bei Ja:

Bei der betreffenden Gruppe oder dem Anbieter ist Vorsicht geboten. Erkundigen Sie sich bei Fachleuten über die Gruppe.

Bei Nein:

Die Gruppe, mit der Sie es zu tun haben, scheint unbedenklich zu sein. Sollten Sie weitere Fragen haben, erkundigen Sie sich bei Fachleuten

Buchempfehlungen

Barbara Kohout: Drei Wege – ein Ziel – Überleben, novum publishing gmbh 2009
In diesem Buch beschreibt Barbara Kohout ihre Familiengeschichte von der Zeit der Besiedelung der Batschka, das heutige Serbien, über die beiden Weltkriege, die Flucht und den Neuanfang in der alten Heimat. Der Weg ihrer Familie wurde zur Voraussetzung, als Entwurzelte unter den Einfluss der Zeugen Jehovas zu geraten.

Gernot Römer: Es gibt immer zwei Möglichkeiten. Mitkämpfer, Mitläufer und Gegner Hitlers am Beispiel Schwabens, Wißner-Verlag 2000
Der ehemalige Chefredakteur der *Augsburger Allgemeinen Zeitung* befasste sich als Journalist immer wieder mit der Verfolgung der Juden im Dritten Reich und den Problemen von Minderheiten. Er stellt Personen, die obrigkeitstreu handelten, solchen gegenüber, die ihrem Gewissen folgten.

Raymond Franz / Herbert Raab*: Auf der Suche nach christlicher Freiheit. Antworten auf Fragen von Sektenaussteigern, Bruderdienst-Missionsverlag e.V. Hamburg 2005 (zu beziehen über Ausstieg e.V., Karlsruhe)*
Das Buch dokumentiert auf eindrucksvolle Weise, wie eine kleine Gruppe von Männern, die selbst nur wenig Kontakt zur Außenwelt pflegen, als „Kanal Gottes", ohne Berücksichtigung des Alltagslebens mit seinen Sorgen, Problemen und Verpflichtungen, über das Wohl und Wehe ihrer etwa sechs Millionen Anhänger – den Zeugen Jehovas – entscheiden zu müssen meint.

Raymond Franz / Josef Zygmunt / Herbert Raab / Ausstieg e.V.: *Der Gewissenskonflikt, Menschen gehorchen oder Gott treu bleiben?, Bruderdienst-Missionsverlag e.V. Hamburg 2007 (zu beziehen über Ausstieg e.V., Karlsruhe)*
Raymond Franz legt einen sehr persönlichen und offenen Bericht eines ehemaligen Zeugen Jehovas vor, der in den letzten Jahren vor seinem Ausschluss in der Führungsspitze der Religionsgemeinschaft in Brooklyn, New York, tätig war. Sein Buch gibt erstmals einen tiefen Einblick in die Strukturen und Abläufe im inneren Machtzentrum der Organisation und

zeigt, welchen massiven Einfluss das Führungsgremium auf das Leben des einzelnen Anhängers hat.

Steven Hassan: Ausbruch aus dem Bann der Sekten. Psychologische Beratung für Betroffene und Angehörige, Rowohlt 1993
Als ehemaliger Mun-Anhänger beschreibt Steven Hassan aus Erfahrung, wie Menschen ihre Freiheit verlieren und wieder gewinnen können.

Thomas A. Harris: Ich bin ok, du bist ok. Eine Einführung in die Transaktionsanalyse. Wie wir uns selbst besser verstehen und unsere Einstellung zu anderen verändern können. Rowohlt 1998

Gunther Klosinski: Psychokulte. Was Sekten für Jugendliche so attraktiv macht, C. H. Beck 1996 (Beck'scheReihe 1143)
Prof. Klosinski zeigt, wann und aus welchen äußeren und psychischen Gründen Heilslehren und okkulte Gruppierungen Jugendliche zu faszinieren beginnen. Er beschreibt auch wichtige Aspekte der Vorbeugung und des Umgangs mit betroffenen Jugendlichen und ihren Eltern.

Glossar

In diesem Glossar habe ich alltägliche Begriffe aus meinem Leben innerhalb der Wachtturm-Regeln aufgelistet und versuche, sie aus meiner persönlichen Erfahrung heraus auf die Sprache außerhalb der Gemeinschaft zu übertragen.

Abtrünniger
Jemand, der die Lehre der Wachtturm-Gesellschaft und ihre Leitung nicht als vom Geist Gottes geleitet anerkennt.

Ältester
Von der Wachtturm-Gesellschaft ernannter und mit Führungsaufgaben innerhalb der Versammlung beauftragter Mann. Frauen werden nicht in diese Stellung ernannt.

Ausgeschlossene/r
Wegen Verstoßes gegen die Wachtturm-Regeln von der Gemeinschaft Exkommunizierter. Er/sie ist mit absolutem Umgangsverbot bestraft.

Babylon die Große
Oberbegriff für alle Religionen außer der von Jehovas Zeugen. Sie gelten als falsch und werden aus diesem Grund zusammen mit Satan, dem Teufel, von Gott vernichtet.

Bezirk
Zusammenschluss von 10 bis 12 Kreisen.

Bezirksaufseher
Der Vorsteher der Bezirke. Er ist mit der Verwaltung und Kontrolle der Tätigkeiten des Kreisaufsehers betraut. Organisiert die Bezirkskongresse und internationalen Kongresse.

Demonstration
In Szenenbeispielen wird vorgeführt wie die aktuellen Schriften im Predigtdienst angeboten werden sollen oder wie bei Rückbesuchen und Heimbibelstudien vorzugehen ist.

Dienstzweig
Predigtdienst von Haus zu Haus, Rückbesuche bei solchen die Interesse gezeigt hatten, Bibelstudien in den Privatwohnungen anhand der Wachtturm-Schriften, informelles Predigen bei jeder sich bietenden Gelegenheit, predigen auf der Straße mit den Zeitschriften *Der Wachtturm* und *Erwachet*, spezielle Aktionstage, an denen nur mit „Zeitschriften" oder Traktaten geworben wird, Vollzeitarbeiten in der Hauptverwaltung, den Zweigverwaltungen oder „freiwilliger Dienst" bei Bauvorhaben und von der Wachtturm-Gesellschaft organisierten Tätigkeiten.

eifrig
Tätig sein bis über die Leistungsgrenzen hinaus.

Ermunterung
Aufforderung zur Tätigkeit. Meist mit extremen Beispielen von anderen Zeugen Jehovas, die als Vorbilder gebraucht werden.

Geist der Opferbereitschaft
Die Bereitschaft, für die Interessen der Wachtturm-Gesellschaft auf persönliche Wünsche und Vorteile zu verzichten.

Geistig-gesinnt-sein
Das Predigen und die Aktivitäten für die Versammlung über die privaten Interessen stellen.

Geschwätz
Reden über Probleme oder Missstände innerhalb der Versammlung oder Organisation.
Gewissen, gut geschultes

Nach den Wachtturm-Regeln handeln.

Harmagedon
Der große Krieg Gottes, der alles Böse – ausgenommen die Zeugen Jehovas – von der Erde beseitigt.

helleres Licht
Die gängige Erklärung, warum eine Lehrmeinung, die sich offensichtlich als falsch herausstellte, korrigiert wurde.

Hurerei
Zärtlichkeit und Sex außerhalb der Ehe.

in der Wahrheit sein
So sehen sich Jehovas Zeugen. Sie haben und sagen nicht nur die Wahrheit, sie sind in der Wahrheit.

Königreichssaal
Ort der Zusammenkünfte der Zeugen Jehovas.

Königreichsdienst
1. Internes, monatliches Mitteilungsblatt für alle getauften Zeugen Jehovas, das bindende organisatorische Anweisungen enthält.
2. Jede Form des Predigens der Zeugen Jehovas. Damit wird vermittelt, dass alles, was Zeugen Jehovas tun, für die himmlische Königreichsregierung getan wird.

Kreis
Zusammenschluss von 20 bis 22 Versammlungen.

Kreisaufseher
Der Vorsteher der Kreise. Er ist mit Verwaltungs- und Kontrollaufgaben betraut. Organisiert die Kreiskongresse und Tages-Sonderkongresse.

Menschenfurcht
Die Scheu, anderen in jeder Situation zu predigen; gilt als Glaubensschwäche.

Opferbereitschaft
Bereitschaft für die Organisation jedes persönliche Opfer zu bringen und vor allem zu gehorchen. Gehorsamsprüfungen werden vor der Taufe beobachtet: die Bereitschaft, einen Arbeitsplatz zu wechseln, wenn er nicht wachtturmregelkonform ist, eine Beziehung durch Heirat zu legalisieren oder zu beenden, falls der Partner kein Zeuge Jehovas werden will, Weihnachten und Geburtstage nicht mehr zu feiern, auf Rauchen, Drogen und zu viel Alkohol zu verzichten.

Pionier
Setzt derzeit für die Organisation 80 Stunden Predigtdienst monatlich unentgeltlich ein. Verdient seinen Lebensunterhalt mit Teilzeitarbeit.

Rat
Die im Wachtturm oder Königreichsdienst veröffentlichten Anweisungen. Wenn der „Rat" nicht befolgt wird, hat das in vielen Fällen Sanktionen zur Folge.

Sonderpionier
Setzt derzeit 120 Stunden monatlich für den Predigtdienst ein. Erhält eine Aufwandsentschädigung und wird von der Religionsgemeinschaft an beliebigen Orten eingesetzt. Ihm ist eine weltliche Arbeit nicht gestattet.

Theokratische Predigtdienstschule
Wöchentliche Zusammenkunft zur Schulung für den Predigtdienst, hauptsächlich in Rhetorik und Lehre.

Verkündiger
Jeder, der regelmäßig predigt und darüber einen Bericht abgibt. Es gibt getaufte und „ungetaufte" Verkündiger.

Versammlung
Die Gruppe, die zu einer Gemeinschaft zusammengefasst ist und sich regelmäßig zu allen vorgesehenen Aktivitäten trifft. Jede Versammlung wird von „Ältesten" und „Dienstamtgehilfen" geleitet, die vom „Kreisaufseher" zum Amt vorgeschlagen und auf der Grundlage der Anweisungen der Leitenden Körperschaft vom Zweigkomitee der Religionsgemeinschaft ernannt werden. Die Organisation ist den Vorschriften der Leitenden Körperschaft absolut unterworfen. Abweichungen werden nicht geduldet. Die Zugehörigkeit zu einer bestimmten Versammlung ist durch „Gebiete" geregelt. Die Gebietseinteilung geschieht ebenfalls durch das Zweigkomitee der Religionsgemeinschaft beziehungsweise durch ihre Beauftragten.

Wachtturm, Der
Das offizielle Organ der Zeugen Jehovas, in dem alle Glaubenslehren veröffentlicht werden. Ein Artikel des *Wachtturms* wird einmal wöchentlich in der Zusammenkunft des „Bibelstudiums anhand des Wachtturms" besprochen.

Wachtturm-Gesellschaft
Ehemals Synonym für die Religionsgemeinschaft der Zeugen Jehovas. Heute eine selbstständige Organisation für Druck und Vertrieb der Schriften und Lehrsätze der Leitenden Körperschaft der Zeugen Jehovas. Sie untersteht den Weisungen der Religionsgemeinschaft.

Welt, die alte
Das gesamte soziale Gemeinwesen rund um den Globus. Es ist zum Untergang verurteilt, weil es – nach Wachtturm-Lehre – unter der Macht des Teufels steht.

Welt, die neue
Die Weltordnung, die Jehovas Zeugen erwarten. Sie bezeichnen sich auch als „Neue-Welt-Gesellschaft" in Tätigkeit. Sie lehren, die Untertanen dieser Neuen Welt zu sein und im Rahmen der Tätigkeit und Organisation des weltweiten Werkes ihre Mitglieder für die Aufgabe zu schulen, die Erde in ein Paradies zu verwandeln, wenn Gott in Harmagedon alles zerstört hat.

Weltmensch
Jeder Nicht-Zeuge-Jehovas.

Zeit des Endes
Seit Bestehen der Zeugen Jehovas ist gemäß ihrer Lehre die Zeit des Endes angebrochen. Sie wird in Harmagedon enden. Die erste ihrer Vorhersagen, dass dieser Krieg unmittelbar bevor steht, reicht in die 1870er Jahre zurück. Seither gab es eine Reihe von Ankündigungen des Endes, die sich nicht erfüllt haben.

Zonenaufseher
Beaufsichtigt und besucht jeweils im Auftrag der Leitenden Körperschaft in Brooklyn, New York, eine Anzahl von Zweigbüros, die in Zonen zusammengefasst sind.

Zusammenkünfte
Die Veranstaltungen der Versammlungen. Es gibt verschiedene Zusammenkünfte:
   a) Die Zusammenkunft für den Predigtdienst findet an unterschiedlichen Orten, auch in Privatwohnungen statt. Sie dauert 10 Minuten und dient dem gemeinsamen Start einer Gruppe in den Predigtdienst.
   b) Das Versammlungsbuchstudium wird anhand eines veröffentlichten Buches zum Studium der Glaubenslehren abgehalten. Bis 2007 einmal wöchentlich an verschiedenen Stützpunkten, auch in Privatwohnungen. In-

zwischen im Anschluss an die wöchentliche Zusammenkunft im Königreichssaal

c) Theokratische Predigtdienstschule: Einmal wöchentlich im Königreichssaal. Dient der Schulung der Fähigkeit zu predigen und zu lehren in Rhetorik und Argumentation. Es müssen Übungsaufgaben gehalten werden, die vom „Schulaufseher" bewertet werden. Die Teilnahme an den Übungsaufgaben ist jedoch keine Pflicht. Doch wird regelmäßig zur Teilnahme „ermuntert".

d) Dienstzusammenkunft: Besprechung aller Organisationsanweisungen in Zusammenhang mit den Aktivitäten der Zeugen Jehovas. Anweisung und Demonstrationen, wie die aktuelle Literatur verbreitet werden soll. Ermahnungen bei Fehlverhalten einzelner Gruppenmitglieder, Rechenschaftsberichte über Finanzen, Tätigkeit der Gruppe und geplante Aktionen. Das Programm wird im jeweiligen Königreichsdienst vorgegeben und von Ältesten und Dienstamtgehilfen durchgeführt.

b, c, d finden an einem Abend statt

e) Zusammenkunft für die Öffentlichkeit: Ein Vortrag von 30 Minuten Dauer für die Öffentlichkeit zu einem Lehrthema. Das Thema und die Disposition für den Inhalt sind von der Religionsgemeinschaft nach den Vorgaben der Leitenden Körperschaft vorgegeben.

f) Bibelstudium anhand des *Wachtturms*. Im Anschluss an einen öffentlichen Vortrag einmal wöchentlich im Königreichssaal abgehalten. Ein für das Studium vorgesehener Artikel wird in Form von Fragen und Antworten abgehandelt.

e, f finden zur gleichen Zeit statt.

Zweigaufseher

Leitet die Angelegenheiten eines Zweiges. Weltweit ist die Wachtturm-Organisation (sie selbst nennen sich Religionsgemeinschaft der Zeugen Jehovas) in circa 90 Zweige aufgeteilt. Sie unterstehen alle der Leitenden Körperschaft in Brooklyn, New York.